Antiautoritäre Pädagogik

W0070540

Thomas Schroedter

Antiautoritäre Pädagogik

**Zur Geschichte und Wiederaneignung
eines verfemten Begriffes**

Reihe
Theorie.org

Geschenk für den offenen
Bücherschrank

Schmetterling Verlag

Bibliografische Informationen *Der Deutschen Bibliothek*
Die Deutsche Bibliothek verzeichnet diese Publikation in der
Deutschen Nationalbibliografie; detaillierte Daten sind im
Internet über
http://dnb.ddb.de abrufbar

Schmetterling Verlag GmbH
Lindenspürstr. 38b
70176 Stuttgart
www.Schmetterling-Verlag.de
Der Schmetterling Verlag ist Mitglied von aLiVe,
der assoziation Linker Verlage

ISBN 3-89657-598-8
1. Auflage 2007
Printed in Germany
Alle Rechte vorbehalten
Satz und Reproduktionen: Schmetterling Verlag
Druck: GuS-Druck GmbH, Stuttgart

Inhalt

Neues Inhaltsverzeichnis

Vorwort

*E*s ist über dreißig Jahre her, dass allein die Forderung nach antiautoritärer Erziehung eine Provokation darstellte. Die Vorstellung darüber, was unter diesem Begriff zu verstehen ist, ging und geht so weit auseinander, dass er in Gesprächen zur Konkretisierung deren Gesprächsthemas oft ersetzt werden muss. Lernen von Ichstärke wäre danach der psychoanalytische Teil der antiautoritären Erziehung. Bei der Anleitung zur Selbstregulierung geht es um die demokratischen Elemente. Sprechen wir von repressionsfreier, angstfreier oder selbstregulierender Erziehung bewegen wir uns im Rahmen der Didaktik oder der Lehre vom Lernen (Mathetik). Revolutionäre, sozialistische oder anarchistische Erziehung weist auf die radikale Gesellschaftskritik der antiautoritären Erziehung hin. Die Erziehung in Geselligkeit und Gemeinschaft betont den sozialen Charakter. Nicht immer umfasst der Begriff «antiautoritäre Erziehung» alle diese Merkmale, einige sind jedoch unerlässlich, wenn es bei antiautoritärer Erziehung um mehr als eine Kampfparole gehen soll.

Die häufigste Verkürzung erfährt der Begriff durch die Reduzierung auf eine angstfreie, repressionsfreie oder besser repressionsarme Erziehung. Diese wird dann noch mit einer Laissez-faire-Haltung verwechselt. Eine Klärung, was wir heute unter antiautoritärer Erziehung verstehen sollten, ist daher notwendig.

Ich werde mich in diesem Buch auf drei Wegen dem Begriff nähern.

- Die historische Skizzierung der Erziehung soll aufzeigen, dass viele Elemente der Erziehung verborgene historische Wurzeln haben und dass Form und Inhalte der Erziehung verbunden waren mit der Reproduktion der verschiedenen Gesellschaften. Veränderungen in der Erziehung werden in der Veränderung der Gesellschaften vollzogen und Reflexion und Kritik der herrschenden Erziehung formulierten häufig eine Antizipation, die diese Veränderungen erahnen ließ.
- Die beispielhafte Vorstellung von Theoretikern der antiautoritären Erziehung soll Einblicke in die Beweggründe und die theoretischen Überlegungen bei der Genesis und Anwendung antiautoritärer Erziehung geben.

- Die Vorstellung einzelner Projekte antiautoritärer Erziehung soll aufzeigen, welchen Spielraum der Begriff in der Praxis zulässt. Dabei würden sicherlich einige der Beispiele sowohl von den Betreiberinnen und Betreibern, wie auch von «Antiautoritären», nicht als antiautoritäre Erziehung bezeichnet. Aber hier gilt, dass das Ganze mehr ist als die Summe seiner Teile.

Das Problem einer solchen Darstellung liegt vor allem im Mut zur Lücke. Eine umfassende Darstellung würde ein vielbändiges Lebenswerk bedeuten. Der Autor stand dabei vor der Frage: Welche Lücke darf entstehen? Hier seien ein paar genannt: Die psychologischen Grundlagen der antiautoritären Erziehung kommen viel zu kurz. Freud, Adler, Reich und Fromm, ihre Auseinandersetzungen und ihre Positionen sind theoretische psychologische Grundlage der verschiedenen Schulen antiautoritärer Ausrichtung. Sie sind hier nur dargestellt durch die Positionen ihrer «pädagogischen Schüler» Bernfeld, Rühle und Neill. Bei den Theoretikern der antiautoritären Erziehung und ihrer Vorläufer habe ich versucht, ein breit angelegtes Bild abzugeben. Das bedeutet nicht, dass dieses Bild vollständig ist und die Frage, warum fehlen andere wichtige Theoretikerinnen und Theoretiker, kann ich nur mit dem Hinweis auf die Notwendigkeit einer überschaulichen Darstellung beantworten. Das Gleiche gilt für die Darstellung der praktischen Beispiele.

Die Auseinandersetzung bezieht sich in dieser Arbeit auf die europäische und deutsche Diskussion von Erziehungsfragen. Diese Lücke durch eine globalere Betrachtung zu schließen, wäre ein notwendiges Unternehmen, das allerdings weit über das Thema hinausgeht, da die Voraussetzungen der globalen Erziehungs- und Bildungspolitik erörtert werden müssten.

Die meisten Schulen, in denen antiautoritäre Elemente eine Rolle gespielt haben, sind – genau wie ihre Theoretikerinnen und Theoretiker – in Einzeldarstellungen anderer Autorinnen und Autoren bestens beschrieben. Daher habe ich der historischen Darstellung einen breiteren Raum eingeräumt. Die Frage, welches die historischen Ursprünge der Erziehung sind, wie wir sie vorfinden, hat auch die meisten der Erziehungswissenschaftler und Wissenschaftlerinnen interessiert, die eine Kritik der herrschenden repressiven Erziehung formulierten. Für Rousseau war es der einsame Wilde, der durch die Natur zog. Bernfeld übernahm Freuds männerdominierte Urhorde und Rühle sah in der Entstehung des Privateigentums die ersten autoritären Schritte. Das Ausblenden der geschichtlichen Entwicklung der Erziehung ruft zum einen einen Defätismus hervor, der die Repression zu einem notwendigen Übel erklärt, an dem man nichts ändern könne und zum anderen ermöglicht das Ausblenden einen Voluntarismus, der den Willen zur einzig notwendigen Voraussetzung einer Veränderung erklärt.

Die Diskussion der Voraussetzungen einer Veränderung der Erziehung und der Gesellschaft, in denen autoritäre Strukturen verschwinden und ein mitmenschliches Verhalten zwischen den Generationen herrscht, sollte nach der Lektüre des Buches fundierter möglich sein, das würde mich freuen.

Dies Buch ist natürlich nicht ohne die Unterstützung netter Mitmenschen möglich gewesen, besonders bedanken möchte ich mich bei Birte Breker, Cordula Gieffers, Heike Kolbus und Susi Lamberto für ihre Unterstützung.

Thomas Schroedter, Januar 2007

Gespräch mit einer Lehrerin

Antiautoritäre Erziehung, das ist doch kein Thema mehr, das war doch in den Sechzigern, so cancelt die wirklich engagierte Gesamtschullehrerin meine Antwort auf ihre Frage, woran ich denn schriebe mit einem Kopfschütteln, um noch gleich nachzuschieben, dass sie wirklich ganz andere Probleme habe. «Ja, welche denn?», möchte ich dann doch etwas kleinlaut wissen. «Kannst du dir vorstellen, wie man montags morgens um kurz vor Acht in einer zwölften Klasse heutzutage Französisch unterrichten kann?» «Das ist wahrscheinlich der Horror, die haben doch sicherlich Besseres im Kopf.» «Ja, aber ich stehe da vor der Klasse und ich bin ja keine Sozialpädagogin, sondern soll da unterrichten. Ähnlich ist es freitags nachmittags mit den letzten Stunden in einer zehnten Klasse in Mathe. Da bin ich dann in den Augen anderer die schlechte Lehrerin. Das sagt die PISA-Studie, das bekommen wir von der Schulrätin zu hören und auch vom Schulleiter.» Also das solle ich mir mal anschauen meint sie und dann vielleicht einmal überlegen, was sie da dann besser machen könnte. Das wäre ein Buch, was sie wirklich brauchen würde. Zentralprüfungen nach der zehnten, wo dann bestimmt die Hälfte durchfällt und die Klassen dann im nächsten Jahr noch größer sind, würden ihr jedenfalls nicht helfen, fügt sie schnell noch hinzu.

«Und das sind keine autoritären Strukturen?», versuche ich vorsichtig den Faden wieder aufzunehmen. «Aber was kann man da denn machen?», kontert sie mit einer Gegenfrage. «Wir haben uns doch schon mehrfach beschwert, wir haben doch eine Lehrerstelle wegfallen lassen, um dafür eine Sozialpädagogin einzustellen, für über 700 Schülerinnen und Schüler.» Mir fällt Francisco Ferrer ein; sein Buch *Die Moderne Schule* habe ich noch zwei Stunden vor dem Gespräch in der Hand gehabt. Er prophezeite in seinen Zeitungsartikeln vor 100 Jahren, dass durch die Fortschritte in der Psychologie und Physiologie die schulische Erziehungsweise in Richtung größerer Freiheit und weniger Gewalt der Lehrer gehen werde, aber dass letztendlich von der Seite der Staatsgewalt nicht viel zu erwarten wäre, wenn es darum ginge durch die «größtmögliche Befriedigung der Bedürfnisse» von Kinder deren Entwicklung zu fördern. Daher schlug er ja auch vor, freie Schulen zu gründen.

Ich sage dies aber erst einmal nicht, da ich ja herausfinden will, warum das Thema antiautoritäre Erziehung obsolet geworden ist. Also frage ich vorsichtig, warum sie denn nicht einmal die Kids am Montag morgen fragt, was denen denn auf den Nägel brennen würde. «Habe ich doch, und dann sind sie erst einmal misstrauisch, aber nach einer Weile sprudeln die Probleme so heraus.» «Ja, und gibt es da keine Ansatzpunkte?» «Nein, ich bin dann da doch Sozialpädagogin, obwohl ich das nicht gelernt habe und die denken, sie können das dann jeden Montag machen, aber ich muss ihnen doch Französisch beibringen und dann sind sie beleidigt.» Auch zwei weitere Anläufe von mir, dass dies doch eine autoritäre Struktur wäre, die zu ändern im Interesse der Schülerinnen und Schüler und wohl augenscheinlich auch der Lehrer und Lehrerinnen läge, laufen ins Leere. Meine Gesprächspartnerin ist offensichtlich so verkeilt in die Sachzwänge ihrer Arbeit, dass sie scheinbar gar nicht mehr darüber hinaus denken will oder kann.

So landen wir noch einmal bei dem Zentralabitur und den Zentralprüfungen für die zehnten Klassen. Ich frage, wie das denn aussieht mit den Schülerinnen und Schülern, ob ihre Aussicht auf das Leben mit ALG II eine Rolle spielt. Da wird mein Gegenüber wieder gesprächiger. Den Schülerinnen und Schülern wäre schon sehr bewusst, dass sie selbst mit einem guten Hauptschulabschluss Schwierigkeiten hätten eine Lehrstelle zu bekommen und der Druck, für eine solche Prüfung zu lernen, so hoch wäre, dass ihn viele nicht aushalten könnten. Sie hätten ja Geschwister oder Bekannte, die selbst mit einem erfolgreichen Hauptschulabschluss zu Hause säßen. Auf meine Frage, ob sie das nicht für eine autoritäre Struktur halte, die zu hinterfragen wäre, ist sie dann doch meiner Meinung. Aber, meint sie, dass größte Problem seien oft die Eltern, die mit der Erziehung ihrer Kinder völlig überlastet sind. Im Grunde müssten alle Eltern eine Prüfung ablegen, bevor sie Kinder bekommen dürften. Und sie erzählt von Jugendlichen, die sie unterrichtet habe, die in der neunten Klasse schon ihr erstes Kind bekommen haben und diese Kinder hätte sie dann auch in der Schule und da würde sich schon die gleiche Karriere abzeichnen. Mir fällt die RTL Reality Serie «Super Nanny» ein. Nein, so etwas meine sie ja auch nicht, da wäre sie ja der Meinung des Kinderschutzbundes, der die Reality Serie als Gehorsamkeitserziehung und Disziplinierung kritisiert hat. Eine Erziehung, die nur auf Kampf und das Recht des Stärkeren hinauslaufe, wolle sie ja eben nicht, aber das wäre es, was in der Schule stattfindet.

Ich weise sie auf diese unsäglichen Talkshows hin, in denen Mütter erzählen, wie ihnen das Jugendamt die Kinder weggenommen habe und auf die Fälle von Verwahrlosung mit Todesfolge, die Ende 2006 in den Medien auftauchten. Nun gerät die Lehrerin in Fahrt. Die Wut, mit der sie nun als Anwältin der Kinder auftritt, hätte ich ihr am Anfang des Gespräches nicht zugetraut. Eine Betreuung der Kinder wäre notwendig, die die Schule gar nicht übernehmen könne. Sie sei ja auf einmal nicht nur Lehrerin, sie solle Sozialarbeiterin, Therapeutin, Berufsberaterin und vieles mehr sein. Das wäre es, was die Kinder bräuchten und was ihnen verwehrt bliebe. Die Kinder wollten ja lernen, aber in dem Geflecht von Anforderungen und familiären Defiziten wäre für ein entspanntes Lernen überhaupt kein Platz. Dann landet sie wieder bei der Forderung nach einem Buch mit Tricks, wie sie denn in einer solchen Situation doch guten Unterricht machen könne, dem die Schülerinnen und Schüler auch folgen würden. Ich merke, dass wir aneinander vorbeireden und beteuere noch einmal, dass solche Tricks auch nichts an den Tatsachen ändern könnten und dass sie mit den Schülerinnen und Schülern zusammen überlegen solle, was denn das Lernen behindern würde, wenn sie doch zugegebenermaßen etwas lernen wollen. Das ginge nicht, da die Lebenswelten zu weit auseinander lägen, beteuert meine Gesprächspartnerin, nicht ohne noch einmal auf die familiäre Situation zu verweisen. Auch könne sie vielfach das Verhalten der ihr Anvertrauten nicht verstehen. Ich frage nach einem Beispiel. Sie erzählt von einer 18-jährigen Schülerin, die über einen Chatroom einen 47-jährigen Mann kennengelernt hätte, der sie in ein Restaurant ausgeführt habe und dass diese Schülerin damit kokettieren würde. Vielleicht spielt es ja eine Rolle, wage ich zu bemerken, dass sich hier einmal das Machtverhältnis geändert habe. Die Schülerin wickelt einen Erwachsenen um den Finger, während ihre Alltagserfahrungen genau die gegenteiligen sind, oder sie bekäme hier einfach einmal Respekt als Person entgegengebracht, was sie aus ihrem Alltag nicht kennt. Die Lehrerin hat aber vielmehr die vermuteten Hintergedanken des erwachsenen Mannes im Kopf, der ihre Schülerin zum Essen eingeladen hatte. Sie wird wieder zur Anwältin, es ist zwar nichts Verbrecherisches passiert aber ein wenig Paternalismus scheint angebracht und sie weiß ja besser was für die Schülerin gut ist. Nun können wir streiten. Wie viel Paternalismus denn angebracht sei und ob sie ihre Schülerin denn für unselbstständig halten würde. Nein, das nun wieder doch nicht, aber wenn diese Geschichte die Schülerinnen und ihre Freundinnen mehr interessieren würde als der Unterricht, dann müsse sie denen doch klar machen, was wichtig für sie wäre. Nun werde ich keck und sage: ALG II. Da werden Augenbrauen hochgezogen und achselzuckend bekomme ich zu hören, dass wäre nun einmal die Struktur und an der könne sie nichts ändern. Ich lasse nicht locker, ob denn diese autoritäre Struktur richtig wäre? Natürlich nicht!! Warum sie denn dann meinen würde, die Diskussion antiautoritärer Erziehung wäre obsolet? Endlich bekomme ich ein Lächeln als Antwort.

Aber die Lehrerin hat natürlich Recht. Antiautoritäre Erziehung ist aus dem wissenschaftlichen Diskurs genauso verschwunden wie aus den Köpfen der Erzieherinnen, Lehrer und Eltern. Ulrich Klemm, dem zu danken ist für die Herausgabe so vieler klassischer Texte zu libertärer Pädagogik, hält 2003 in dem Nachwort zur Neuauflage von Francisco Ferrers *Die moderne Schule* «die wissenschaftliche Rezeption sowie die selbstkritische Reflexion aus der antiautoritären Bewegung selbst heraus» für scheinbar abgeschlossen (S.191). Tony Blair kann verkünden, dass die Schülermitbestimmung an britischen Schulen ja vom antiautoritären Internat Summerhill übernommen wäre und seine Schulinspektoren losschicken, um nach Gründen zu suchen, die zur Schließung der Schule führen. Kilquhanity House, die schottische Variante von Summerhill, die seit 1940 bestand, wurde so 1997, dem Jahr als Tony Blair Premierminister wurde, infolge von Untersuchungen der Regierungsinspektoren geschlossen. Die abgewählte Rot-Grüne Landesregierung von Nordrhein-Westfalen (NRW) war voll des Lobes für das Oberstufenkolleg (OS) eines bundesweit einzigartigen und international anerkannten Reformprojekts. Gleichzeitig plante diese Landesregierung die Experimentierschule in eine «experimentelle gymnasiale Oberstufe» mit «Affinität zur Regelschule» umzuwandeln. Schulen mit verschiedenen antiautoritären Konzepten bestehen weiter, werden gelobt und gleichzeitig bedroht, doch antiautoritäre Erziehung ist kein Thema. Es ist notwendig, sie wieder zum Thema zu machen. Nicht, weil es die «bessere» Erziehung ist, sondern weil in der nachwachsenden Generation immer noch nur wenige eine «glückliche Kindheit» haben. Brutale Schläge und martialische Strafen, die mit autoritärer Erziehung verbunden werden, sind zwar heute in Deutschland als Misshandlung strafbar, doch Leistungsdruck und strukturelle Gewalt haben die Prügel hierzulande abgelöst.

Die fehlende Diskussion um das Thema «Antiautoritäre Erziehung» führt dazu, dass diese oft zu einer Methode stilisiert wird, in der es den Erziehern egal ist, was die Kinder tun. Doch das Gegenteil ist der Fall, mehr als andere Erzieherinnen und Erzieher wollen die antiautoritären Pädagogen wissen, warum Kinder und Jugendliche etwas tun. Aber sie fragen eher: was ist gut für das Kind, als dass sie fragen: was ist gut für das Bestehende und wie passe ich das Kind diesem Bestehenden möglichst optimal an. Die Erkenntnis, dass aber das Bestehende den Menschen (bis auf ein paar vielleicht) wirklich nicht gut tut, ist ein zentrales Moment antiautoritärer Erziehung.

Erziehung

*D*er Alltagsbegriff von Erziehung, wie er weit verbreitet ist, gibt die Losung aus: «Die Kinder müssen Grenzen kennen lernen.» Wäre mit einer solchen Sichtweise der Begriff der Erziehung ausreichend geklärt, so wäre antiautoritäre Erziehung ein nicht aufzulösender Widerspruch. Die Verkürzung des Erziehungsbegriffs auf Gehorsamkeitserziehung entspricht einer Politik der «Null Toleranz» und der Militarisierung der Gesellschaft. Ein reibungsloses, widerstandsfreies Hinnehmen der Verhältnisse soll zugleich den Erziehungsalltag kennzeichnen und als Erziehungsziel dienen.

«Wir müssen wieder zu der alten Wahrheit zurückkehren, dass nur der den Weg zur Freiheit erfolgreich beschreitet, der bereit ist sich unterzuordnen», fordert Bernhard Bueb, ehemaliger Direktor des Elite-Internats Salem, in der Bildzeitung vom 12.9.2006. Wie bei allen aktuellen, mehr oder weniger konkreten Erziehungsratgebern, fordert Bueb neben der autoritären Erziehung ein humanistisches Bildungsideal ein, das sich seit dem 19. Jahrhundert das Bildungsbürgertum auf seine Fahnen geschrieben hat. Eine abstrakte Menschheitserziehung gilt scheinbar über Klassen, Milieus und Kulturen hinweg. Doch spielt sich Erziehung nie gegenüber einem abstrakten Menschen, sondern immer gegenüber konkreten Personen ab. Wenn also über Erziehung geredet wird, sind die Subjekte immer einem Geschlecht (sowohl einem sozialen wie einem biologischen), einer Klasse, einem kulturellen Hintergrund, einer Generation und einer körperlichen und geistigen Verfassung zuzuordnen. Die Grenzen sind dabei fließend. Diese Zuweisungen haben in unserer Gesellschaft einen autoritären Charakter und gleichzeitig macht ihre Summe den autoritären Gehalt der Gesellschaft aus. Wenn ich dennoch von «der Erziehung» spreche, geht es hier auch immer um die Forderung nach einer Erziehungssituation, in der diese Unterschiede so weit wie möglich negiert werden. Form und Inhalt einer Erziehung, die einen emanzipierten, mehrdimensionalen Menschen – wie es antiautoritäre Erziehung impliziert – als fiktives Erziehungsziel formuliert, hat dabei in einer autoritären Gesellschaft immer experimentellen Charakter. Die Forderung nach einer antiautoritären Erziehung beinhaltet die Überwindung anderer Unterdrückungsmechanismen.

Demgegenüber sind wir konfrontiert mit Erziehungszielen, denen konservativ-gottgewollte, liberal-marktorientierte, oder rassistisch-biologische Elemente zu Grunde liegen. Diese Elemente finden wir zur Zeit in der Diskussion um pädagogische Konzepte in immer neuen Mischungen gesampelt. So wird jedes Erziehungsziel jenseits dieser Sampler in den Bereich des utopischen Romans verbannt. Diese Collagen, seien sie populistisch oder wissenschaftlich, versuchen, antiautoritäre Konzepte als «Spinnerei» abzutun. Dazu dient sicherlich eine Fokussierung des Erziehungsbegriffs auf «Gehorsamkeitserziehung und Disziplinierung». Wir müssen daher den Erziehungsbegriff ausweiten, wenn wir die «antiautoritäre Erziehung» jenseits romantischer Verklärung wieder in eine ernsthafte Auseinandersetzung um Erziehung einbringen wollen. Die Definition, die einer solchen Ausweitung des Erziehungsbegriffs zu Grunde liegt, soll einer Begriffsverwirrung vorbeugen und deutlich machen, was in den folgenden Ausführungen unter Erziehung verstanden wird.

Was ist Erziehung?

Wie immer, wenn wir es mit einem Alltagsbegriff zu tun haben, der gleichzeitig in der sozialwissenschaftlichen Diskussion seinen Platz hat, ist eine allgemein gültige Definition nicht gegeben. Wolfgang Brezinka, empirischer Erziehungswissenschaftler – der auf den aktuellen Samplern eine der konservativen Melodien spielt – zitiert in seinen «Grundbegriffe(n) der Erziehungswissenschaft» Theodor Fontane mit den Worten: «Versteht man unter Erziehung ein fortgesetztes Aufpassen, Ermahnen und Verbessern, ein mit der Gerechtigkeitswaage beständig abgewogenes Lohnen und Strafen, so wurden wir gar nicht erzogen; versteht man aber unter Erziehung nichts weiter als ‹in guter Sitte ein gutes› Beispiel geben und im übrigen das Bestreben, einen jungen Baum bei kaum fühlbarer Anfestigung an einen Stab in reiner Luft frisch, fröhlich und frei aufwachsen zu lassen, so wurden wir ganz wundervoll erzogen.» (Fontane zit. nach Brezinka 1974, S. 34).

Den umgangssprachlichen Definitionen von Erziehung liegt in der Regel zu Grunde, dass der Erziehende über das Wissen verfügt, «was gut und richtig ist» und dieses Wissen um Inhalte und Verhalten, versucht er dem zu Erziehenden in der einen oder anderen Form beizubringen. Dass dies bis in wissenschaftliche Kreise der Fall ist, zeigt eine der noch heute gängigsten Definitionen. Sie stammt vom Fontane zitierenden Wolfgang Brezinka aus dem Jahre 1971: «Unter Erziehung werden soziale Handlungen verstanden, durch die Menschen versuchen, das Gefüge der psychischen Dispositionen anderer Menschen mit psychischen und (oder) sozial-kulturellen Mitteln in irgendeiner Hinsicht dauerhaft zu verbessern oder seine als wertvoll beurteilten Komponenten zu erhalten» (S. 613). Da unterscheidet sich der Alltagsbegriff kaum von der wissenschaftlichen Sichtweise. Neutraler formulierte es der Entwicklungspsychologe Helmut Fend zwei Jahre früher: «Als Erziehung werden absichtliche und planvolle Maßnahmen zielgerichteter Handlungen bezeichnet, durch die Erwachsene in den Prozeß des kindlichen Werdens einzugreifen versuchen, um Lernvorgänge zu unterstützen oder in Gang zu bringen, die im Kind zu Dispositionen und Verhaltensweisen führen, welche von den Erwachsenen als wünschenswert angesehen werden.» (Fend, 1969 S. 49f.) Dieser Erziehungsbegriff liegt auch den weiteren Betrachtungen in diesem Buch zu Grunde, da ein wesentliches Element unserer Betrachtung das vom «Erwachsenen als wünschenswert» Angesehene ist. Ein Fundament jeder autoritären Erziehung ist nämlich der Herrschaftsanspruch, der hinter dem so oft gehörten Ausspruch: «Ich weiß schon, was gut für dich ist» steckt. Erst eine Definition, die einen solchen Herrschaftsanspruch in Frage stellt, lässt eine Auseinandersetzung mit antiautoritärer Erziehung zu.

Ein wesentlicher Aspekt der zitierten Definitionen von Erziehung ist die Abgrenzung von anderen Begriffen innerhalb der Pädagogik. Diese Abgrenzung der konkreten Ebene des direkten und indirekten Einflusses von einer eher abstrakteren Ebene, die eine Eingliederung in die Gesellschaft beschreibt, ist nicht überall zu finden. Sie erleichtert jedoch die Eingrenzung dessen, was in diesem Buch unter Erziehung verstanden wird. Die beiden abstrakteren Ebenen werden Enkulturation und Sozialisation genannt und sind im Gegensatz zum Begriff der Erziehung rein wissenschaftliche Begriffe.

Der Begriff der Enkulturation wurde von dem US-amerikanischen Kulturanthropologen Melville H. Herskovits 1947 geprägt. Kultur ist für ihn die von Menschen geschaffene Umwelt. Der Lernprozess, den die Enkulturation beschreibt, umfasst sowohl die allgemeinen Voraussetzungen, die einen Menschen zur Teilhabe an einer Gesellschaft befähigen als auch die individuelle Persönlichkeitsentwicklung. Dieser Prozess umfasst zum Beispiel das Erlernen der Sprache, wie auch die Spezialisierung in einem bestimmten Beruf. Enkulturation beschreibt so den grundlegenden Prozess, der den einzelnen Menschen in einer Gesellschaft handlungsfähig macht. Die Erziehung und die somit bewusst geplante Einweisung in eine Kultur wird dabei als Enkulturationshilfe bezeichnet. Diese «Hilfe» beim Prozess des Anpassens und gleichzeitig der Herausbildung einer eigenen Persönlichkeit verkennt jedoch oft, dass der Prozess der Enkulturation kein einseitiger ist. Die Übernahme kultureller Verhaltensweisen kann nur aktiv geschehen. Die Sichtweise auf die eigene Aktivität, auf die Herausbildung der persönlichen Struktur, ist ein wesentliches Element, das antiautoritäre Erziehung unterscheidet von Erziehungstheorien und Stilen, bei denen der Prozess der Anpassung im Zentrum der Enkulturationshilfe steht.

Einen besonderen Teil der Enkulturation nimmt der Prozess der Sozialisation ein. Während die Enkulturation alle Prozesse beschreibt, die den Menschen zum handelnden Teil einer Gesellschaft machen, versteht man unter Sozialisation «eine besondere Klasse von kulturellen Inhalten, nämlich die sozialen». (Korn 1996, S.52) Während also die Enkulturation den gesamten Bereich des Wissens über z.B. das Autofahren genauso wie die praktische Fähigkeit ein Auto zu fahren umfasst, flankiert die Sozialisation diesen Prozess mit der Verinnerlichung der Regel, dass ein Auto kein öffentliches Gut ist, sondern einen Eigentümer hat, der befugt ist über die Nutzung des Fahrzeuges zu entscheiden und dass eine Fahrerlaubnis seitens der staatlichen Behörden vorliegen muss. Die Sozialisation umfasst vor allem auch die Prozesse, die der jeweiligen Person die soziale Stellung innerhalb der Hierarchie einer Gesellschaft zuweisen. Der Einzelne wird durch die Sozialisation handlungsfähig gemacht und die Gesellschaft reproduziert sich durch die Gesamtheit der Sozialisation ihrer Mitglieder.

Enkulturation und Sozialisation werden auch als Sozialwerdung, Erziehung als Sozialmachung bezeichnet. (Fend 1971, Korn 1996) Durch diese Unterscheidung wird noch einmal darauf hingewiesen, dass es sich bei der «Enkulturationshilfe» nicht um einen automatischen Prozess handelt, sondern dass die gezielte Einwirkung des Erziehenden Ausgangspunkt des Erziehungsprozesses ist und der Erziehungsprozess somit eine Aneinanderreihung von sozialen Handlungen. Natur, Milieu,

Geschwisterkonstellationen haben zum Beispiel mehr oder weniger starken Einfluss auf die Menschen und ihre Eingliederung in die Gesellschaft. Aber nur Menschen können nach dieser Definition Subjekte der Erziehung sein. Handeln in diesem Sinne schließt allerdings das gewollte Unterlassen einer nach außen gerichteten Handlung, also das Dulden, mit ein. Dabei ist der Begriff der «Enkulturationshilfe» sicherlich sehr wohlwollend, denn oft handelt es sich bei den Erziehungsmaßnahmen weniger um eine Hilfe, als eher um den Versuch einer Beschleunigung der Enkulturation, oder sogar um Maßnahmen die eine bestimmte Form der Enkulturation erzwingen sollen. Zu beachten ist dabei, dass ein wesentlicher Fehler vieler Erziehungswissenschaftler und Erziehungswissenschaftlerinnen bis heute darin besteht, Erziehung durch Kindergarten, Schule und mehr oder weniger professionelle Erziehende eine zu wichtige Rolle im Enkulturationsprozess zuzuschreiben.

Der Erziehungsprozess wird in diesem Sinne als ein einseitiger definiert. Auf der einen Seite der erziehende Erwachsene und auf der anderen Seite der zu erziehende Jüngere (der Educandus). Die Kommunikation wird hier in der Regel als eine eindeutig vertikale Hierarchie gedacht, denn per Definition kann der Edukant ja nicht Erziehender sein. Zum Konflikt kommt es immer dann, wenn die Interessen des Edukanten denen des Erziehenden zuwider laufen und dieser versucht, seine Interessen durchzusetzen. Diese Konfliktsituationen sind die spürbarsten Momente der Erziehung, in der am deutlichsten erfahrbar ist, dass es sich bei der Erziehung um eine Machtfrage handelt. In einer solchen Konfliktsituation wird die Macht des Erziehenden in Frage gestellt. Die «Sozialmachung» geht allerdings weit über diese Situationen hinaus, in der Erziehender und Edukant die Beantwortung der Machtfrage offen austragen.

Ziel der Erziehung ist in jedem Fall ein Verhaltensmuster, das den sozialen und moralischen Vorstellungen der Erziehenden entspricht. Dabei ist der Unterschied zwischen dem «Wissenden» und dem «Unwissenden» der Ausgangspunkt des Erziehungsprozesses. Im Prozess der Erziehung bringt jedoch auch der Edukant seine Erfahrungen und seinen Willen ein. «Wird der ‹Sinn›, wonach in einer sozialen Beziehung gehandelt werden soll, auch von dem Edukanten mitbestimmt, dann ist der einseitige Bestimmungsvorteil des Erziehers relativiert. Die Beziehung nimmt notwendig egalitäre Strukturen an. Im Gegensatz zur hierarchischen Beziehungsstruktur, in welcher der ‹Sinn› der Beziehung quasi objektiv ‹als erzieherische Intention› einseitig auf die Alpharolle und -position festgelegt ist, führt eine egalitäre Struktur der Beziehung dazu, von den Interpretationen aller in einer erzieherisch relevanten Beziehung oder Situation befindlichen Subjekten auszugehen.» (Kron 1996 S.56) Das heißt, wir haben in der Erziehung sowohl die Situation, dass der Erziehende in einer hierarchisch eindeutigen «Herrscherrolle» seinem Gegenüber das Verhalten vorschreibt, als auch eine Situation in der die Beziehung tendenziell eine egalitäre ist. Die Situation, in der der Edukant in der Lage ist, die Herrschaftsbeziehung umzudrehen, bildet eine Ausnahme, doch auch die Negation der Erziehungssituation bleibt eine Machtfrage. Interessant ist also nicht das Vorzeichen (Macht, Ohnmacht), sondern wie nah sich Erziehende und Edukanten an der Null (Egalität) befinden. Eine solche egalitäre Situation, wäre auch dadurch geprägt, dass die Autorität des Erziehenden aus seiner Kompetenz und seiner Persönlichkeit resultiert und nicht aus seiner Funktion als Erziehender abgeleitet ist. Die Edukanten würden in dieser Situation den Erziehenden Respekt aufgrund dieser Autorität entgegenbringen, die sie aber durch Respektlosigkeit aufheben können.

Erziehung und Bildung

*H*aben wir bisher in erster Linie eine Abgrenzung des verwendeten Begriffes der Erziehung von anderen Begriffen der Eingliederung des Menschen in die herrschende Gesellschaft geleistet, so geht es im Folgenden um die Selbsttätigkeit der Edukanten im Prozess der Enkulturation.

Im deutschen Sprachraum finden wir eine sprachliche Unterscheidung, die es in den meisten anderen Sprachen nicht gibt.[1] Die Unterscheidung zwischen Bildung und Erziehung wird auch in den verschiedenen Texten etwa zu «herrschaftsfreier Erziehung» unterschiedlich benutzt. In Veröffentlichungen zu anarchistischer Pädagogik wird auf den Unterschied zwischen Bildung und Erziehung wenig eingegangen. (Klemm 1990, Steinecke o. J) Dabei hatte Leo Tolstoi (1828–1910) als einer der bekanntesten Kritiker der repressiven Schule seiner Zeit und Vordenker einer antiautoritären Erziehung für eine deutliche Unter-

---

1   Martin R. Textor meint z.B., dass nur noch in der russischen Sprache ein ähnlicher Bildungsbegriff vorhanden ist. (Textor 1999 S. 527) Inwieweit hier eine eurozentristische Sichtweise zu diesem Urteil führt, kann hier nicht nachgeprüft werden.

scheidung von Erziehung, Bildung und Unterricht plädiert, ohne dass er diese Unterscheidung eindeutig herausarbeiten konnte.

Der Unterschied zwischen den Begriffen ist für die Betrachtung der antiautoritären Pädagogik auch heute bedeutend. Im folgenden setze ich, wenn wir von Erziehung reden, eine Beziehung zwischen Erziehendem und Edukanten voraus. Dabei betrachten wir vor allem die erklärende Seite des Lernens. Bei der Verwendung des Begriffes Bildung setzen wir diese Beziehung nicht voraus und betrachten mehr die verstehende Seite des Lernens. Diese Unterscheidung basiert auf der historischen Entwicklung des Bildungsbegriffes mit dem die Entwicklung der europäischen (und vor allem der deutschen) Pädagogik eng verbunden ist. Den Begriff des Unterrichts benutze ich für die Wissensvermittlung im Allgemeinen. Die Wissensvermittlung als Qualifikation für die spätere Stellung in der Gesellschaft und als Vorbereitung auf die zu übernehmenden Aufgaben bezeichnet die «Enkulturationshilfe», während der Begriff der Erziehung in diesem Sinne als «Sozialisationshilfe» gefasst ist. Alle drei Bereiche sind sicherlich nicht trennscharf voneinander zu unterscheiden, aber sie haben im Kern eine unterschiedliche Geschichte und beschreiben jeder für sich betrachtet andere Aspekte menschlichen Lernens.

Der deutsche Bildungsbegriff entstand in der Mystik des 14. Jahrhunderts und bezog sich auf die Ebenbildlichkeit des Menschen mit Gott. Er wurde verstanden als eine Annäherung an Gott durch einen Prozess des sich Weiterbildens: So meinte Meister Eckhart (1260–1327) mit «Bilden» das «Einbilden» des Bildes Gottes in die menschliche Seele. In der Zeit der Aufklärung wurde dieser Begriff im beginnenden 19. Jahrhundert in Deutschland vor allem von Wilhelm von Humboldt (1767–1835) säkularisiert und zu einem pädagogischen Begriff gemacht. Geprägt durch die Aufklärung hatte Humboldt dabei das Ideal eines gebildeten Individuums in einer humanistisch geprägten Gesellschaft vor Augen. Dies sollte verwirklicht werden in einem allgemeinbildenden Schulwesen bestehend aus Grundschule, Gymnasium und Universität. Bei aller Skepsis, die Humboldt gegenüber einer staatlichen Schule hegte, sollten diese Schulen nach einem einheitlichen Lehrplan funktionieren. Die Schule sollte die Bildung des Individuums garantieren, die eine Gesellschaft des Respekts auf der Grundlage der Prinzipieneinsicht jedes Einzelnen garantiere. Dabei sah er sehr wohl: «So wichtig und auf das ganze Leben einwirkend auch der Einfluß der Erziehung sein mag, so sind doch noch immer wichtiger die Umstände, welche den Menschen durch das ganze Leben begleiten.» (Humboldt, 1792) Ohne sie benennen zu können, räumt Humboldt hier bereits der Enkulturation und der Sozialisation in ihrer Gesamtheit eine größere Bedeutung bei als der Erziehung.

Ähnlich wie später Tolstoi war Humboldts Bildungs- und Erziehungskonzept von einem christlich freiheitlichen Gedanken durchzogen. Es ist daher nicht verwunderlich, dass Tolstoi, der ein staatliches Schulwesen radikal ablehnte, ebenfalls den Bildungsbegriff in einer Beziehung auf Gott hin definierte. «Tolstoi schreibt dem Menschen nicht einen freien Willen zu, sondern einzig die Möglichkeit der Einsicht in die Unabänderlichkeit und Wahrheit des göttlichen Gesetzes und der freiwilligen Annahme desselben. Der Mensch als ein sich stetig entwickelndes Wesen, nähert sich mit wachsender Vernunft, mit zunehmendem Selbstbewusstsein und dem Bewusstsein bezüglich der Beschaffenheit der Welt, dem Gesetze Gottes an, entwickelt seine Kräfte hin zu einem Zustand innerer Harmonie, welche Grundlage ist für die gerechte Gestaltung der gesellschaftlichen Verhältnisse.» (Sturzenegger 1989, S.34) Die Kritik sowohl des Humanisten Humboldt, wie die des frühen Libertären Leo Tolstoi wandte sich gegen eine bürokratisierte Schule, in der die Vermittlung von technischem Wissen in den Vordergrund rückte.

Die Betonung des Individuellen bei Humboldt und Tolstoi sowie die damit zusammenhängende Bedeutung der Selbstbildung gehört sicherlich zu den elementaren Grundlagen einer antiautoritären Pädagogik und ist zugleich der Ansatzpunkt vieler Kritiken, da eine solche Betonung die konkreten Bedingungen der Enkulturation nicht beachtet.

Erziehung und Bildung finden nicht in einem von der Gesellschaft unabhängigen Raum statt. «Erst der Kontext der Erziehung, die Struktur einer Gesellschaft, gibt auch dem Erziehungssystem und -prozeß ‹Sinn›, den Raum ihrer Möglichkeiten und die historisch definierte Sphäre ihrer Bedeutungen – definiert Erziehung also als ‹Funktion› der Gesellschaft.» (Tenorth, 1988 S.18) Die Kritik sozialistischer Pädagogen an der bürgerlichen, durch die Aufklärung beeinflussten Pädagogik, besteht daher auch – seit den zwanziger Jahren des letzten Jahrhunderts – vor allem in dem Vorwurf, dass die Entwicklung einer «idealen Erziehung» immer an den gesellschaftlichen Realitäten vorbei ging. Siegfried Bernfeld (1892–1953) brachte dies als einer der ersten auf den Punkt: «Nicht die Pädagogik baut das Erziehungswesen, sondern die Politik. Nicht Ethik und Philosophie bestimmt das Ziel der Erziehung nach allgemein gültigen Wertungen, sondern die herrschende Klasse nach ihren Machtzielen; die Pädagogik verschleiert bloß diesen höchst häßlichen Vorgang mit einem schönen Gespinst von Idealen.» (Bernfeld 1970b, S. 107) Bernfeld und Tenorth definieren allerdings Erziehung sehr viel weiter als die Definition vorgibt, der ich folgen werde. Bernfeld versteht unter Erziehung die «Summe der Reaktionen einer Gesellschaft auf die Erziehungstatsache.» (Bernfeld 1973, S. 49). Eine solche Definition macht es notwendig zwischen intentionaler Erziehung – damit wäre der Begriff der Erziehung gefasst, den ich in im Folgenden für die Erziehung insgesamt anwende – und funktionaler Erziehung zu unterscheiden. Mit funktionaler Erziehung sind die Enkulturationseinflüsse gemeint, die absichtslos durch die privaten und gesellschaftlichen Verhältnisse, mit denen Kinder und Jugendliche konfrontiert werden, einwirken.

Neben den sozialistischen Pädagogen finden wir andere, denen die Betonung des Individuellen als Ausgangspunkt für antiautoritäre Erziehungstheorie und Praxis dient. Ihr Ansatz wird dann auch schon einmal populär als «liberal bürgerlicher» bezeichnet. (Wikipedia 2006a) Viele der Theoretiker und Praktiker dieser Richtung verstanden ihren Ansatz als anarchistische Pädagogik oder werden heute als anarchistische Pädagogen gesehen. Dieser Richtung der «Antiautoritären» geht es vor allem um das Wohl des einzelnen Kindes bzw. Jugendlichen. Zu den ersten, die eine solche Pädagogik entwickelt und praktiziert haben gehört Leo Tolstoi. Die kirchliche und staatliche Autorität, die durch ihre Ausrichtung und Praxis der Erziehung den einzelnen Menschen an ihren Dogmen ausrichten will, steht hier im Mittelpunkt der Kritik, während die politischen und ökonomischen Verhältnisse im Blickfeld sozialistischer Pädagogen wie Bernfeld stehen.

Die «Antiautoritären» mit einem sozialistischen politischen Hintergrund in den zwanziger Jahren des letzten Jahrhunderts entwickelten vor allem Konzepte, in denen das proletarische Klassenbewusstsein gestärkt werden sollte. Der Schulkampf war vor allem ein Kampf gegen den autoritären Lehrkörper und gegen Schulleitungen, die eben jene herrschende Meinung in die Köpfe der Schülerinnen und Schüler trugen. Die Errichtung von Alternativschulen war eher ein Feld auf dem die «Antiautoritären» für das unmittelbare Wohl der Kinder und Jugendlichen tätig wurden. Sie beabsichtigten durch Beispiele antiautoritärer Erziehung Kindern und Jugendlichen konkret eine wirkliche Enkulturationshilfe zu geben. Die Auseinandersetzungen zwischen den beiden Ausrichtungen antiautoritärer Pädagogik – bei denen die einen das Wohlergehen des einzelnen Schülers oder der Schülerin im Blick haben, die anderen ein kollektives Interesse der Unterdrückten – durchziehen die gesamte Geschichte der antiautoritären Pädagogik. Dabei verwischen die Grenzen zwischen diesen beiden Ausrichtungen genauso, wie es zu – nicht selten polemischen – Anfeindungen kommt. Beide haben allerdings den selben Ausgangspunkt. Die autoritäre Erziehung: «Von autoritärer Erziehung sollten wir immer dort reden, wo Autorität im Sinne hemmender Autorität als geistig-seelische Verfügungsgewalt über Menschen geübt und verteidigt wird, wo es kein Wollen und Vollbringen ohne den Erzieher gibt, wo der Erzieher das Subjekt und das Kind das Objekt des Erziehungswerkes ist.» (Gottschalch, zit. n. Kron, 1973 S.14)

Antiautoritäre Erziehung wurde in der Folge der Jugendbewegungen Ende der sechziger Jahre des vergangenen Jahrhunderts zu einem Kampfbegriff, besonders für alle, die damit eine Erziehung diffamieren wollen, die eine Form der Autorität ablehnt, deren Grundlage «auf einem System von Herrschenden und Beherrschten (beruht), wobei die Herrschenden ihren Führungsanspruch nicht aus einer tatsächlich bestehenden Autorität auf Grund von Erfahrung und Qualifikation ableiten können, sondern auf Grund des bestehenden Systems, das keine Mitsprache und Selbstbestimmung der Beherrschten erlaubt.» (Dolezahl, S. 8) Die Verurteilung der antiautoritären Erziehung sinkt mitunter auf ein kaum vorstellbares Niveau, wenn die antiautoritäre Erziehung nicht mehr nur mit Laissez-faire-Erziehung verwechselt, sondern sogar mit Verwahrlosung gleichgesetzt wird. Die Romanautorin Sophie Dannenberg (Annegret Kunkel), die im gleichen Interview Wehrmachtssoldaten zu Opfern erklärt, sagt im Verlagsinterview: «Eines Tages fiel mir auf, dass das so freiheitlich aufwachsende zweijährige Kind den ganzen Tag allein im Kinderwagen saß und mit dem eigenen Kot spielte. Es wurde nur selten gewickelt und hatte darum geldstückgroße eiternde Stellen an den Genitalien.» (Dannenberg, 2004) Eine andere Art und Weise der Verunglimpfung wird durch die Schuldzuweisung für Gewalt und Rechtschreibschwächen an die 68er Antiautoritären geübt. «Ob man die armen Achtundsechziger denn nun für sämtliche Defizite des Erziehungssystems verantwortlich machen wolle, barmt Jochen

Bölsche im Spiegel: Seien sie etwa auch noch schuld an den Rechtschreibfehlern der Schüler von heute? Die Antwort lautet einfach: ja. Natürlich ist ein individueller Straßenkämpfer wie Joschka Fischer nicht schuld an den individuellen Rechtschreibfehlern von Dennis, Kevin oder Patrick. Aber die Achtundsechziger als prägende Generation haben ein gesellschaftliches Klima geschaffen, in dem man auf der Einhaltung von Rechtschreibregeln nicht mehr bestehen konnte, ohne sich ein bißchen lächerlich zu machen – und das gilt auch für andere Arten von Regeln.» (Gaschke, 2001 S. 22)[1]

Sicherlich war in der antiautoritären Bewegung der späten Sechziger auch häufig ein schwammiger oder missverständlicher Begriff von antiautoritärer Erziehung zu finden und Sophie Dannenberg hat Recht, wenn sie die maßlose Überschätzung und humorlose Dogmatik vieler Ausläufer der Studentenbewegung in Deutschland erwähnt, doch eine ernsthafte Auseinandersetzung mit antiautoritärer Erziehung zeigt, wie viel bescheidener Einsatz, wie viel humorvolle Beobachtungsgabe und wie viel ernsthafte Auseinandersetzung eine antiautoritäre Erziehung erst möglich macht.

Auf der anderen Seite wird der antiautoritären Erziehung vorgeworfen, sie sei nur die geschicktere Variante einer grundsätzlich abzulehnenden Erziehung. (Braunmühl 1973, hier 1980 S.19) Jede intentionale Einwirkung auf das Kind oder den Jugendlichen wird als Leine und etwa die Erziehung in Summerhill als «längere Leine» bezeichnet (S.237). Der Lehrer als reiner Vermittler von Wissen, der keine pädagogischen Absichten verfolgt, ist jedoch eine Fiktion. Denn auch jeder noch so banale Lehrstoff, enthält Erziehungselemente. Erziehung als kritische Hilfe zur Enkulturation wird gleichgesetzt mit der Erziehung als Zwangsmaßnahme zur Verinnerlichung herrschender Zwänge. Der Unterschied der antiautoritären Erziehung zur indifferenten (i.S.e. unbestimmten Erziehungsverhaltens, dem

---

1 An dieser Stelle möchte ich darauf hinweisen, dass ich die Verantwortung für sämtliche Rechtschreibfehler in diesem Buch übernehme und weder mein Klassenlehrer, der in vier Jahren Volksschule ungezählte Male mit dem Stock auf meine Hand schlug, wenn ich mit «Trauerrändern» unter den Fingernägeln erwischt wurde, verantwortlich mache, noch meinen Klassenlehrer an der Realschule, der so schön vom Wüstenfeldzug unter Rommel erzählen konnte und verwundert war, dass ein paar Schüler 1968 den Klassenraum verließen, nachdem er im Biologieunterricht darauf hinwies, dass «Neger stinken».

scheinbar keine moralischen Bezugssysteme zu Grunde liegen) oder autoritären Erziehung ist aber nicht nur ein Unterschied der Form nach, sondern auch ein inhaltlicher. Die Verweigerung einer kritischen Hilfe würde Herrschaftsverhältnisse eher verstärken, da Unterdrückungsmechanismen, die auf dem Geschlecht, der sozialen Situation, des kulturellen Hintergrundes oder einer anderen Unterdrückung basieren, leichter zur Entfaltung gelangen könnten.

Wie die Erziehung autoritär wurde

*D*ie Betrachtung der Erziehung als «Enkulturationshilfe» lässt die Frage aufkommen: Warum muss dies in einer autoritären Form geschehen? Diese Frage wird in der Regel von den Befürwortern autoritärer Erziehung überhaupt nicht gestellt. Für sie scheint auch der Verweis auf die Notwendigkeit von Strenge auf der Hand zu liegen. Die Positionen einer auf dem «proletarischen Klassenbewusstsein» gegründeten Kritik der antiautoritären Erziehung sehen in der kapitalistische Produktionsweise, die die Gesellschaft in Klassen teilt und das proletarische Kind unterdrückt, die Begründung der autoritären Erziehung. Für die eher individuell ausgerichteten kritischen Positionen sei hier einmal Alexander S. Neill (1883–1973) zitiert: «Unsere Gesellschaft ist krank und unglücklich, und ich behaupte, daß die Wurzel dieses Übels die unfreie Familie ist. Von der Wiege an werden die Kinder von den Kräften der Reaktion und des Hasses abgestumpft. Sie werden dazu abgerichtet, das Leben zu verneinen, weil ihr junges Leben ein einziges langes Nein ist. Mach keinen Lärm, onaniere nicht, lüg nicht, stiehl nicht!» (Neill 1969, S. 112).

Alle diese Erklärungen machen es sich in diesem Fall zu leicht. Die Strenge zur «Notwendigkeit» zu erklären befreit im Grunde nicht von der Aufgabe, die autoritären Strukturen zu reflektieren, die einer solchen Erziehung zu Grunde liegen. Allerdings ist es den Verteidigern autoritärer Erziehung oft deutlicher als Pädagogen, die einen eher «demokratischen» Führungsstil bevorzugen, dass es um Machtfragen geht und um die Anpassung der nachwachsenden Generation an die herrschende Ordnung. Daniel Schreber (1808–1861), eher bekannt durch die nach ihm benannten Schrebergärten, konstruierte unter anderem einen Gürtel, um das Kind im Schlaf in der «richtigen Position» zu fixieren und andere, die das Masturbieren verhindern sollten. Seine Erziehungsmethode begründete er folgendermaßen: «Unsere ganze Einwirkung auf die Willensrichtung des Kindes erstreckt sich zur Zeit [schon vor Vollendung des ersten Lebensjahres] auf die Gewöhnung an unbedingten Gehorsam, worauf dasselbe durch Anwendung der bisher aufgestellten Grundsätze schon sehr vorbereitet ist. ... Es darf in dem Kinde der Gedanke gar nicht aufkommen, dass sein

Wille herrschen könne, vielmehr muss die Gewohnheit, seinen Willen dem Willen der Eltern oder Erzieher unterzuordnen, in ihm unwandelbar befestigt werden ... Mit dem Gefühle des Gesetzes vereinigt sich dann das Gefühl der Unmöglichkeit, dem Gesetz zu widerstreben: der kindliche Gehorsam, die Grundbedingung aller weiteren Erziehung ist auch für die Folge fest begründet.» (Schreber zit. n. Schatzmann 1974, S. 38)

Ob die Notwendigkeit autoritärer Erziehung nun mit der Erbsünde, der Natur des Menschen oder der Verderbtheit der Kultur begründet wird, es sind immer die Kategorien Ausgangspunkt dieser Zuschreibung, die als unhinterfragbar gesetzt werden, aber keine Erklärung liefern. Die beiden anderen Erklärungen suchen nach dem «einen Grund» für den autoritären Charakter der Erziehung. Die Erziehung des Kindes und des Jugendlichen wird aber nicht vollzogen in der Abhängigkeit von nur einem Faktor; ebenso wenig handelt es sich um die Abfolge einer monokausalen Kette von Begründungen.

Der Erziehung liegt das Machtverhältnis zwischen den Generationen zu Grunde. Wird es zum Gewaltverhältnis, so geht entweder eine Infragestellung der Mächtigen (in der Regel der älteren) Generation voraus, oder die Infragestellung manifestiert sich im Gewaltausbruch. Die autoritäre Erziehung als eine Form der Unterdrückung wird dabei durch andere Herrschaftsformen in vielfältiger Weise überdeterminiert. Das bedeutet zum Beispiel bei der Erziehung eines Mädchens aus einer migrantischen Arbeiterfamilie, dass die Unterdrückung, die es als Kind erfährt, von der Unterdrückung überdeckt wird, der es auf Grund seines Geschlechts, seiner Herkunft und seiner sozialen Klasse unterworfen ist. Teile dieser Unterdrückungsmechanismen sind älter als die kapitalistische Produktionsweise, andere liegen nicht in der aktuellen Form des Familienlebens begründet. Vor allem ist die Unterdrückung als Kind noch einmal eine besondere gegenüber den anderen Unterdrückungsmechanismen. Diese Besonderheit gegenüber aller anderer Unterdrückung besteht darin, dass jedes Kind und jeder Jugendliche der Unterdrückung, der die nachwachsende Generation unterliegt, in jedem Fall entrinnen wird. Doch ist diese spezielle Unterdrückung ebenso wie die anderen ein Ergebnis vorausgegangener Entwicklungen und konkreter Kräfteverhältnisse.

Um auf die Frage nach der Genesis dieser Unterdrückung eine Antwort zu geben, müssen wir den Fokus auf die Entwicklung der gesellschaftlichen Rolle des Kindes und des Jugendlichen in der Geschichte der menschlichen Gesellschaft richten.

Es mag auf den ersten Blick seltsam anmuten, dazu Tausende von Jahren zurückzublicken. Doch die Wurzeln der Unterdrückung von Kindern und Jugendlichen sind dort zu finden. Erst wenn wir diese Wurzeln benannt haben, können wir Grundlagen antiautoritärer Perspektiven entwickeln, beziehungsweise die bereits entwickelten Konzepte kritisch betrachten.

Die Darstellung dieser Wurzeln kann an dieser Stelle nur sehr fragmentarisch erfolgen. Es geht dabei lediglich um die Benennung der Herausbildung von wesentlichen Elementen autoritärer Erziehung. Die Frage, warum sich diese Entwicklung bei der Herausbildung von Herrschaftsformen zwischen den Generationen so abgespielt hat, kann dabei nicht beantwortet werden. Zum einen ist die Diskussion um die Herausbildung von Herrschaftsbeziehungen sehr mannigfaltig und nahezu unüberschaubar, zum anderen geht es in diesem Text nicht um die Begründung für die Entwicklung autoritärer Erziehung, sondern um die Aufzeichnung ihrer Elemente. Auch kann hier keine Kultur- oder Sozialgeschichte autoritärer Erziehung geleistet werden.

Arbeitsteilung, Inzestverbot und Initiation

Die erste Arbeitsteilung auf der Grundlage der Entwicklung von immer spezielleren Werkzeugen vollzog sich wahrscheinlich im Mittelpaläolithikum, 100.000 bis 50.000 Jahre v.u.Z. Die unterschiedlichen Entwicklungen der Menschen in den verschiedenen bewohnten Regionen sind zu dieser Zeit vor allem durch die klimatischen Bedingungen diktiert. Die Menschen lebten in Gruppen von bis zu dreißig Menschen zusammen. Die Hauptnahrungsgrundlage bestand aus gesammelten Pflanzen und Kleintieren. Die kollektive Jagd nahm nicht den bedeutenderen Teil der Nahrungsmittelversorgung ein, wie es bis ins 20ste Jahrhundert hinein angenommen wurde. Bis zum Beginn der Sesshaftigkeit im 9. Jahrtausend v.u.Z. war dies die vorherrschende Lebenskultur. «Mit der Teilung der Arbeit, in welcher alle diese Widersprüche gegeben sind und welche ihrerseits wieder auf der naturwüchsigen Teilung der Arbeit in der Familie und der Trennung der Gesellschaft in einzelne, einander entgegengesetzte Familien beruht, ist zu gleicher Zeit auch die Verteilung, und zwar die ungleiche, sowohl quantitative wie qualitative Verteilung der Arbeit und ihrer Produkte gegeben, also das Eigentum, das in der Familie, wo die Frau und die Kinder die

Sklaven des Mannes sind, schon seinen Keim, seine erste Form hat.» (Marx 1932, S. 32) Diese Postulierung durch Karl Marx in *Die Deutsche Ideologie* prägt bis heute die Sicht vieler Forschenden. Der Teil des Zitats, in dem die Kinder als beherrschte Teile der Wildbeutergesellschaften gesehen werden, wird dabei in der Regel überlesen. Feministische Forschungen erarbeiteten ein Bild dieser Zeit, in dem die Rolle der Frau, festgelegt auf die Arbeit als «schutzbefohlenen Hausfrau und Mutter», die sich nicht an der Jagd beteiligt, widerlegt: «Wer jemals als Ethnologe unter nomadischen Wildbeutern gelebt hat, weiß, daß die Frauen nie hinter dem Trupp zurückbleiben, daß sie auf der Wanderschaft gebären, nach spätestens einer Stunde wieder weiter wandern und die Kinder stets auf der Wanderschaft nähren. Bei den Jägervölkern Sibiriens reitet die Frau genau wie der Mann, jagt wie er die ganze Schwangerschaft hindurch und zeigt sich in keiner Hinsicht schwächer oder unbeholfener als der Mann.» (Borneman 1975, S. 42) Verwunderlich ist, warum Forscher wie Bornemann dennoch feststellen: «Der Jäger des Mittleren Altpaläolithikums führte ein äußerst prekäres Leben. Hätten die Frauen nicht gleichzeitig Nahrung gesammelt, wäre die Horde zweifellos oft verhungert.» (Bornemann 1975, S. 44) Während betont wird, dass auch die Frauen an der Jagd teilnahmen, taucht der Mann als Sammler nicht auf. Als würde die Mehrfachbelastung der Frau, wie sie heute bei berufstätigen Hausfrauen und Müttern vorgefunden wird, auf die ältere Steinzeit zurückprojiziert.

Der Teil des Marx-Zitats, der auf die «Versklavung» der Kinder hinweist, zeigt jedoch eine mögliche Variante der Entwicklung einer gesellschaftlichen Arbeitsteilung auf, obwohl wir auch hier nicht von einer «naturwüchsigen Arbeitsteilung» sprechen können. Es ist auch durch nichts belegt, dass Kinder in dieser Zeit wie Sklaven behandelt wurden.

Alte und Kinder waren diejenigen, die eher an eine Lagerstätte gebunden waren und von daher bei der Arbeitsteilung zuerst die «Hausarbeiten» übernommen haben. Daraus ergibt sich noch keine «naturwüchsige» Unterdrückungssituation. So wird von Ethnologen bei Wildbeutergesellschaften vielmehr eine eher antiautoritäre Erziehung beobachtet. Franz Boas Beobachtungen bei den Inuit führten zu folgendem Ergebnis: «Die Kinder werden sehr gütig behandelt und nicht gescholten, geschlagen oder irgendeiner körperlichen Strafe unterworfen.» (Boas 1888, S. 580 zit. n. Günther u.a., Berlin 1972) Die Untersuchungen von Bräunlein und Lauser bei den Magnyan auf den Philippinen kamen zu einem sehr ähnlichen Ergebnis: «Das Spiel, die Arbeit, die spielerische Arbeit der Selbstversorgung (Kochen, Geschwisterhüten, ‹Jagen und Sammeln›) der Kinder ist in dieser Zeit von Erwachsenen nicht reglementiert. Regulativ wirken allenfalls die Altersunterschiede der Geschwister.» (Bräunlein/Lauser 1996, S. 158) Deutlich wird bei den verschiedenen Untersuchungen der Zusammenhang zwischen gesellschaftlichen Hierarchien und dem Charakter der Erziehung.

Wir müssen eine weitere Besonderheit menschlicher Gesellschaften hinzufügen, die als eine Trennung von Jung und Alt kultiviert wurde: Das Inzestverbot finden wir «in allen menschlichen Gesellschaften». (Masset 1986, S. 97) Die aktuellen Forschungen haben Belege erarbeitet, nach denen die ersten Inzesttabus zwischen den Generationen eingeführt wurden. Da die Jungen oder Mädchen nicht im eigenen Clan «heiraten» durften, führte dies zur «Auswanderung» eines Teils der Jugendlichen. Dabei betont Claude Masset, dass es beim «Austausch junger Erwachsener» unwichtig war, «ob der Mann oder die Frau auf Wanderung geht». (Masset 1986, S. 97) Seine Hinweise auf Polyandrie und Polygamie in den verschiedenen Gesellschaften unterstreichen darüber hinaus, dass die Geschlechterverhältnisse durch eine große Variationsbreite geprägt waren und weder die Frau naturbedingte Sklavin noch der Mann nur Jäger war. Ebenfalls von Bedeutung ist die Tatsache, dass die Bevölkerungsdichte in dieser Zeit sehr gering war. In Europa lebten vor 30.000 Jahren etwa 250.000 Menschen. Der «Austausch junger Erwachsener» war also nicht einfach. Dem Zufall überlassen, dürfte ein Austausch nicht allzu häufig gelungen sein.

Wie genau dieser Austausch in den verschiedenen Regionen geschah, kann bisher nicht gesagt werden. Jedoch ist der Schluss zu ziehen, dass Arbeitsteilung zwischen der erwachsenen und der nachwachsenden Generation ein Grund für die Unterscheidung der Generationen war. Das Inzesttabu führte zu einer «Auswanderung» eines Teils der Jugend. Diese Auswanderung war mit einem Ritual verbunden, das die Grenze zum Erwachsenendasein unterstreicht.

In dieser Zeit entstanden die Initiationsriten, die wir noch heute in der Form von Kommunion, Jugendweihe etc. kennen. Die Prüfung, die Einzelne oder eine Gruppe von Jugendlichen abzulegen hatten, um sich als Erwachsene eine «neue Familie zu suchen» werden in Zusammenhang mit Höhlenzeichnungen gebracht und machen deutlich, wie wichtig der Übergang vom Kind/Jugendlichen zum Erwachsenen bereits in dieser Zeit war. «Folgt man den Erkenntnissen der neueren Forschung, so nahm vor allem in jenen Höhlen, die für Initiationszwecke benutzt wurden, das seinen ersten Anfang, was Assmann im Hinblick auf den altägyptischen Knaben äußert, der nicht mehr durch die Folter der Initiation ging, sondern statt dessen lesen lernte. Dem altsteinzeitlichen Knaben blieb zwar wahrscheinlich noch so manche Folter im Ritus nicht erspart, doch las er die Bilder an den Wänden der Höhle und erfuhr auf diese Weise einiges, womit man ihm in der Realität – zumindest im Gefolge der Initiation – verschonte.» (Schmidt 2006, S. 207)

Schmidt macht in diesen Ausführungen deutlich, dass neben der jagdvorbereitenden Antizipation die Kunstwerke der Steinzeit eine Rolle bei der Initiation des neuen Erwachsenen gespielt haben können. Warum er in der sonst sehr vorsichtig und kenntnisreich interpretierenden Arbeit über die Ausgrabungen steinzeitlicher Artefakte hier unkritisch den Begriff Folter übernimmt, ist nachvollziehbar vor dem Hintergrund zahlreicher ethnologischer Forschungen über Initiationspraktiken, die durchaus der Folter ähneln. Allerdings gibt es auch ebenso Initiationsbeschreibungen bei Wildbeutern, die nicht diesen Charakter haben. Die olympischen Spiele gehen beispielsweise auf einen Lauf vordorischer[1] matriarchaler Kulte zurück, die eine Initiation darstellten. Auch die ersten 13 olympischen Spiele bestanden lediglich aus Läufen. Initiationsriten gab es für Mädchen und Knaben, die Entwicklung von folterähnlichen Initiationen, in denen der Knabe in die «Kriegergesellschaft» aufgenommen wurde, ist dagegen eine Entwicklung des Patriarchats.

In vielen Kulturen lässt der Jugendliche bei der Initiation alles zurück, was ihm bisher wichtig war, dies ist sicherlich ein schmerzvoller Vorgang. Deshalb wird die Initiation von europäischen Forschungen oft mit einem Übergang vom Leben zum Tod und einer folgenden Wiederauferstehung verglichen. Der Weggang vom Herkunftsclan und die Suche nach einem neuen Clan ist ebenfalls ein Akt des Abschieds und des Wiederankommens. Der Charakter der Initiation ändert sich auch je nachdem, ob sie eher ein Abschied ist und von der Altersgruppe durchgeführt wird, die man verlässt, oder ob sie als Aufnahme geschieht und die Durchführenden aus der zukünftigen Alters-

---

[1] Die Dorer sind wahrscheinlich als patriarchalisches Hirtenvolk um 1000 v.u.Z. in das heutige Griechenland eingewandert. Ob sie durch ihre Eisenbewaffnung die dort lebenden Völker besiegt haben, oder ob es sich um eine Vermischung gehandelt hat ist umstritten.

gruppe kommen. Dies ist bereits eine Frage des Machtgefüges zwischen den Generationen.

Diese Voraussetzungen für die Stellung der nachwachsenden Generation waren gegeben, ehe in patriarchalischen Gesellschaften ein autoritärer Umgang mit den «Jungen» in festen Formen konstruiert wurde, der noch heute Grundlage dieser Erziehung ist. Die Initiation zum Erwachsenen dokumentiert eine erste soziale und kulturelle Differenzierung innerhalb der menschlichen Gesellschaft. Auf ihren Wanderungen sammelten die Jugendlichen Erfahrungen auf dem Weg zum Erwachsenwerden. Diese «Auswanderung» stellte eine erste Form der Bildung dar. Auch die Trennung zwischen dem Kind, das im «häuslichen» Zusammenhang lernt und dem Jugendlichen, der aus diesem Zusammenhang herausgeht um zu lernen, ist hier bereits vorgezeichnet.

Von den frühen Hochkulturen zur Antike

*D*er Weg, den die Unterdrückung von Kindern und Jugendlichen seitdem genommen hat, ist sehr verschieden und immer durch andere Formen der Unterdrückung überdeterminiert worden. Doch bestimmte Eckpunkte, die für die Erziehung in Europa von Bedeutung sind, sollen im Folgenden benannt werden, um aufzuzeigen, dass wichtige Unterdrückungsmechanismen lange vor der Etablierung der modernen Familie oder der kapitalistischen Produktionsweise entwickelt wurden und die Fehler antiautoritärer Konzepte häufig in der Ausklammerung dieser Genesis ihre Ursachen haben. Dass die Ausformung der Unterdrückung der nachwachsenden Generationen immer durch die herrschenden Machtverhältnisse historischer Momentaufnahmen zu konkretisieren ist, bleibt dabei völlig unbenommen. In Gesellschaften, in denen eine Abstufung der Macht eingeführt wird, hat dies in der Regel mit dem Wunsch zu tun, vom Vater auf den Sohn zu vererben. Bis heute halten sich Vorstellungen, dass der Charakter des Vaters auf den Sohn übergeht und die Erziehung diese Charakterbildung lediglich noch verstärkt. Kenneth E. Read beschreibt dies für eine in Ansätzen hierarchische Gesellschaft der Gahuka-Gama in Neu-Guinea 1959 folgendermaßen: «Die wichtigsten Männer sind die ‹big men› oder ‹Männer mit einem Namen› – Personen, die in erster Linie deshalb Gefolgsleute um sich scharen und Einfluß ausüben, weil sie Qualitäten besitzen, die ihre Genossen an ihnen bewundern. Es wird die Erwartung gehegt, daß der Sohn seinem Vater nachfolgen wird. Man glaubt, daß der Charakter des Erzeugers sich auf seine Nachkommenschaft überträgt, und ein Mann von Ansehen wird bestrebt sein, in seinem Sohn diejenigen Eigenschaften zu suchen und zu fördern, die Vertrauen und freiwillige Unterordnung hervorrufen. In der Tat mag der Sohn eines ‹big man› gegenüber anderen wohl einen leichten Vorteil haben – z.B. den Rückgriff auf größeren Reichtum –, und er mag aus verschiedenen Gründen unter Druck stehen, es seinem Vater nachzutun.» (zit. n. Service 1977, S. 107f) Read beschreibt hier einen Vorgang, der nachhaltig die Struktur der Erziehung bestimmt: Den Willen, dass der Sohn die Eigenschaften annimmt, die der Vater für ihn vorgesehen hat. Bei der Etablierung des Patriarchats bekommt vor allem die Initiation der männlichen Nachfahren eine neue Bedeutung: Sie werden an die Macht herangeführt, um sie ausüben zu können.

Ein Symbol des autoritären Umgangs mit den «Jungen» ist die Schule. Die Etablierung von Schulen als Ort in dem Teile des notwendigen Wissens vermittelt wurden und werden, hängt eng mit der Entwicklung der Schrift zusammen. Claus Wilcke geht davon aus, dass vor mehr als 4.000 Jahren «die städtische Gesellschaft Mesopotamiens, d.h., die Bewohner der Häuser, die der Spaten der Ausgräber freilegt und deren Hinterlassenschaft uns Einblicke in altmesopotamische Lebensumstände erlaubt, über eine beträchtlich weit gestreute Fähigkeit zu Lesen und zu Schreiben verfügte». (Wilcke 2000, S. 48) Die Anhäufung von Schultexten an bestimmten Orten deuten auf Orte hin, an denen das Lesen und Schreiben gelernt wurde. So weist Claus Wilcke in einer Tabelle über die Verteilung von Alltags- und Schultexten in den Ausgrabungen von Nippur ein Haus aus, in dem neben 21 Alltagstexten 1.405 Schultexte aus der Mitte des 2. Jahrtausends v. Chr. gefunden wurden. «Hier wurde geschrieben und gelesen, ja man kann sagen: es wurde studiert.» (Wilcke 2000, S.18)

Die in Ausgrabungen freigelegten «Schulräume» ähneln mit ihren Reihen und Gängen zwischen den steinernen Schultischen Schulräumen, wie wir sie bis heute kennen. Das heißt: Die Schule als Ort autoritärer Erziehung existiert seit mindestens 4.000 Jahren. «Die Pädagogik war sehr elementar und bediente sich der passiven Lehrmethode: Indem sie mit der Gelehrigkeit des Schülers rechnete, nahm sie, wie später die klassische Pädagogik, die strengsten körperlichen Strafen zu Hilfe; das hebräische *musar* bezeichnet zugleich Unterricht und Korrektur, Strafe. Auch hier sind die hübschesten Texte ägyptischen Ursprungs: ‹Die Ohren des Jugendlichen sind auf dem Rücken angebracht; er hört zu, wenn man ihn schlägt.› ‹Du hast mich erzogen, als ich Kind war›, erklärt seinem Lehrer ein dankbarer Schüler, ‹du schlugst mich auf den Rücken, und deine Lehre drang in mein Ohr ein.›» (Marrou 1957, S. 9f)

Diese Schulen waren im Laufe der Jahrhunderte nie für alle Kinder offen. Sklaven, Leibeigene oder Mädchen waren zum Beispiel von der Antike bis zur Moderne von den Schulen Europas häufig ausgeschlossen. Was nicht bedeutete, dass die Unterdrückung der jungen Generation nicht auch bei den «ungeschulten» Jugendlichen eine mehrfache Unterdrückung war. Jedoch war zur Reproduktion vieler Gesellschaften eine «Enkulturationshilfe» durch die Schule nicht notwendig. In der herrschenden Geschichtsschreibung wird die Kindheit und Jugend immer nur für die «gebildeten Schichten» beschrieben. Daraus kann nicht der Rückschluss gezogen werden, dass es in den von Schule und Müßiggang ausgeschlossenen Schichten keine besondere Unterdrückung der jüngeren Generationen gab. Dass diese Schlussfolgerung durchgängig den Realitäten der verschiedenen Gesellschaften entspricht, wird an verschiedenen Phänomenen deutlich. Jedoch ist die Geschichtsschreibung der autoritären Erziehung im Grunde noch in den Anfängen und je weiter wir uns von den heutigen europäischen Erziehungswirklichkeiten entfernen, um so spekulativer werden die Aussagen. Dabei wird den entfernten Kulturen in der Regel ein höherer Grad an Autoritarismus als der derzeitigen Gesellschaft zugewiesen.

Die Schule ist seit diesem Zeitpunkt neben der familiären Erziehung ein zentraler Ort der Erziehung und nicht nur die ägyptischen Quellen belegen, dass diese Schulen ein Ort der autoritären Dressur waren. Dass sie mit der Durchsetzung patriarchalischer Gesellschaften einherging, macht den Zusammenhang zwischen Patriarchat und autoritärer Erziehung deutlich. Wir finden also in den städtischen Kulturen Mesepotamiens eine Priesterkaste vor, die ihre Gesetze in Tontafeln ritzen lässt, ihren Reichtum bilanziert und Kinder dafür «pauken» lässt.[1] Dieses

---

1 Die Schrift des antiken Griechenlands, die nicht von der Entwicklung der Schulerziehung getrennt werden kann, stellte keine Weiterentwicklung der minoischen Schrift (1700–1400 v.u.Z.) dar, sondern es handelte sich um eine Weiterentwicklung der aus dem mesepotamischen Keilschrift entstandenen phönizischen Schrift. Der Weg der Schrift macht auch nachvollziehbar, dass Erziehungsstile aus dem Gebiet des goldenen Halbmonds, das sich von der syrischen Mittelmeerküste bis zur Mündung von Euphrat und Tigris erstreckt, vor allem im klassischen Athen übernommen wurden.

Einpauken und die Reglementierungen wurden zu keiner Zeit ohne Widerstand hingenommen. Auf babylonischen Schrifttafeln, wird «die Jugend» bereits als rebellisch beschrieben. (Dracklé 1996, S. 9) Dass die Strafe durch den Erziehenden ohne die Hinzuziehung einer anderen Instanz in der Familie, wie auch in der Schule, verhängt und auch in der Regel ausgeführt oder überwacht wird, ist eine Eigenart des Machtverhältnisses Erziehung. Verändern sich auch die Rechtssysteme mit ihren verschiedenen Zugriffen auf den Körper oder die Seele und haben damit auch Einfluss auf die Bestrafung der zu Erziehenden, so bleibt doch die Strafe in den Erziehungsinstitutionen Familie und Schule immer eine unmittelbare.

Zur gleichen Zeit wie die Schulen entstand mit der Heranziehung junger Männer zum Kriegsdienst eine weitere Institution, die in der Regel autoritärer als die Schule junge Menschen diszipliniert und autoritär unterdrückt. Auf einer Inschrift, die dem Herrscher von Akkad, König Sargon (ca. 2324/34-2279 v. u.Z.), gewidmet ist, heißt es: «Sargon, König von Kisch, hat in vierunddreißig Schlachten den Sieg davongetragen, die Mauern, die er zerstörte, sind fern wie die Küsten des Meeres. Gott Enlil hat Sargon, den König, vor der Hand der Rivalen bewahrt. Vierundfünfzigtausend Männer nähren sich täglich an seinem Hof.» (McNeill 1984, S. 12) Der erste historisch bekannte große Heerführer der Militärgeschichte, der in einem ca. 25-jährigen Zeitraum vor ungefähr 4250 Jahren Mesepotamien auf Raubzügen ausplündern ließ, wird damals mit strenger Disziplin dieses Heer von 54.000 Menschen geführt haben. Die Plünderungen, die dieses Heer auf seinen Kriegszügen vorgenommen hat, verwüsteten ganze Landstriche. Die Befehlsgewalt über eine solch große Menge von Menschen setzt allerdings bereits eine durchorganisierte Hierarchie von Befehlenden und Befehlsempfängern voraus. «Disziplin, d. h. Autorität von oben und Gehorsam von unten, ist die ganze Seele der Armee.» (v. Moltke zit. n. Fuhrmann 1963, S.15) Sicherlich hatte die Disziplin in den frühen Hochkulturen andere Formen als in der deutschen Reichswehr, aber das Prinzip Disziplin charakterisiert das Militär von Beginn an. So entsteht in diesem Zusammenhang neben den Schulen eine zweite Einrichtung der Disziplinierung junger Menschen: die Kasernen. Während den Priestern die Ausbildung in ideologischen und geschäftlichen Angelegenheiten obliegt, werden vom Militär die aggressiven und repressiven Instrumentarien der Herrschaft gesichert. Wobei die Grenzen zwischen diesen beiden Grundpfeilern des Autoritarismus oft verwischen und selten Konflikte zwischen beiden Parteien aufkamen,«denn Krieger und Priester sind stets brüderlich Hand in Hand gegangen bei der Knechtung der Welt.» (Liebknecht 1872, hier1968, S. 58) Während die militärische Ausbildung eine wesentliche Rolle bei der Vorbereitung der männlichen Jugend auf ihre Stellung in der Gesellschaft bis heute beibehalten hat, und als Vorbereitung auf die Initiation zum Mann dient, nahmen die Initiationsriten eine immer symbolischere Form an. Für die Mädchen gibt es keine gleichwertige Vorbereitung auf ihre Situation als Frau und Mutter. Bezeichnend ist dabei, dass auch von den Ethnologen bis Mitte des letzten Jahrhunderts die Initiation der Mädchen kaum erforscht wurde. Dies hatte nach Simone Dietze und Lissy Ehlert (2007) sogar den Effekt, dass bei den Aborigines aufgrund des fehlenden Interesses seitens der Forscher an weiblicher Initiation, diese an Wichtigkeit verlor. Dass jedoch auch die Initiation von Mädchen sich Methoden grausamer Folter bedient, ist seit der Skandalisierung der Klitorisbeschneidung auch in Erinnerung gerufen.

Für die Aufnahme in die Reihe der erwachsenen Männer wurden gesellschaftliche (öffentliche) Institutionen zur Erziehung geschaffen, dagegen blieb die Erziehung der Mädchen eine private (familiäre) Angelegenheit. Schon in den frühen Hochkulturen Mesepotamien und Ägypten wurden durch öffentliche, wie durch private Erziehung Körper und Geist der Kinder und Jugendlichen gewaltsam zugerichtet. Die Zurichtung der Kinder und Jugendlichen durch Familie, Schule und Militär finden wir in unterschiedlicher Ausformung von diesem Zeitpunkt an in einer geographischen Ausbreitung, die mit der kolonialen oder imperialen Ausbreitung einher geht.

Maßgeblich war dabei der Einfluss der Hochkulturen Mesepotamiens und Ägyptens auf die griechische Antike, die als Vorbild für die humanistischen Pädagogen der Renaissance wie auch des 18. und 19. Jahrhunderts dienten. Henri-Iréné Marrou beschreibt die Entwicklung der Erziehung im klassischen Altertum folgendermaßen: «Wollte man diese vielgestaltige Entwicklung in eine einfache Formel zusammenfassen, so würde ich sagen, daß die Geschichte der antiken Erziehung den allmählichen Übergang von einer Kultur adliger Krieger zu einer Kultur von Schreibern widerspiegelt.» (Marrou 1957, S. 5) Wie viele der «Bewunderer» des Antiken Griechenlands vernachlässigt er dabei, dass zumindest seit dem Beginn der «Perserkriege» um 500 v.u.Z. bis zur Unterwerfung durch das römische

Imperium im Jahre 146 ein Zustand des Friedens eher eine Ausnahme und Krieg und soziale Unruhen die Regel waren. Die Wirkungen der antiken Philosophie auf die Pädagogik der nachfolgenden Epochen ist unübersehbar, daher ist es notwendig, wesentliche Elemente hier aufzuführen.

In der Aufarbeitung der klassischen griechischen Erziehung werden die verschiedenen Erziehungsvorstellungen der spartanischen und der attischen Bürger verglichen. Sie stellen zwei verschiedene Formen autoritärer Erziehung dar, die für die weitere Betrachtung von Bedeutung sind und in ihrer Unterschiedlichkeit hier skizziert werden:

Sparta war vom 8. bis zum 6. Jahrhundert v.u.Z. die führende Stadt (Polis) Griechenlands. Die wirtschaftliche Grundlage wurde durch drei Klassen garantiert. Die im 1. Messenischen Krieg unterworfenen dorischen Messenier wurden zu Leibeigenen (Heloten) gemacht, die an die Ländereien der spartanischen Aristokratie gebunden waren und die Hälfte des Ernteertrages an diese abgeben mussten. Die Peiöken «eine Klasse freier Männer ohne politische Rechte» stellten die Händler und Handwerker dieser Gesellschaft. (Castle 1965, S. 16) Die spartanische Aristokratie herrschte als landbesitzende Kriegerkaste. Neu an dieser Herrschaftsform war die totalitäre Unterwerfung unter die Polis. Bei Marrou klingt das nach einem Kollektiv uneigennütziger Mitglieder: «Ein umfassendes Ideal: die Polis ist alles für ihre Bürger; sie macht aus ihnen das, was sie sind: Menschen. Daher das tiefe Gefühl der Solidarität, das alle Bürger der gleichen Stadt eint, das Feuer, mit dem die Einzelnen sich für das Heil des gemeinsamen Vaterlandes hingeben, bereit, sich zu opfern, sie die Sterblichen, damit jenes unsterblich sei.» (Marrou 1957, S. 33f) Bis eine solche «Ergebenheit» erreicht war, musste eine harte und autoritäre Schule durchlaufen werden, die die ideologische und militärische Erziehung zu einer Einheit zusammenfasste. Die *agoge*, die Erziehung zum Spartaner, die etwa für den Philosophen Platon als modellhaft galt, kann nur auf Grund von Quellen dargestellt werden, die nicht unmittelbar Zeuge dieser Erziehung waren, sondern aus zeitlicher und räumlicher Entfernung oft nur ein «Idealbild» dieser Erziehung zeichneten. (Baltrusch 2003, S. 63) Doch gerade dieses Idealbild gibt Aufschluss über einige Grundlagen autoritärer Erziehung.

Nach der Geburt wurde das Kind einem Gremium vorgestellt, das darüber entschied, ob dieses Kind ausgesetzt wurde oder die Laufbahn zur Bürgerin oder Bürger Spartas antreten durfte. Bis zum siebten Lebensjahr wurde das Kind dann von der Mutter erzogen. Über diesen Lebensabschnitt gibt es so gut wie keine Quellen, da es sich in dieser Zeit nach klassischer griechischer Sichtweise noch nicht um Erziehung gehandelt hat, sondern lediglich um «Aufzucht».

Nach dem siebten Lebensjahr wurde die Erziehung der Jungen und Mädchen getrennt. Allerdings stand auch bei den Mädchen an erster Stelle Gymnastik und Sport vor den eher musischen Fächern. An spartanischen Sportveranstaltungen nahmen auch Mädchen teil. Belegt sind durch Plutarch aber vor allem die Ausbildungsschritte der Jungen, da die Stellung der Frau in Sparta eine Ausnahme darstellte und auf die Geschichtsschreiber, die aus anderen Teilen Griechenlands kamen, befremdlich wirkte. So schrieb etwa Plutarch: Die spartanische Erziehung versucht den jungen Frauen «alle Feinheit und weibliche Zartheit zu nehmen indem man ihren Körper abhärtet und ihr zumutet, sich nackt zur Schau zu stellen bei den Festen und Bräuchen; das Ziel ist, aus den spartanischen jungen Mädchen kräftige, männliche Jungfrauen zu machen, die kein kompliziertes Gefühlsleben haben und die am besten für die Ziele der Rasse geeignet sind.» (Plutarch zit. nach Marrou 1957, S. 43) Dass diese Erziehung Grundlage dafür war, dass spartanische Frauen eine andere gesellschaftliche Stellung erreichen konnten als in Athen und zum Beispiel über eigenen Besitz verfügen konnten, so wie sie sich auch mehr als in anderen Städten Griechenlands in die Politik einmischten, kann nicht darüber hinwegtäuschen, dass auch sie in die autoritäre totalitäre Struktur des spartanischen Staates eingebunden waren.

Die sieben- bis elfjährigen «kleinen Jungen» lebten noch bei ihrer Mutter, gingen jedoch täglich zu einem Spiel- und Sportunterricht. Dann folgte die Zeit der Kasernierung, die praktisch bis ins hohe Alter fortgesetzt wurde, wobei die Erziehungsphase vom 7. bis zum 20. Lebensjahr reichte. Die Erziehung beschränkte sich auf eine Dressur, die den ganzen Tagesablauf der Jungen umfasste. Die Jungen waren in Gruppen zusammengeschlossen, deren Hierarchisierung im 20. Jahrhundert Vorbild für die Hitler-Jugend werden sollte. Der Tapferste war der Leiter, er musste anführen und strafen. Den Gruppen stand der *eiren* (Aufseher) vor, ein etwa 20-jähriger Mann, der seine Erziehungsphase nahezu abgeschlossen hatte. Dieser Führer hatte freie Hand zu strafen und wurde dabei meist von einigen Helfern, den *mastigophoroi* (Peitschenträgern) unterstützt. Die *eiren* wurden vom *paidonomos* (Knabengesetzgeber) überwacht, der nach Plutarch «einer der besten und ehrenwertesten Leute in der Stadt» war. (Plutarch zitiert nach Castle 1965, S.19)

«Innerhalb dieser kleinen Hierarchie mußte jeder dem unmittelbaren Vorgesetzten unbedingt gehorchen. Außerdem waren alle jungen Spartaner jedem Erwachsenen, dem sie auf der Straße begegneten zu Gehorsam verpflichtet. Gehorsam war überhaupt die erste und letzte Pflicht. Wenn jemand eigene Gedanken hatte, bekam er die Peitsche zu spüren.» (Castle 1965, S. 19) Die weitere Erziehung erfolgte bis zum 20. Lebensjahr nach Jahrgängen, die Einteilung in Schuljahre war erfunden. Aber auch die Leistungen wurden gemessen und belohnt. Spätestens mit der Einführung der Olympischen Spiele wurde bei den Wettkämpfen der Sieger ausgezeichnet. Sogar das Ertragen von Schmerzen wurde gemessen. Karl Heinz Deschner spricht vom «Glück der Kasteiung». (Deschner 1992, S. 55ff) im Zusammenhang mit der hellenistischen Askese, als Vorläufer der christlichen Lustfeindlichkeit.

Erst mit dem vollendeten 30. Lebensjahr wurden die Spartaner zu mündigen Bürgern, was bedeutete, dass sie an der Heeresversammlung teilnehmen durften. Das Erziehungsziel war ein soldatisches Verhalten, das einer Gesellschaft entsprach, die geprägt war von der Unterdrückung der Heloten, der Niederschlagung von Aufständen einer zahlenmäßig weit überlegenden Klasse von Leibeigenen und der nicht endenden Kette von Kriegen. (Erst als im 4. Jahrhundert v.u.Z. neue Kriegstechniken entwickelt wurden, begann der Niedergang der starren spartanischen Gesellschaft.) Es verwundert nicht, dass die Faschisten in Italien und Deutschland eine solche Gesellschaft inklusive ihrer Erziehung zum Vorbild nahmen. Elemente dieser Erziehung begegnen uns in den Klöstern des Mittelalters, bei manchen Reformpädagogen, bis zu den Napola-Eliteschulen des nationalsozialistischen Deutschlands.

Ein Aspekt, nicht nur der spartanischen Erziehung, war die sogenannte Knabenliebe im klassischen Griechenland. «Der eigentümlichste Aspekt der patriarchalischen Erziehung im alten Hellas ist also die enge Verknüpfung mit der Päderastie. Nach den bürgerlichen Vorstellungen unserer Zeit steht hier alles auf dem Kopf. Genau das, was das Bürgertum den Päderasten vorwirft, daß sie den Knaben ‹verderben›, stellte für das Patriarchat den Zweck der Erziehung dar.» (Bornemann 1975, S. 272) Dabei war die Aufteilung in den aktiven Part für die ältere Generation und die des passiven Parts für die Knaben auch ein Ausdruck einer autoritären Hierarchie. Die ursprüngliche Grenzziehung zwischen den Generationen, wie ich sie für die Wildbeutergesellschaften angeführt habe, wird durch die ältere Generation aufgrund ihrer Macht außer Kraft gesetzt. Die europäische Entwicklung nach dem Mittelalter, die diese Generationenschranke zum Teil als juristische, vor allem aber als moralische Verhaltensweise wieder errichtet, hängt unmittelbar mit der Durchsetzung von Sichtweisen zusammen, die die Konstruktion einzelner Lebensphasen als eigenständige Lebenswelten anerkennen. Die Tabuisierung der pädophilen Erziehung schränkt dabei die absolute Verfügungsgewalt über den Edukanten ein.

Die Verbindung zwischen dem Erzieher und dem Zögling in der Dualität von Herrschaft und «Liebe» zu formulieren, setzt allerdings in dieser Zeit ein Paradigma, in dem die Herrschaft verschleiert wird. Diese Dualität ist ein Wesensmerkmal der autoritären Erziehung, die ihre Wurzeln in der «Knabenliebe» bei gleichzeitig erzwungenem absolutem Gehorsam des klassischen Griechenlands hat. Der Widerstand der Knaben, den es durchaus gegeben hat, wurde, wenn es zur Gewalt gegen den Päderasten kam, seit der Renaissance immer als Eifersucht ausgelegt. Eine Version der Ermordung König Phillips (Vater Alexander des Großen) lautet, dass der Mörder Pausanius früher von Phillip vergewaltigt worden wäre und er ein Freund Alexander des Großen war. (Bornemann 1975, S. 305) Andere «Ex-Geliebte», die Machthaber ermordeten, wurden sehr wohl von der Bevölkerung als Befreier gefeiert. Die Interpretation der Morde an den «Erziehern» als Taten von Eifersüchtigen zu deuten, die einer romantischen Zweierbeziehung nachtrauern, projiziert eine Beziehungsform in die Antike, ignorierend, dass solche Beziehungen ein Produkt der Neuzeit sind. Die Machtverhältnisse um die es bei diesem Generationenkampf ging, werden von den romantisierenden Geschichtsschreibern ausgeblendet.

Die Beziehung zwischen Edukanten auf der einen und Lehrern und Erziehern auf der anderen Seite, in der von dem Edukanten absolute Unterwerfung gefordert war, gilt auch für die Erziehung im demokratischen Athen, die bereits in der Antike als Gegenmodell zur spartanischen Gesellschaft gesehen wurde. Im archaischen Athen, das in den Dichtungen des Homer als Adelsgesellschaft geschildert wird, war die Erziehung durch die Anforderungen dieses Kriegsadels gekennzeichnet. Die Beziehung des Edukanten zu seinem Lehrherrn bildete den Kern der Erziehung adliger Jungen.

Das Gymnasium als Ort der Leibesübungen entwickelt sich erst später zu einer Institution in der Grammatik, Rhetorik, Mathematik etc. an Bedeutung zunehmen. «Die Bedeutung der Körperkultur schwindet zunehmend (nicht ohne gelegentliche Verzögerungen und Widerstände) zugunsten der rein geistigen Elemente, und innerhalb dieser tritt die künstlerische und besonders die musikalische Seite hinter den literarischen Bestandteilen zurück: Die Erziehung, obwohl noch in erster Linie moralisch, wird buchmäßiger und in natürlicher Folge davon schulmäßiger. Die Schule, die sich als Einrichtung befestigt und ausbildet, verdrängt langsam das von Natur oder durch Wahl geschaffene Milieu der Jugendklubs mit ihrer charakteristischen Atmosphäre von mehr oder minder leidenschaftlichen Beziehungen zwischen Älteren und Jüngeren. Es vollzieht sich der Übergang zu dem, was ich eine Erziehung von Schreibern genannt habe.» (Marrou 1957, S. 141) Hintergrund war die Zurückdrängung des Landadels zugunsten einer den Handel beherrschenden Aristokratie, das Aufkommen der Geldwirtschaft und damit der Bedeutungsgewinn einer Rechtsordnung gegen Ende des 6. Jahrhunderts v.u.Z.

Die Zahl der Bürger Athens war im 5. Jahrhundert sehr viel höher als in Sparta und über zwei Drittel lebten von ihrer eigenen Arbeit und nicht ganz ein Drittel besaß Sklaven. Als erste Demokratie wird das Athen Perikles (ca. 490–429 v.u.Z.) bezeichnet. Das bedeutete: Eine Minderheit von sechs- bis zehntausend Männern im Alter jenseits des 30. Lebensjahres von insgesamt ca. 300.000 Bewohnern hatte das Sagen. Formal gleichberechtigt waren ca. 35.000. Doch der größte Teil lebte außerhalb der Stadt und die Bauern blieben zumeist von der Feldarbeit an ihre Scholle gebunden, beziehungsweise war ihnen der Weg in die Stadt oft zu weit. Angehörige des alten Adels besaßen die Ressourcen an Zeit und Geld und beherrschten die Polis letztendlich aufgrund einer höheren Bildung.

Was sowohl die «Humanisten» des 16. Jahrhunderts als auch die des 18./19. Jahrhunderts an der hellenistischen Pädagogik so begeisterte, war, dass hier zum ersten Mal so etwas wie die Erreichung einer Individualität zum Erziehungsziel erklärt wurde: «Der wahre Erbe der antiken Stadt ist [...] die menschliche Person, die, gelöst aus der kollektiven Bedingtheit, aus der vollkommenen Einfügung, welche das Leben der Stadt ihr auferlegte, nun das Bewußtsein ihrer selbst, ihrer Möglichkeiten, ihrer Bedürfnisse, ihrer Rechte verlangt. Die Norm, die höchste Rechtfertigung jedes Daseins, des gemeinschaftlichen wie des einzelnen, ruht künftig im Menschen als einer selbstgesetzlichen, in sich selbst gerechtfertigten Persönlichkeit, welche die Verwirklichung ihres Wesens vielleicht jenseits des Ich, aber durch das Ich hindurch, und ohne jemals auf seine Individualität zu verzichten, findet. Mehr als je betrachtet sich der griechische Mensch als die Mitte und ‹das Maß aller Dinge›, aber dieser Humanismus ist sich jetzt seines personalistischen Bedürfnisses bewusst geworden: Für den hellenistischen Menschen hat das menschliche Dasein kein anderes Ziel, als zu der reichsten und vollkommensten Form der Persönlichkeit zu gelangen. Wie der Koroplast seine Tonfiguren formt und schmückt, so muß jeder Mensch sich zur Aufgabe setzen, seine eigene Statue zu formen. Ich habe diese berühmte Formulierung schon angeführt: Sie ist von dem späten Plotin, aber die Idee liegt allem hellenistischen Denken zugrunde. Sich selbst gestalten: Aus dem Kind, das man zuerst gewesen ist, aus dem grob behauenen Wesen, das man zu bleiben droht, den vollen Menschen zu entwickeln, dessen Idealbild man ahnt, das ist das Werk des ganzen Lebens, das einzige Werk, dem das Leben edlerweise gewidmet sein muß.» (Marrou 1957, S. 145f)

Das bedeutete vor allem, dass die Erziehung im klassischen Athen differenzierter war als in Sparta. Allerdings war auch in Athen das Ziel der Erziehung der Bürger die Identifizierung mit der Polis, die Unterwerfung unter den Staat. Eine gelungene Erziehung in diesem Sinne demonstrierte Sokrates (469-399 v.u.Z.) bei seiner Reaktion auf das gegen ihn verhängte Todesurteil. Weder bat er um Gnade noch ließ er sich zur Flucht bewegen, sondern trank den tödlichen Schierlingsbecher ohne Widerstand.

Im weltoffenen Athen hatte der Handel als Haupteinnahmequelle dieser Klasse den Ackerbau, der in Sparta Grundlage der Herrschaft war, abgelöst. Die entwickelte Form dieser Erziehung etwa vom 4. Jahrhundert vor unserer Zeitrechnung an, war Teil eines Einflusses des «Hellenismus» auf die nachfolgenden Reiche Alexanders des Großen und des römischen Imperiums. Sie wurde allerdings immer wieder zitiert, verklärt und war Vorbild für Erzieher über Jahrhunderte hinweg.

Doch was durch die Brille des «Humanisten» verklärt wird, enthält einen weiteren Baustein autoritärer Erziehung: Die Erziehung zur Höchstleistung und die Vermittlung, dass es neben dem einen Gewinner nur noch Verlierer geben kann. Die klassischen Olympischen Spiele kannten nur den Sieger und die Verlierer. Gold, Silber und Bronze sind eine Erfindung der modernen Spiele. Diese Erziehung zum Leistungsprinzip hatte seine Begründung in der Freistellung der herrschenden Klasse, die durch Aufstände von innen und Kriege von außen permanent bedroht war. Der Beginn der griechischen Zeitrechnung mit dem Jahre 776 v.u.Z. – dem Jahr der ersten Olympischen Spiele – gibt genauso Hinweise auf Kultur und Erziehung, wie auch der Beginn unserer Zählweise mit dem Geburtsjahr Jesus von Nazareth.

Die Unterwerfung des Kindes beginnt im klassischen Athen ebenso wie in Sparta mit der Frage nach Leben oder Tod. Das neugeborene Kind konnte getötet, ausgesetzt, verkauft, versklavt werden oder eben die Karriere eines attischen Bürgers oder Bürgerin vor sich haben. Hier oblag die Entscheidung darüber allerdings nicht einem staatlichen Gremium, sondern dem Vater. Die Kinder verbrachten die ersten sieben Jahre ebenfalls im elterlichen Hause. Dann folgte die Schulzeit, die nicht an einer staatlichen Schule, sondern in privaten Schulen absolviert wurde. Da diese Schulen Schulgeld kosteten, konnten die Wohlhabenden sich eine längere Schulzeit leisten. Edward Castle zitiert Platon mit den Worten: «Die Reichen haben die Mittel dazu, daher beginnen ihre Kinder als erste mit der Erziehung und hören als letzte auf.» (Castle 1965, S. 45) Bis ins 4. Jahrhundert v.u.Z. war der Schulbesuch den Jungen vorbehalten, ab diesem Zeitpunkt gingen auch immer mehr Mädchen in Grundschulen und später auch zum Gymnasium.

Eine Besonderheit der attischen Gesellschaft bestand in der Trennung von Erziehung und Unterricht. Ein Knabenführer (Pädagoge), oft ein Sklave, begleitete den Jungen und auch dessen Schwester zur Schule. Dabei war er sowohl für den Schutz zuständig wie auch dafür, dass seine Schützlinge das «richtige Benehmen» erlernten. Der Lehrer in der Schule war für die Wissensvermittlung zuständig. Beide «Berufe» waren in der attischen Gesellschaft nicht besonders angesehen. Dennoch war es ihnen erlaubt, die Schüler zu strafen: «Wenn ein Junge nicht gehorcht, dann biegen wir ihn durch Drohungen und Schläge wieder gerade, wie ein verbogenes Stück Holz.» (Platon zit. nach Castle, 1965, S. 67).

Doch in den Zeiten gesellschaftlicher Umbrüche, wie zum Ende der griechisch beherrschten Antike war an den griechischen Schulen der Ungehorsam der Kinder ein Problem für die Erwachsenen, so der römische Dichter Plautus (254–184 v.u.Z):
Kamst du vor Sonnenaufgang in die Rennbahn nicht,
Traf vom Gymnasiardien harte Strafe dich.
[...]

Und kehrte man von Reit- und Ringbahn dann nach Haus,
So setzte man ganz züchtiglich gegürtet sich
Auf seinen Stuhl zum Lehrer, nahm das Lesebuch; Und fehlte
man nur eine Silbe, ward die Haut Bunt, wie der [Götter-]
Amme Mantel hergefärbt.
[...]
Doch jetzt, wenn kaum er sieben Jahre zählt, und man
Nur mit der Hand ihn anrührt, wirft der Junge gleich
Dem Pädagogen die Schreibetafel an den Kopf.
Bringt man nun seine Klage bei dem Vater vor,
Spricht dieser zu dem Söhnchen: «Halt an mich dich nur,
Bis du dich gegen Unrecht selber schützen kannst.»
Nun muß der Lehrer her: «Nichtsnutz´ger alter Kerl,
Daß du den Knaben ja nicht angreifst, wenn er sich
So wacker hält!» Verhöhnt zieht nun der Lehrer ab.
(Plautus zit. nach Castle 1965, S. 68)

Nach der Grundschule folgte die höhere Schule, für die, deren Vater es sich leisten konnte. Der Unterricht bildete die Grundlage für die ephebische Ausbildung. Diese bestand aus einer kriegerischen und sportlichen Ausbildung und dem Studium von Literatur, Philosophie und Rhetorik. Die Ephebien wurden im hellenistischen Zeitalter (330–30 v.u.Z.) in mehr als 100 Städten in einem Raum, der vom Schwarzen Meer bis nach Marseille reicht, nach attischem Vorbild gegründet. Sie dienten überall als eine Erziehungsanstalt, die in die «griechische Lebensart» einführen sollte. Diese Erziehungsanstalten hatten Bestand bis zur Herrschaft Kaiser Konstantins, der das Christentum de facto zur herrschenden Religion im römischen Reich machte. Zu diesem Zeitpunkt gab es in Athen allerdings schon lange keine Ephebie mehr.

Was die Erziehung in der hellenistischen Epoche für die Humanisten so interessant macht, ist nicht die Praxis oder die Didaktik, die in dieser Zeit entwickelt wurde, sondern die Tatsache, dass sich die anerkanntesten Philosophen dieser Zeit (Sokrates, Platon, Aristoteles) in ihren Hauptwerken ausführlich mit Erziehungsfragen auseinandersetzen. Dass sie dabei antidemokratische Positionen vertraten und mit einem der autoritärsten Erziehungsstile, nämlich der in Sparta praktizierten Erziehung, sympathisierten, findet kaum Erwähnung. Seit der Antike sind es auch Männer, die über Erziehung schreiben, während sie die Erziehung der Kinder den Frauen überlassen. Erst die öffentliche Erziehung der Jugendlichen ist «Männersache». Es verwundert daher nicht, dass Rousseau in seinen Grundgedanken im ersten Buch des *Èmil oder über die Erziehung* Platons Staat empfiehlt «um eine Vorstellung von der öffentlichen Erziehung zu bekommen». (Rousseau 1762 hier 1971, S. 13)

Eine historische Neuerung des hellenistischen Athens waren sicher die Lehren der Philosophen. Nach heutigem Sprachgebrauch eher eine Mischung aus Unterricht, Bildung und Agitation, hatten sie nur rudimentär mit Fragen der Erziehung Berührung. Zu Beginn waren es die Kyniker, die als wandernde Philosophen ihre Zuhörer belehrten. Später waren es unter anderem Platon und Aristoteles, die ihre Schulen als feste Einrichtungen gründeten. Die Beziehung zwischen Lehrendem und Lernendem scheint vor allem an der oben beschriebenen «Knabenliebe» anzusetzen. Der Aspekt allerdings, dass Wissen zwischen dem Lehrenden und dem Edukanten erfolgreicher vermittelt wird, wenn es sich um eine affektive Beziehung handelt, ist kaum Bestandteil dieses Verhältnisses gewesen. Eine solche Erkenntnis scheint der als großer Pädagoge gefeierte Sokrates eher über die Schule der Sappho auf Lesbos in seine Reden aufgenommen zu haben. (Bornemann 1975, S. 279) Die Schule der Sappho aus Lesbos, die eine Mischung aus Kultstätte und Bildungseinrichtung darstellte, diente als Vorbild für die Schulen zum Beispiel des Platon, dessen Schule als Vorläufer der späteren Universitäten gilt. Die Schule der Sappho ist in Bezug auf ihr Erziehungskonzept wenig untersucht, dabei stellt sie die erste belegte Unterscheidung zwischen Bildung und Erziehung dar. Die kultische und zugleich lustvolle Annäherung an die «Götter» speiste sich aus einer anderen Tradition als die Paideia der hellenistischen Erziehung.

Obwohl sie sich genau wie diese nur an eine gesellschaftliche Elite richtete, lag ihr nicht die militärische und staatstragende, patriarchale Ideologie dieser Pädagogik zu Grunde. Die Verbindung von Kult und Bildung hatte, genau wie die Erziehung, sicherlich ihren Ursprung in der Vorbereitung auf die Trennung vom Clan und der damit verbundenen Suche nach einer neuen (heute würden wir vielleicht sagen) Bezugsgruppe. Doch war sie nicht den Weg über die Buchhalterstuben der Priester und die Kasernen der Militärs gegangen. Mit den philosophischen Schulen Griechenlands fand dieser Strang der Wissensvermittlung über den Weg der Elitebildung wieder Anschluss an die herrschende Erziehung. Merkmal dieser Bildung ist die Überzeugung durch die Lehre und nicht die Erzwingung des Lernens. Als Beispiel gilt die Geschichte des jungen Polemon (265 v.u.Z.), der völlig betrunken in eine Lehrveranstaltung des Philosophen Xenokrates hineinplatzte, während dieser gerade einen Vortrag über die Mäßigung hielt. Nicht Repression, sondern die überzeugenden Worte lassen Polemon einen kompletten Lebenswandel vollziehen. Dies im Übrigen so nachhaltig, dass er nicht nur selber Philosophie an der Schule des Xenokrates studierte, sondern später sogar die Leitung dieser Schule übernahm.

Die Unterscheidung zwischen der strukturellen Gewalt und der nicht zu hinterfragenden Autorität des Erziehers auf der einen Seite und der Autorität der Gelehrten andererseits, die sie durch ihre Persönlichkeit erreichten, ist für die Auseinandersetzung mit antiautoritärer Erziehung von herausragender Bedeutung. Denn die Ablehnung der ersteren Autorität ist Gegenstand der antiautoritären Kritik und die wichtige Rolle von Autoritäten der zweiten Sorte ist ein Bestandteil antiautoritärer Erziehungspraxis.

Die Herausbildung von Philosophenschulen war Bestandteil der Erziehung für nur eine kleine Gruppe aus der herrschenden Schicht; für den überwiegenden Teil der Jugend auch im hellenischen Teil der Geschichte Griechenlands bestand die Erziehung vor allem darin, in die Situation des Sklaven, des Handwerkers oder des Soldaten eingefügt zu werden. Jedoch flammte in den Schulen auf Lesbos, in Alexandria und anderen Städten sicherlich zum ersten Mal die Idee einer Bildung auf, die einen Wert an sich hatte und die daher weniger autoritär war als die Dressur auf eine bestimmte gesellschaftliche Stellung hin.

Im römischen Reich wurde für die jungen Römerinnen und Römer die Erziehung der Griechen und Ägypter übernommen und durch einen bäuerlichen Utilitarismus geerdet. Das bedeutete, dass die Ausbildung, die zum großen Teil in der Familie stattfand, in erster Linie auf die zukünftigen Aufgaben im Haus (Mädchen) oder außerhalb (Jungen) ausgerichtet war. Die Unterrichtung im Lesen und Schreiben für die nachwachsende Generation der Herrschenden und der Handwerker wurde daher auf ihre Effektivität überprüft.

Während die meisten Begriffe der Pädagogik auf die griechische Antike zurückgehen, so geht der Begriff der Autorität auf das römische Recht zurück. Der *Auctor* war der Ratgeber oder Urheber, der durch sein Wissen und Können Weisheit erlangt hatte. Der Senat als Versammlung der angesehensten Bürger Roms nannte seine Beschlüsse daher *consulta*, also Ratschläge, die auf Grund seiner *auctoritas* jedoch als verbindlich galten. Die *auctoritas* wurde deutlich unterschieden von der *potestas*, der Macht.

Waren der Pädagoge und der Lehrer im antiken Griechenland und in der hellenistischen Epoche davon überzeugt, dass die Erziehung nur durch Drohungen und körperliche Züchtigung durchzusetzen war, so gab es im römischen Reich die Erkenntnis, dass ein spielerisches Lernen viel effektiver sein kann. Insbesondere wird diese Einsicht mit dem Rhetoriker Quintilian (35–96) verbunden. Seine Ausführungen erwecken eine fast moderne Auffassung: «So soll sich der Vater schon gleich nach der Geburt seines Kindes die größten Hoffnungen machen, umso mehr wird er sich auch um das Kind kümmern. Es wird immer behauptet, nur die wenigsten Menschen brächten genügend Intelligenz und Begabung mit, die meisten seien geistig so schwach und träge, daß sich eine Erziehung überhaupt nicht lohne. Das ist aber grundverkehrt; vielmehr ist der größere Teil der Menschen von Natur aus aufnahmefähig und lernbereit. Das ist für einen Menschen so selbstverständlich wie für einen Vogel das Fliegen. Geistig nicht bildbare Menschen sind ebenso selten wie körperlich schwerbehinderte. Natürlich kommt es vor, daß sich Kinder nicht den anfänglichen Erwartungen gemäß entwickeln. Daran ist dann aber nicht die Naturanlage schuld, sondern die mangelnde Betreuung und Förderung.» (Quintilian zit. nach Giebel 1976, S. 1) Kein Wunder, dass in der Renaissance Quintilian von Humanisten wie Erasmus von Rotterdam bewundert wurde. Seine römischen Zeitgenossen machten sich allerdings eher lustig über ihn, wenn er zum Beispiel vorschlug, Gebäck in Form von Buchstaben herzustellen um so den Kindern ein spielerisches Erlernen des Alphabets zu ermöglichen.

Bis zur Übernahme der Erziehung durch das Christentum hatten sich in Griechenland und Rom in der herrschenden Schicht schon wesentliche Elemente der Erziehung herausgebildet auf deren Grundlage die «Humanisten» des 16. und 19. Jahrhunderts ihre Erziehungsvorstellungen formulieren konnten. Die Erziehung der männlichen Jugend zu «guten Staatsbürgern» und Soldaten war Grundlage einer Erziehung, die autoritär ein Leistungsprinzip verinnerlichen sollte. Auf Grundlage der Ausbeutung von Sklaven und Leibeigenen entwickelte sich eine Erziehung, die absolute Disziplin zum Ziel hatte, um einer disziplinierten Kriegs- und Herrschaftsaristokratie die imperiale Machtsicherung zu garantieren, die im römischen Imperium verwirklicht wurde. Eine Erziehung von Sklavenkindern war in der römischen Republik lange Zeit nicht notwendig gewesen, da die Sklaven als «erzogene» Erwachsene auf den Kriegszügen als Gefangene nach Italien kamen. Erst später, mit der Erlaubnis der Sklavenheirat, wurden auch Schulen für Sklavenkinder eingerichtet, in denen sie sicherlich nicht besser behandelt wurden als ihre Eltern oder die römischen Schulkinder. Der Widerstand gegen das autoritäre Regime entwickelte sich besonders an dessen repressivsten Orten. Die Gladiatorenschulen, die eine Art Mischung aus Kaserne, Kampfschule und Gefängnis darstellten, in denen vor allem Jugendliche auf ihren – oft tödlichen – Einsatz in der Arena vorbereitet wurden, waren trotz der Repression Herde des Widerstandes.

Die Erziehung im römischen Imperium unterschied sich nicht wesentlich von der hellenistischen Erziehung, wenngleich sie durch die bäuerliche pragmatische Tradition der römischen Gesellschaft eher auf die später auszuübende Tätigkeit ausgerichtet war. Der redegewandte freie Bürger, der geschickte Handwerker und ein rudimentär ausgebildeter Sklave waren das Erziehungsziel der römischen Erziehungspolitik.

Daher überrascht es nicht, dass Friedrich von Preußen (1712–1786) als aufgeklärter, pragmatischer und ebenso absoluter Herrscher in seiner Schulpolitik auf den römischen Rhetoriklehrer Quintilian zurückgriff. Sicherlich nahm auch im römischen Imperium das, was Marrou die «Ausbildung von Schreibern» nannte, zu. Die Verwaltung eines solchen mit Rechtsprinzipien geführten Imperiums bedarf einer großen Zahl von schreib- und lesefähigen Verwaltern. Es liegt in der Natur der Sache, dass die Erziehung solcher Verwalter nicht ebenso autoritär ist wie die Erziehung zum Soldaten. Dass aber nicht soziale und ökonomische Entwicklungen für den Untergang des römischen Reiches verantwortlich sind, sondern die Minderung autoritärer Erziehung, war eine verbreitete Einschätzung des ausgehenden 19. Jahrhunderts. In der fünfbändigen «Geschichte der Erziehung vom Anfang an bis auf unsere Zeit», im Jahr 1892 herausgegeben von Karl Adolf Schmid, heißt es dazu in einem Beitrag von Gustav Baur: «Die Zucht, und zwar die Zucht in Schule und Haus, hatte also damals hie und da bereits eine mildere Weise angenommen; oft genug freilich hatte sie sich sogar in die schlaffste Weichheit verkehrt, und so ist es dann bezeichnend, daß, während die gotischen Knaben Schild und Lanze schwangen und mit dem Lärm kriegerischer Spiele jeden Tummelplatz erfüllten, die römische Jugend solchen Übungen sich entfremdet hatte. Es war eben ein abwelkendes Geschlecht.» (S. 98) Eine solche Haltung wurde sicherlich im Militarismus des deutschen Reiches und der Weimarer Republik willig aufgenommen und später Bestandteil einer nationalsozialistischen Pädagogik. «Eine mildere Weise» der Erziehung ist demgegenüber häufig ein Zeichen gesellschaftlichen Wandels, in dem eingefahrene politische Strukturen und starre soziale und ökonomische Gegebenheiten in Frage gestellt werden. Parallel zu dieser «In-Frage-Stellung» häuft sich auch die Kritik an autoritärer Erziehung, genau wie es nicht selten in diesen Zeiten zu verschärften Auseinandersetzungen zwischen jüngerer und älterer Generation kommt. Die Untersuchung der Wechselwirkung zwischen gesellschaftlichen Veränderungen und den Sozialisationsbedingungen, bei denen die Erziehung eine nicht zu übersehende Rolle spielt, steht allerdings noch aus.

Christentum und Mittelalter

Ein Element der Erziehung, das bis in die Neuzeit das beherrschende Element bleiben sollte, kam durch das Christentum in die späte römische Erziehung. War das Erlernen der Schrift in den Tempeln Mesepotamiens der Ausgangspunkt der autoritären Schulerziehung gewesen, so hatte durch die griechische Philosophie hier eine Art Säkularisierung stattgefunden. Im Judentum war die enge Verbindung von männlicher Priesterkaste und Erziehung jedoch geblieben und hatte sich zu einer teleologischen Ideologie entwickelt. Wesentliches Merkmal dieser Religion war der unbedingte Gehorsam: «Allein schon unter der Prämisse des Bundesgedankens war nämlich die entstehende endzeitliche Heilserwartung unlöslich mit der Vorstellung eines letzten Gerichts verbunden, wodurch sich nun auch von hieraus und gewissermaßen rückwärts eine abermalige Bestärkung der Überzeugung von der Notwendigkeit striktester Einhaltung des göttlichen Gebots ergab.» (Schwenk 1996, S. 166)

Der alttestamentarische Begriff *musar* bedeutet, wie bereits erwähnt, Erziehung aber auch zugleich körperliche Züchtigung. Das Verb *jasar* bedeutet sowohl warnen, wie auch erziehen und züchtigen. Die Züchtigung selbst mit Todesfolge ist dabei nach dem 5. Buch Mose zulässig: «Wenn jemand einen widerspenstigen und ungehorsamen Sohn hat, der der Stimme seines Vaters und seiner Mutter nicht gehorcht und auch, wenn sie ihn züchtigen, ihnen nicht gehorchen will, so sollen ihn Vater und Mutter ergreifen und zu den Ältesten der Stadt führen und zu dem Tor des Ortes und zu den Ältesten der Stadt sagen: Dieser unser Sohn ist widerspenstig und ungehorsam und gehorcht unserer Stimme nicht und ist ein Prasser und Trunkenbold. So sollen ihn steinigen alle Leute seiner Stadt, dass er sterbe, und du sollst so das Böse aus deiner Mitte wegtun, dass ganz Israel aufhorche und sich fürchte.» (5. Mose 21,18ff)[1] Auch die Verbindung zwischen Strafe und «Vaterliebe» findet sich in der Bibel: «Wer seine Rute schont, der hasst seinen Sohn; wer ihn aber lieb hat, der züchtigt ihn beizeiten.» (Sprüche 13,24) Auch wenn die Christen der ersten Jahrhunderte Elemente der hellenistischen Erziehung in ihre Vorstellungen mit einbezogen, so blieb eine der Hauptforderungen, «die Kinder in der Furcht Gottes zu erziehen». (Schwenk 1996, S. 196) Bernhard Schwenk zitiert Johannes Chrysostomus (344–407), Patriarch von Konstantinopel, der eine Schrift *Über Hoffart und Kindererziehung* veröffentlichte: «Das Kind, [...] soll in Furcht erzogen werden, in Furcht vor Schlägen, und diese Furcht soll fortdauern wie ein heftiges Feuer. Ist es älter, so soll ihm mit der Erzählung von der Hölle noch mehr Furcht gemacht werden, denn wie Gott die Welt regiert, mit der Hoffnung auf das Himmelreich und mit der Furcht vor der Hölle, so wollen auch wir unsere Kinder erziehen. Gott sieht alles, auch was im Verborgenen geschieht, und die Furcht, die von Gott herrührt, soll das Kind mehr als jede andere beherrschen.» (Schwenk 1996, S. 197)

Der autoritären Erziehung zum Soldaten und Staatsbürger wurde hier die Erziehung zur Gottesfurcht hinzugefügt. War in der vorchristlichen Erziehung das Verhalten der Erwachsenen maßgeblich für die Erwartungen nach dem Tod, wurde die Formel «alle sind vor Gott gleich» hier im negativen Sinne auf die Kinder und Jugendlichen bezogen. Die Prügel, oder besser gesagt, die Angst vor der direkt erfahrbaren Bestrafung wurde ergänzt durch die Angst vor einer Bestrafung, deren Härte lediglich durch die Vorstellungskraft Grenzen gesetzt sind. Mit der Drohung von Höllenqualen gegenüber den irdischen Strafen wird der körperlichen Brutalität eine Grausamkeit zur Seite gestellt, die nur im Kopf des Edukanten stattfindet. Einer Dualität der Strafe wird hier der Weg geebnet, der die körperliche Bestrafung um die seelische erweitert.

In den Klöstern, die die Institutionen der hellenistischen Bildung ablösten, wurden schon früh Regeln verfasst, die dieser

---

1 Die Bibelzitate stammen aus der Bibel nach der Übersetzung Martin Luthers. Revidierter Text 1984, Deutsche Bibelgesellschaft, Stuttgart 1985

Erziehung in Furcht Rechnung tragen. Sie fügten ein weiteres Element autoritärer Erziehung hinzu, die der hellenistischen leistungsorientierten Bildung als Erziehungsziel fremd war: Die Demut. Diese wurde unmittelbar an den Gehorsam geknüpft: In den Mönchsregeln des Benedikt von Nursia (ca. 480–ca. 550) heißt es: «Die höchste Stufe der Demut ist unverzüglicher Gehorsam. Er ziemt denen, für die Christus das Teuerste ist. Im heilig gelobten Dienst gibt es beim Befehl des Oberen kein Säumen, sei es aus Furcht vor der Hölle oder wegen der Herrlichkeit des ewigen Lebens. Der Gehorsam gefällt aber nur dann Gott und ist den Menschen nur liebenswert, sofern der Befehl nicht zaghaft, langsam und lau, ohne Murren und unwillige Widerworte ausgeführt wird.» (Rutt 1956, S. 12f) Der Vater, der seinen Sohn «aus Liebe schlägt» verlangte nun, dass der Sohn aus «Liebe gehorcht». «Indem ihr aus Liebe gehorcht, stellt ihr unter Beweis, dass ihr nicht nur mit euch selbst Erbarmen habt, sondern auch mit eurem Oberen.» (Augustinerregel 7.4.) Diesem demütigen Gehorchen entsprach ein Erziehungsziel, bei dem am Ende der Erziehung nicht der einzelne Bürger, Handwerker oder auch Sklave stand, sondern das Leben nur noch als ein Weg zum höheren Ziel nach dem Tode verstanden wurde. «Christen weilen auf Erden, doch Bürger sind sie im Himmel, so lautet es in der prägnanten Formulierung des unbekannten Verfassers des ‹Briefs an Diogent›.» (Schenk 1996, S. 206) Die Erziehung zur Demut, die für die frühen Klöstergründer Augustinus von Hippo (354–430) und Benedikt von Nursia so wichtig war, hatte nicht mehr den müßig gehenden, philosophierenden und politischen Elite-Bürger der Antike zum Ziel, sondern den bescheidenen und arbeitsamen Gläubigen.

Die frühmittelalterliche Gesellschaft war bei ihrer gesellschaftlichen Reproduktion nicht auf eine Literalität entsprechend dem Niveau antiker Gesellschaften angewiesen. Phillipe Ariès sieht hierin einen tiefen Bruch zwischen antiker und mittelalterlicher Erziehung. (Aries, 1978, S. 221ff) Die schulische Erziehung wurde wieder in die Hände der Priester gelegt, sei es nun in den Klöstern, oder in den Gemeinden, in denen die Priester Kindern das Lesen «der heiligen Schrift einpaukten», so dass diese ihnen bei der Messe aushelfen konnten. Verbunden mit einem missionarischen und universalistischen Anspruch übernahm die Kirche sowohl den staatlichen (Sparta) wie den privaten (Athen) Erziehungsauftrag. Dabei wurde die Familienerziehung genau wie die Erziehung in den Klöstern und Gemeinden unter die autoritäre Prämisse der Aussage Jesus von Nazaret gestellt: «Ich bin der Weg und die Wahrheit und das Leben, niemand kommt zum Vater, denn durch mich.» (Joh 14,6) In der Beziehung zwischen Vater und Sohn, steht er als Vorbild für einen absoluten Gehorsam, indem er auf Grund dieses Gehorsams Folter und Tod ertrug, gegen die er sich hätte wehren können. Diese Lehre des Christentums ist eine unmissverständliche Anweisung zu einer vollkommenen Unterwerfung der jungen Generation unter die ältere. Die Erzieher außerhalb der Familie waren bis zur Neuzeit ohne Ausnahme auch Priester; der Einfluss der theologisch Gebildeten auf die Pädagogik blieb bis in unsere Zeit erhalten. Sie haben die Bibel im Laufe der Zeit verschieden interpretiert und verschiedene Textstellen eklektisch zu ihrem Weltbild zusammengefügt. Die Rute blieb allerdings dabei bis ins 20. Jahrhundert ein Symbol dieser Bibel geleiteten Erziehung.

Die Messe als Ort christlicher Erziehung galt dann für die ganze Gemeinde, gleich welchen Alters und welchen Geschlechts. Dort griff die katholische Kirche auf zwei unterschiedliche Traditionen zurück. «Der christliche Kultus gewann mit Schriftlesung und Predigt erzieherische Funktionen. Das verweist einerseits auf die Tradition der Synagoge, des jüdischen Lehrhauses, andererseits auf die im heidnischen Bereich längst üblichen kultischen Festreden.» (Schwenk 1996, S. 203) Dabei spielt bis zur letzten Jahrtausendwende der Ruf nach der Rute im Sinne des Bibelzitates eine wesentliche Rolle. Noch im Laienspiegel des Bischofs Jonas von Orléans (780–842), Leiter einiger Bischofssynoden im 9. Jahrhundert, wird dieses Zitat neben anderen ähnlichen Inhalts zur Erziehungsmaxime erhoben. Dabei ging der Bestrafung durch Schläge sehr wohl eine Ermahnung voraus, wie aus dem Tagebuch des späteren Abtes des Klosters Reichenau Walahfrid Strabo (809–849) hervorgeht: «Ich fand nebenbei noch Zeit, allerlei Possen zu treiben und meine Kameraden zu stören. Ich wußte nämlich, daß mich der Schüler, der uns lehrte, nicht schlagen durfte und mich zu sehr liebte, um am Ende der Schulstunde dem Lehrer Anzeige zu machen. Zuweilen aber geschah es, daß ich die Sache zu weit trieb, daß auch diejenigen, welche in einer andern Abteilung des Saals die zweite und dritte Grammatik studierten, es bemerkten und durch ihr Lachen den Lehrer, der sich mit ihnen beschäftigte, aufmerksam machten. Das erste Mal kam ich mit einem scharfen, ernsten Blick davon; das zweite Mal trat er zu mir und fragte, ob ich denn so gar vergeßlich sei, oder drohte mir mit erhobenem Zeigefinger; wenn aber das alles nichts half, so ließ er mir eine Portion meines Mittagsmahls zurückbehalten, oder nahm die Rute von der Wand herunter.» (Strabo zit n. Limmer, 1958 S. 46f).

Die Keuschheit – eine weitere Tugend im Kanon der christlichen Erziehung – bringt einen sexuellen Autoritarismus gegenüber den Edukanten ein, der seine Ursprünge sowohl im jüdischen wie im hellenistischen Patriarchat hat. Der Kirchenlehrer Hieronymus soll hier stellvertretend genannt werden für eine Erziehung zur Enthaltsamkeit, die nicht durch Strafen autoritär wirkt, sondern durch Isolation und Lustfeindlichkeit: «Musik ist verboten; das Kind soll gar nicht wissen, wozu Flöten, Leiern und Zithern da sind. Lesen lernen soll es an den Namen der Apostel und Propheten und am Stammbaum Christi. (Matth. l, Luk. 3) Es soll keine hübschen und gepflegten Gesellschafterinnen haben, sondern eine ernsthafte, blasse, ungepflegte (sordidata) alte Jungfer, die es nachts zu Gebet und Psalmensingen aufstehen heißt und bei Tag das Stundengebet mit ihm übt [...] Es soll keine Bäder erhalten, sie verletzen das Schamgefühl eines jungen Mädchens, das sich niemals unbekleidet sehen sollte. Am besten wird das Kind, sobald es von der Mutterbrust entwöhnt ist, möglichst rasch aus dem sündigen Rom von der Mutter weg nach Bethlehem gebracht, wo es unter der Aufsicht von Großmutter und Tante im Kloster aufgezogen wird und keine Männer zu Gesicht bekommt und gar nicht erfährt, daß es ein anderes Geschlecht gibt. Dann ist auch die Mutter der Sorge um das Kind enthoben und kann sich ungehindert dem asketischen Leben widmen.» (Hieronymus zit. nach Deschner 1992, S. 77)

Dieser extrem lustfeindlichen Sichtweise stand allerdings eine gesellschaftliche Realität gegenüber, in der Sexualität einen wesentlich weniger privat-intimen Charakter hatte, als dies im «Prozess der Zivilisation» zu Beginn der Moderne durchgesetzt wurde. (Elias 1997, S. 324ff) Der überwiegende Teil der Bevölkerung lebte im Mittelalter auf engem Raum in bäuerlichen Zusammenhängen. Außerhalb der Oberschichten fehlte eine Sexualisierung des gesellschaftlichen Lebens, wie sie in der Postmoderne für die ganze Gesellschaft kennzeichnend ist. Die Verheimlichung sexueller Aktivitäten und die Verschweigung sexuell konotierter Themen gegenüber Kindern und Jugendlichen fand erst im Laufe des 18. Jahrhunderts Eingang in die Erziehungspraxis. Diese Tabuisierungen konnten allerdings an eine christliche Kontinuität der Erziehungsanweisungen eines Hieronymus anknüpfen.

Die Masturbation gehörte an vorderster Stelle im Kanon der christlich autoritären Erziehung zu den «sexuellen Verfehlungen». Über die Jahrhunderte hinweg blieb sie eine der kapitalen Sünden. Karl Heinz Deschner betont die Verbindung des Onanieverbots mit der Vermittlung des Schuldgefühls. «Das Onanieverbot mag deshalb so wichtig sein, weil der Verstoß dagegen schon früh jene Schuldgefühle weckt, von deren Vergebung die Kirche teilweise lebt.» (Deschner 1992, S. 309) Der autoritäre Eingriff in die Entwicklung eines lustvollen Lebens gerade in dem Alter, in dem Jugendliche den körperlichen Lustgewinn auf eine neue Art kennen lernen, ist einer der bedeutendsten und folgenschwersten Eingriffe der autoritären Erziehung.

Die Dreiteilung der Gesellschaft in Arbeitende, Betende und Kämpfende hatte bis ins 11. Jahrhundert Bestand und die Erziehung war diesen drei Erziehungszielen starr und pragmatisch untergeordnet. Die hohe Anzahl adeliger Frauen, die im Kloster lebten, ist zugleich ein Hinweis auf die Tatsache, dass in der herrschenden Klasse des Mittelalters die Frauen häufig gebildeter waren als die Männer, vor allem in Bezug auf die Literalität. Den Frauen der Oberschichten wird diese nicht ernst genommene Bildung als eine Art Luxus zugestanden. Erst zu Beginn des zweiten Jahrtausends bestand mit der Steigerung der Produktivkraft und der Bildung der mittelalterlichen Städte auch wieder die Notwendigkeit über Schule und Erziehung außerhalb der Familien und der Klöster nachzudenken. Der aufkommende Handel machte eine Alphabetisierung notwendig, die über die Fähigkeit, die Bibel lesen und interpretieren zu können hinausging. «Der Kaufmann wird vom neuen Ethos der Arbeit und des Eigentums getragen. Dem Vorzug der Geburt setzt er die Begabung entgegen. Er ist ein ‹selfmade man›. Und es gibt schließlich sogar Kaufmannsheilige wie zum Ende des 12. Jahrhunderts den Hl. Homobonus von Cremona. Als Gebildeter trägt der Kaufmann dazu bei, daß die Umgangssprachen Verbreitung finden. Der älteste bekannte italienische Text ist ein Fragment einer Kaufmannsrechnung aus Siena vom Jahre 1211. Der Kaufmann ist ein Pionier im Erlernen von Fremdsprachen, in der Vervollkommnung der Maße und im Umgang mit dem Geld. Er ist ein Mann der Schrift: Einhundertfünfzigtausend Geschäftsbriefe wurden im *archivio* des Kaufmanns von Prato, Francesco di Marco Datini, gefunden. Der Kaufmann ist an der Herausbildung des Individuums und der Person beteiligt und fügt zu den Grundbestandteilen der Persönlichkeit, Leib und Seele, zwei neue Dinge hinzu: den Beruf und die Zeit als Objekt individueller Aneignung.» (Le Goff 1996, S. 29) Die Interessen des Bürgertums im Hinblick auf die Erziehung bleiben allerdings das ganze Hochmittelalter über marginal, es überwiegt ein Weltbild, in dem jeder, mit der Erbsünde belastet, sein Schicksal zu ertragen hat.

Gleichzeitig mit der Entstehung städtischer Schulen als Konkurrenz zur Kloster- und Domschule erklingen allerdings auch in Kirchenkreisen kritische Töne zu der jetzt als übertrieben autoritär empfundenen Erziehungsvorstellung des frühen Mittelalters: Aus dem Leben des Erzbischofs Anselm von Canterbury (1033-1109) erzählt sein Freund Eadmer folgende Geschichte: «Einmal sprach mit ihm ein Abt, der für sehr fromm galt, über das klösterliche Leben und machte auch einige Bemerkungen über die Knaben, die im Kloster erzogen wurden. ‹Was soll nur aus ihnen werden?› fügte er hinzu. ‹Sie sind verdorben und unverbesserlich. Wir verprügeln sie Tag und Nacht, und sie werden immer noch schlimmer.›

Da staunte Anselm sehr und sagte: ‹Was, ihr prügelt sie ständig? Und wenn sie nun heranwachsen, was für Menschen sind es dann?›

‹Stumpfsinnig und roh wie Tiere›, erwiderte dieser. Darauf Anselm: ‹Wie konntet ihr eure Kost so verschwenden, daß ihr statt Menschen euch Tiere heranzieht?› ‹Wir?› sagte der Abt, ‹was können wir dafür? Mit allen Mitteln suchen wir sie einzuzwängen, daß sie Fortschritte machen, und sie machen doch keine.›

‹Ihr zwängt sie ein? Sagt mir, Herr Abt, wenn ihr einen jungen Baum in euren Garten pflanzet und ihn sogleich auf allen Seiten so einschlösset, daß er seine Zweige nicht ausstrecken könnte, und wenn ihr ihn dann nach einigen Jahren frei machtet, sagt, was für ein Baum käme wohl da heraus? Doch sicher ein unfruchtbarer, mit krummen, verbogenen Zweigen. Und wer wäre schuld daran? Ihr mit eurem maßlosen Einzwängen.»› (Eadmer 1965, S. 46) Der Vergleich der Erziehung mit der Baumpflege stammt also nicht erst aus der Moderne, sondern gehörte zu den Bildern einer Kritik gewalttätiger autoritärer Erziehung bereits seit dem Hochmittelalter. Gleichzeitig wird deutlich, dass die Anforderungen, die im 11. Jahrhundert an die heranwachsenden Mönche gestellt wurden, nicht mehr mit den Erziehungsstilen des frühen Mittelalters zu erreichen waren. Gesellschaftliche Veränderungen erforderten bei der zukünftigen Bildungselite ein höheres Maß an Kreativität und die war mit einer autoritären Dressur nicht zu erreichen. Nicht nur in der Erziehung schlugen sich diese Veränderungen nieder. Die Bildung bekam einen Stellenwert wie seit der Antike nicht mehr, und die Gründung der ersten Universitäten in Italien und Frankreich waren Ausdruck dieser Veränderung.

Vom Edukanten wurden jedoch weiterhin absoluter Gehorsam und vor allem von den Mädchen Demut, Keuschheit und Schweigsamkeit erwartet. Der Junge sollte von früh an an die Arbeit und/oder den Waffendienst herangebracht werden. Die Strafe wurde zunehmend in ein Verhältnis zum «Vergehen» gestellt. Es war nicht mehr Strafe legitim, wenn sie nur die Disziplin erreichte, sondern sie musste nun «angemessen» sein. So heißt es in der Wormser Schulordnung aus dem Jahre 1260: «Doch müssen die Lehrer dafür Sorge tragen, daß bei den Strafen das Maß nicht überschritten, sondern die Quantität der Strafe entspreche der Qualität der Schuld.» (zit. n. Schoelen 1965, S. 176)

War bis zu diesem Zeitpunkt des Mittelalters ein Erzieher entweder zu hart oder zu weich, lag also das Maß der Bestrafung an der Person des Erziehers oder an dem Verhältnis zum Edukanten, so kommt parallel zum Erblühen des Handels und der Städte im Hochmittelalter in der Erziehung der Begriff der gerechten Strafe auf, ohne dass jedoch vorerst diese Form der Erziehungsmaßnahme die dominante wurde. Ja selbst das Loskaufen der Schüler von Strafen hielt im späten Mittelalter Einzug in die Schulen: «Zeitweise ist ein böser Brauch eingerissen, daß man von den Kindern Geld und andere Liebesgaben entgegengenommen hat, die man Pacem, Zeichen des Friedens, nannte, weil der Schulmeister aufgrund dieser Gaben, obgleich eine Zurechtweisung und Strafe verhängt werden sollte, diese nicht ausführte.» (S. 177) In Zeiten des Ablasshandels war eine derartige Praxis in der Schulerziehung sicherlich nicht überraschend. Dem Zitat aus der Münchener Schulmeisterordnung von 1564 folgt der Hinweis, dass ein solches Verfahren nun nicht mehr gebilligt werden konnte.

Zu den Veränderungen in Folge des 11. Jahrhunderts gehörte auch die Entwicklung des Fernhandels und die Kreuzzüge, beides Veränderungen, die eine neue Form der Auseinandersetzung mit dem Fremden bedeuteten. Wobei der Fernhandel zu einem liberaleren Umgang mit dem Anderen erzog, die Kreuzzüge zu Intoleranz und Dogmatismus.

Der Großteil der Kinder und Jugendlichen wurde aber auch im Hoch- und Spätmittelalter vor allem durch die praktische Arbeit unterrichtet und auch erzogen: «Wohl zur Zeit des Feudalismus und des Erstarkens der alten Stammeshäupter vollzieht sich dann in dieser Gesellschaft ein beträchtlicher Wandel. Er betrifft die Erziehung, d. h. die Weitergabe des Wissens und der Werte. Diese leistet nunmehr, d. h. seit dem Eintritt in das Mittelalter, das Lehrverhältnis. Nun ist die Praktik des Lehrverhältnisses aber unvereinbar mit dem System der Altersklassen oder tendiert jedenfalls dahin, es durch seine Ausbreitung zu zerstören. Ich kann gar nicht oft genug hervorheben, daß man dem Lehrverhältnis sehr große Bedeutung beizumessen hat. Zwingt es doch die Kinder, in der Umgebung von Erwachsenen zu leben, die ihnen die technischen und sozialen Fertigkeiten beibringen, die sie zum Leben brauchen.» (Aries 1978, S. 53)

Diese Lehrverhältnisse waren oft gekennzeichnet durch eine Wanderschaft der Jugendlichen, auf denen sie häufig durch ältere geführt wurden. Auch Schüler reisten in dieser Zeit oft zehn Jahre und länger in Gruppen von Ort zu Ort. Die Schule war allerdings ein Ort des «Unterrichts» und weniger der Erziehung. Die Lehrer interessierte nicht, was die Jugendlichen außerhalb des Unterrichts unternahmen. Die Mitglieder solcher Gruppen waren durch eine nicht selten brutale, aber letztendlich solidarische Umgangsweise geprägt, wobei allerdings klare vertikale Hierarchien herrschten. Die Erziehung der jüngeren (zumeist) Geschwister finden wir allerdings in der ein oder anderen Form, seitdem es schriftliche Zeugnisse von der Erziehung gibt.

Die Ausbeutung und autoritäre Unterweisung durch den Älteren ist für diese Zeit eindrücklich belegt. Zum Beispiel in den autobiographischen Geschichten des Thomas Platter (1499–1582) aus seiner Zeit als fahrender Schüler. Er wurde seinem Vetter Paulus anvertraut und war diesem bis zu seiner Flucht Jahre später ausgeliefert. Thomas Platter beschreibt zum Beispiel, dass sein Freund Hildebrand, nachdem er nicht alles Erbettelte abgeliefert hatte, von zwei Bacchanten geschlagen wurde, bis diese nicht mehr konnten. Bis ins 18. Jahrhundert hinein waren diese umherziehenden Schüler jedoch eine Gemeinschaft, die sich den gesellschaftlichen Autoritäten zu entziehen versuchte und oft durch gewählte Führer geleitet wurden. Vor allem der Klerus versuchte schon früh gegen diese Jugendgemeinschaften anzugehen. Bereits in einem Text zur Reform der Pariser Universität aus dem 13. Jahrhundert werden diese Jugendgemeinschaften kritisiert. Aries weist jedoch darauf hin, dass dieser Text «seiner Zeit weit voraus war». (S. 363)

Gegen Ende des Mittelalters setzten sich mehr und mehr Kollegs durch, in denen die Lehrer nicht nur für den Unterricht, sondern auch für die Kontrolle der Schüler zuständig waren. So wurde ab «dem 15. Jahrhundert ein immer rigoroseres Disziplinarsystem» durchgesetzt. «Dieses System ist hauptsächlich durch folgende drei Merkmale gekennzeichnet: ständige Überwachung, die zum Erziehungsprinzip und zur Institution erhobene Anzeigepflicht und die verstärkte Anwendung von Körperstrafen.» (S. 365) Der rohen Willkür der selbstorganisierten Jugendgemeinschaften wurde eine geordnete Disziplin gegenüber gestellt, die mit dem Beginn der Neuzeit den veränderten gesellschaftlichen Anforderungen Rechnung tragen sollte. Jedoch hielten sich Formen studentischer und ländlicher Selbstorganisation gegenüber der Ordnung der älteren Generation noch lange. Vor allem organisierten sie noch lange Formen des Übergangs ins Erwachsenenleben.

Die Überwachung der strikten Trennung zwischen den Generationen, die immer wieder durchbrochen wurde, war eine Besonderheit jugendlicher Gruppen auf dem Lande. Noch für das 16. und 17. Jahrhundert beschreibt John R. Gillis, wie solche Gruppen im ländlichen Bereich mit der Belästigung durch Katzenmusik (Charivari) vorgingen, wenn ein älterer Mann eine junge Frau heiratete: «Bei einem typischen ländlichen Charivari konnte es einem frisch wiederverheirateten Witwer passieren, daß ihn die Schar lärmend aufweckte, ein Bildnis seiner toten Frau vor seinem Fenster aufpflanzte und ein Bild von ihm, verkehrt herum auf einen Esel gesetzt, durch die Straßen zog, damit seine Nachbarn es sehen sollten. [...] Wiederverheiratung löste unweigerlich die größte Wut aus, und ganz im Gegensatz dazu waren Heiraten von jungen Leuten ungefähr desselben Alters für die Jugendlichen ein Anlaß zum Feiern. In diesem Fall verkehrte sich die Funktion des Charivari in ihr Gegenteil, und die lärmende Meute begleitete das Paar zu seinem Hochzeitsbett: Dies war das Abschiedsritual für die scheidenden Mitglieder der Gleichaltrigengruppe.» (Gillis 1980, S. 43)

Die ständige Überwachung, die zum Erziehungsprinzip und zur Institution erhobene Anzeigepflicht und die verstärkte Anwendung von Körperstrafen seitens der Institutionen der Erwachsenen wurden zunehmend zu einem Merkmal der Erziehung. Dabei spielte im ländlichen Bereich weiterhin die Familie – das war in der Regel nicht die, in die man hineingeboren wurde, sondern eher die, in der man diente oder ausgebildet wurde – die dominierende Rolle. In den Städten gewann der Stellenwert der öffentlichen Einrichtungen zunehmend an Bedeutung. Auch wenn die Übergänge zwischen Jugend und Erwachsenenstatus fließend erscheinen, bleibt das 7. Lebensjahr die oft genannte Grenze zwischen der Zeit, in der die Mutter das Kind erzieht und der Zeit, in der der Vater die Erziehung des Sohnes übernimmt, während die Tochter in der Obhut einer Frau bleibt. In den Inquisitionsprotokollen des Bischofs Jacques von Pamier (1318–1325) gibt ein Petrus Maurini zu Protokoll: «Er habe ihn (Arnaldus) gesehen, als er noch ein Säugling gewesen sei und weiter, daß er noch nicht einmal 7 Jahre alt war, als ihn seine Mutter nach Tarascon geschickt habe, wo er von seinem Vater erzogen wurde, den sie selbst aus ihrem Haus vertrieben hatte.» (zit. n. Winter 1984, S. 26) Verwunderlich erscheint zuerst einmal, dass Anfang des 14. Jahrhunderts die Frau den Mann aus dem Haus wirft. Das siebte Lebensjahr als Übergangsjahr scheint aber die Antike überdauert zu haben.

Trotz der vielfältigen christlichen Erziehungsanweisungen kommt es im Mittelalter bei der Unterdrückung der Kinder und Jugendlichen durchaus auch zu Generationskonflikten. «‹Arnaldus, deine Wege gefallen mir nicht, denn du gehst nachts aus und kehrst bei Nacht zurück›; der genannte Arnaldus gab darauf zur Antwort: ‹Schweigt, Vater, es kann sonst einmal Übles daraus entstehen!› Und nachdem der Vater erwidert hatte: ‹Und dies sagst du mir?› sprach Arnaldus weiter ‹Wenn Ihr nicht schweigt, werdet Ihr eines Tages einen Kopf kürzer gemacht werden!› Über diese Worte erzürnt, nahm der Vater ein Salzfaß und warf es auf den genannten Arnaldus; indem dieser es auffing, wollte er auf den Vater los, wurde aber durch den genannten Petrus Talha (den Hirten und Tagelöhner der Familie) zurückgehalten, der ihm sagte, er dürfe auf keinen Fall gegen seinen Vater vorgehen. Und Arnaldus sagte, es werde dem Vater tags wie nachts übel ergehen, worauf dieser die Bank ergriff, worauf er gesessen hatte, und sie gegen Arnaldus warf, indem er ausrief, daß dieser sein Sohn nicht sei und er selbst dafür sorge, daß es Arnaldus schlecht gehen werde.» (S. 51) Im Anschluss an diesen Konflikt verlässt Arnaldus das Haus, später auch sein Bruder, der aber zurückkehrt als er krank wird. Es geht in diesem Konflikt oberflächlich darum, dass der Sohn sich der Glaubensgemeinschaft der Katharer angeschlossen hat, aber letztendlich ist dieser Konflikt eine Auskunft über die Hierarchie zwischen den Generationen.

Die Beziehungen zwischen den Generation wurden jedoch durch die Zugehörigkeit zu einer sozialen Formation überdeckt.

Ein Kind war ein kleiner Bauer/Handwerker, Geistlicher oder Ritter. Die Dreiteilung Arbeitende, ideologische und politisch-militärische Herrschaft überdeckte alle anderen Unterdrückungsverhältnisse in Europa. So wie die Frau nicht als vom Manne zu unterscheidendes Wesen wahrgenommen wurde, sondern als minderwertiger Mann, wurden die Kinder und Jugendlichen als kleine Ausgaben ihrer späteren Bestimmung angesehen. Trotzdem gab es auch im Mittelalter die Initiation. Der Knappe, der mit 14 Jahren seinen Dienst begann, wurde in der Regel im 21. Lebensjahr zum Ritter durch den Ritterschlag. Zum Bauern wurde der Jugendliche durch Heirat, wenn er den Hof des Vaters übernahm. Für die Weihe zum Presbyter (aus dem im Frühmittelalter der deutsche Priester wurde) wurde das vollendete 30. Lebensjahr von der katholischen Kirche festgelegt, also das Lebensalter, in dem Jesus von Nazareth zu lehren begann. Auch gab es im Mittelalter die Wanderschaft von Jugendlichen. So war die Wanderschaft bereits im Spätmittelalter eine der Voraussetzungen für Handwerksgesellen, die Prüfung zum Meister ablegen zu können. Bis zu diesem Zeitpunkt waren die Techniken autoritärer Erziehung unter verschiedenen gesellschaftlichen Verhältnissen und Bedingungen entwickelt worden. Ab dem 16. Jahrhundert ist jedoch in Europa eine Kontinuität im Erziehungswesen zu beobachten, die bis ins 20. Jahrhundert hinein alle drei von Aries genannten Merkmale aufweist. Im 20. Jahrhundert nahm der Ruf nach körperlicher Züchtigung allerdings ab. Gleichzeitig wurde die Kritik an einer Erziehung, die lediglich als Repressionsapparat funktioniert mit dem Aufkommen der Renaissance entwickelt. Trotz vieler Rückschläge wurde diese Kritik von diesem Zeitpunkt an kontinuierlich weiterverfolgt.

Entwicklung und Kritik autoritärer Erziehung in der Neuzeit

Von der Renaissance zur Französischen Revolution

Wie bei allen Einordnungen pädagogischer Konzepte in den Fluss historischer Zusammenhänge dienen historische Ereignisse sicherlich nur als Anhaltspunkte, um die Tendenzen der Entwicklungen zu verdeutlichen. Zum gesamten Komplex des Übergangs zur Neuzeit, der in Italien im 13. Jahrhundert begann und von dort aus in den Norden fortgesetzt wurde, gehören nicht nur die Bedingungen, unter denen die nachfolgende Generation aufwuchs, sondern auch die Art und Weise, in der sich die Gesellschaft reproduzierte. Die gesellschaftlichen Veränderungen, die einen anderen Umgang mit dem menschlichen Wissensschatz implizierten, wirkten sich nachhaltig auf Bildung, Unterricht und Erziehung aus. Die Erfindung des Buchdrucks in Europa um 1450 und die damit beschleunigte Vervielfältigung vorhandener Schriften und die Vereinfachung einer Verschriftlichung des Wissens, markierte für den Unterricht und die Erziehung eine der herausragendsten Erneuerungen der Renaissance. Aber auch der Beginn der Kolonialisierung, besonders der Amerikas ab 1492 und die Flucht vieler Gelehrter aus dem von den Osmanen eroberten Konstantinopel in den Norden Italiens, veränderte die Erziehungslandschaft. Die Einflüsse der antiken Philosophen auch auf Erziehungsfragen, war nicht zuletzt durch die geflohenen Gelehrten aus Konstantinopel, die in dieser Tradition standen, sehr groß. Der Verlust des Einflusses der institutionalisierten katholischen Kirche mit dem Beginn der reformatorischen Bewegungen, die Veränderungen in der Landwirtschaft und die Einführung neuer Waffen, durch die die Söldnerheere die Ritter ablösten, stellte die mittelalterliche Ordnung in Frage. Dabei war die Zeit durch Kriege (z.B. die Religionskriege in Frankreich, der Bauernkrieg in Deutschland), die Pest und die erste Landflucht gekennzeichnet.

Zur gleichen Zeit wurden Ansätze einer Kritik am Patriarchat entwickelt. Das betraf sowohl die Herrschaft gegenüber den Kindern, wie auch gegenüber den Frauen. So entstanden in der Infragestellung der traditionellen Autoritäten auch neue Ansätze in der Erziehung, die eine Abkehr von «der Rute» als zentralem Symbol der Erziehung und der Autorität des Erziehenden formulierten. Die Beziehung zu den Kindern blieb vor allem auf Grund der hohen Kindersterblichkeit insbesondere in den ärmeren Schichten durch eine Distanz geprägt, die heute schwer nachvollziehbar ist. «Die allzu enge emotionale Bindung an ein neugeborenes Kind war bei einer Sterblichkeit von bis zu 50 Prozent wenig vernünftig, jedenfalls kollidierte sie häufig mit den materiellen Notwendigkeiten.» (Speitkamp 1998, S. 20) Die Aufforderung an Eltern und Erzieher, den Kindern mehr positive emotionale Verstärkung bei der Erziehung zukommen zu lassen, beschränkte sich erst einmal auf die Oberschicht.

Wie kaum ein anderer steht Erasmus Desiderius von Rotterdam (ca. 1466–1532) für diese Abkehr von «der Rute». Seine Forderung, dass der Liebe des Schülers zum Lehrer ein liebenswürdiges Verhalten des Lehrers vorausgehen müsse, ist überraschend für eine Epoche, die zwar als Keimzelle des Humanismus bezeichnet wird, aber deren Alltag durch Brutalität, repressive Maßnahmen, Kriege und Pest gekennzeichnet war. Erasmus von Rotterdam war sicherlich nicht der einzige Intellektuelle seiner Zeit, der eine Änderung der Erziehungsmethoden forderte. Überliefert ist aus dem Jahr 1502 zum Beispiel ein Buch des fränkischen Ritters Hieronymus Schenck von Siemau mit dem Titel *Kinderzucht*, in dem gefordert wird, «die Kinder ohne Schläge» zu erziehen. Aber Erasmus von Rotterdam wirkte nachhaltig bis in die Moderne hinein und seine Veröffentlichungen erreichten Druckauflagen, die zu den höchsten seiner Zeit gehören. Trotz heftiger Kritik sowohl seitens der katholischen Kirche wie auch der Kirchenreformer wurden seine Ausführungen zu pädagogischen Fragen zum Standardwerk. «Von 1526 an gab es durch zwei Jahrhunderte hin einen fast ununterbrochenen Strom von Ausgaben und Übersetzungen.» (Huizinga 1928, S.199)

In den *Vertrauten Gesprächen*, die als Vorlagen für den Lateinunterricht gedacht waren, wird deutlich, dass die körperlichen Strafen zum Alltag der Jugendlichen und Kinder des 16. Jahrhunderts gehörten. Dabei stellte Erasmus von Rotterdam immer wieder die Frage, wie ein ordentliches Benehmen, das vorrangiges Bildungsziel bei ihm war, erreicht werden könnte. «Doch ich kehre zu den Kindern zurück. Für diese ist nichts schädlicher, als wenn sie an Schläge gewöhnt werden. Denn werden dieselben im Übermaß erteilt, so bewirken sie, daß eine edler angelegte Natur unlenksam wird, eine weniger empfindsame in Verzweiflung gerät; wiederholen sie sich fortwährend, so haben sie zur Folge, daß sowohl der Körper gegen Hiebe abgestumpft als auch der Geist für Worte unempfänglich wird. Ja nicht einmal allzu heftiges Schelten darf häufig vorkommen. Ein Heilmittel, verkehrt angewendet, verschlimmert die Krankheit, anstatt sie zu heben, und beständig angewendet, hört es mit der Zeit auf, ein Heilmittel zu sein, und bringt eine ähnliche Wirkung hervor wie in der Regel eine unappetitliche und schwer verdauliche Speise. Hier werden uns manche mit den Sprüchen der Hebräer kommen: ‹Wer die Rute spart, der haßt seinen Sohn› und ‹Wer seinen Sohn lieb hat, der züchtigt ihn öfter›; ferner: ‹Beuge den Nacken deines Sohnes in der Jugend und bläue ihm den Rücken, solange er noch klein ist.› Eine derartige Züchtigung war vielleicht ehemals bei den Juden angebracht; jetzt muß man die Aussprüche der Hebräer milder auffassen. Wenn uns jemand Buchstaben und Silben beibringen will, was ist da unsinniger als den Nacken des Knaben zu beugen und seinen Rücken mit Schlägen zu bearbeiten?» (von Rotterdam 1963, S. 144)[1]

Eine Erziehung im Sinne einer Auseinandersetzung, in der die Jugendlichen und Kinder ernst genommen wurden, stand für Erasmus von Rotterdam kaum zur Debatte. Ihm ging es um die Frage, wie ein tüchtiges und gebildetes Mitglied der Oberschicht aufgezogen werden konnte. Dieser Fokus wird deutlich, wenn man im Text über die *Notwendigkeit frühzeitiger allgemeiner Charakter- und Geistesbildung* weiter liest: «Wenn nun nichts hilft, weder Ermahnungen noch Bitten, noch Erregung des Wetteifers, Beschämung, Lob und sonstige Mittel, so darf die Züchtigung mit der Rute, wenn die Umstände sie schließlich fordern, nicht maß- und schamlos sein; denn dies Entblößen des Körpers der Kinder, zumal vor den Augen vieler, ist eine Schmach. Indessen verurteilt Quintilian überhaupt die angenommene Sitte, freigeborene Knaben zu schlagen. Nun

---

1 Dass aus Erziehungsmethoden, die bisher als Anweisungen der heiligen Schrift galten, «Aussagen von Hebräern und Juden» werden, zu einer Zeit in der die Juden aus Spanien und Portugal (1492–1496) und auch deutschen Städten (1473 aus Mainz 1499 aus Nürnberg) vertrieben wurden, ist bezeichnend. Bibelzitate werden je nach Einstellung der Autorinnen und Autoren ausgespart, die hier angeführten werden seit der Antike jedoch immer wieder zitiert. Die Konnotation in den Ausführungen von Rotterdams ist daher deutlich: Nicht die «Heilige Schrift» sondern Juden und Hebräer zeichnen für die Prügelstrafe verantwortlich.

könnte jemand sagen: Was soll man aber mit denen anfangen, die anders als mit Schlägen zum Lernen nicht zu bringen sind? Ich stelle unbedenklich die Gegenfrage: Was würdest du mit Eseln und Ochsen machen, wenn sie in die Schule kämen? Würdest du sie nicht aufs Land jagen und die ersten in die Mühle geben, die andern an den Pflug spannen? Es gibt ja Menschen, die für die Pflugschar und die Mühle geboren sind, gerade so wie die Ochsen und Esel. Aber, sagt man, dann wird ja die Schülerzahl immer kleiner. Und weiter nichts? Zugleich auch der Gewinn.» (von Rotterdam 1963, S. 145).

Was in diesem Zitat, diesem Spätwerk des Erasmus von Rotterdam, anklingt, ist im Grunde weniger eine autoritätskritische Pädagogik als mehr eine utilitaristische Geisteshaltung, die die erzieherische Tätigkeit nicht auf den Zwang reduzierte, etwas auswendig zu lernen, sondern die Verinnerlichung des zu Lernenden zum Ziel der Erziehung machte. Dieses Ziel sollte ermöglichen, dass sich der Junge später aufgrund des Gelernten – als Teil der Herrschaft – in einer verunsicherten im Wandel befindlichen Gesellschaft zurechtfindet.

Obwohl die Frauen in den *Vertraulichen Gesprächen* oft gebildeter erscheinen als die Männer, bezog sich von Rotterdam nur auf die «Knabenerziehung». Hier finden wir eine weitere Unsicherheit: Teile des Patriarchats wurden in dieser Zeit, in der überlieferte autoritäre Strukturen zur Disposition standen, hinterfragt. So sagt die Magdalia in der *Unterhaltung eines Abtes und einer gebildeten Frau*: «Ein ebenso seltener Vogel war ehedem ein ungebildeter Abt. Heute ist das der Durchschnitt. Einst zeichneten sich Fürsten und Kaiser nicht minder durch Bildung als durch Herrschgewalt aus. So ungewöhnlich wie du glaubst, ist es heute nicht einmal. In Spanien und Italien gibt es einige wenige Frauen vornehmen Standes, die sich mit jedem Manne messen können; in England sind dies die Töchter des Morus, in Deutschland die Pirckheimer und Blaurer. Wenn ihr euch nicht sehr vorseht, kommt es schließlich dahin, daß wir den Vorsitz in den Theologenschulen führen, in Kirchen predigen und eure Mitren mit Beschlag belegen.» (von Rotterdam 1963, S. 51)

Die vorsichtige Kritik des Patriarchats und eine Verurteilung hochgradig autoritärer Erziehung lagen in der Zeit der Renaissance nahe beieinander. Weder stand am Anfang dieser Betrachtungen eine Analyse, die die Unterdrückung von Frauen und Kindern als auf eine gemeinsame, im Patriarchat begründete Wurzel zurückführt, noch stand ein solches Ergebnis am Ende der Betrachtung. Gerade aus diesem Grunde sind die Betrachtungen ein wertvoller Hinweis auf den Zusammenhang zwischen diesen beiden Spielarten der Unterdrückung. Die Widersprüchlichkeit, mit der Erasmus von Rotterdam beide Herrschaftsverhältnisse beschreibt, zeigen den Aufbruch in eine neue historische Epoche, in der auch die Kritiker der alten Ordnung sich kein genaues Bild von der Zukunft machen können. Während es oft die Jugendlichen sind, die in Phasen des Übergangs zu Akteuren werden, die die Ordnung der Alten in Frage stellen, wird in solchen Umbruchsituationen auch über die Geschlechterdispositionen offen nachgedacht. Diese Reflexion der Geschlechter und Generationenverhältnisse wird in der Renaissance nicht in Zusammenhang mit den sozialen Verhältnissen diskutiert. Deutlich wird dies bei Thomas Morus (1478–1535) in seinem Roman *Utopia*, der als Vorbild für ein ganzes Genre gilt. In *Utopia* entwirft er eine «sozial gerechte» Welt. Die Geschlechterdispositionen und das Verhältnis zwischen den Generationen beschreibt er als eindeutig hierarchisches: «Als Untergebene stehen den Männern die Gattinnen, den Eltern die Kinder und überhaupt die Jüngeren den Älteren zur Verfügung.» (Morus 1947, S. 91)

Das Bild vom Baum wird bei von Rotterdam ergänzt um das Bild vom feuchten Ton, in den man etwas hineinritzt und diese Kennzeichnung Bestand hat, wenn der Ton ausgehärtet ist. Kann das Bild vom Baum eher auf einen fließenden Übergang zwischen Kindheit, Jugend und Erwachsenenalter gedeutet werden, so ist das Bild vom Ton, der zum unveränderlichen Ton gestaltet wird, ein Bild, das auf zwei qualitativ verschiedene Zustände hinweist. Die eigene Lebensphase Kindheit und Jugend als Vorbereitung auf das Erwachsenenleben ist hier im Ansatz zu erkennen. Klar ist dabei aber auch die Hierarchie von Subjekt und Objekt in dem Prozess der Erziehung.

Erasmus von Rotterdam gehörte nicht zu den Revolutionären seiner Zeit. Im Gegenteil, er suchte immer den Ausgleich zwischen den Konfliktparteien. Gottesgläubigkeit und Staatstreue zeichnen seine Werk aus. «Für den Staat, nicht für dich allein hast du Kinder gezeugt, oder, um mich als Christ auszudrücken, für Gott hast du sie erzeugt, nicht für dich.» (von Rotterdam 1963, S.117) Seine Kritik der Erziehungsmethoden dokumentiert den Bruch mit einer Erziehung der Rute. Der unbedingte Gehorsam ist weiterhin das Erziehungsziel. Doch soll er nun durch didaktisch klügere Methoden implementiert werden, um so in einer Welt zu bestehen, in der durch den Buchdruck Meinungen schneller verbreitet werden, durch die Kolonialisierung die Überlegenheit der Kolonialmacht behauptet wird und durch die Reformation der christliche Glaube in unmittelbarer Umgebung durch mehr als eine Kirche präsentiert werden kann.

In seinen pädagogischen Schriften treten Überzeugung und Argumentation an die Stelle autoritärer Anweisungen. Dabei wird deutlich, dass die gesellschaftlichen Anforderungen an den Erzogenen mehr als nur repetierenden Gehorsam verlangten. Die Ausweitung der Arbeitsteilung machte es notwendig, sich nicht nur die Frage zu stellen, ob ein Junge klug oder weniger klug sei, sondern auch nach bestimmten Begabungen Ausschau zu halten. Auch auf diesen Aspekt der Erziehung machte Erasmus von Rotterdam aufmerksam und forderte, den Unterricht dementsprechend auszurichten. Bezeichnend war für die Renaissance, dass er vermutete, dass die Gesichtszüge und die Körperhaltung eines Kindes Auskünfte über die Neigungen geben. Dabei stütze er sich auf die Physiogonmik des Aristoteles. (von Rotterdam 1963, S. 128)

Mit Erasmus von Rotterdam begann eine Periode, die sehr langsam und nicht ohne reaktionäre Phasen zu einer Pädagogik führte, in der die Wahrnehmung der Kindheits- und Jugendphase sich änderte. Die Akzeptanz der Kindheit und später auch der Jugend als einer eigenständigen Lebenswelt, die einer Vorbereitung auf das spätere Arbeitsleben dient, begann sich den Weg zu bahnen. Die Notwendigkeit einer Ausbildung für dieses Arbeitsleben, die über das Lernen im Arbeitsprozess, durch die Aneignung der Tätigkeiten per Nachahmung hinausgeht, gab es ab dem 16. Jahrhundert für immer mehr Menschen. Die Infragestellung der körperlichen Züchtigung war dabei nicht zuerst eine moralische Frage, sondern wurde in einer Mittel-Ziel-Relation aufgeworfen. Von der Erziehung auf «gleicher Augenhöhe» zwischen dem Edukanten und dem Erziehenden oder selbstregulierenden Ansätzen in der Erziehung waren die Vorstellungen des 16. Jahrhunderts weit entfernt, auch wenn Erasmus von Rotterdam zu den Vorläufern einer solchen Pädagogik gezählt wird.

In einer Zeit, die geprägt war durch Pest, Krieg, Reformation und Gegenreformation, wird allerdings zum ersten Male in aristokratischen Haushalten eine Erziehung praktiziert, die nicht durch eine simple Befehls-/Gehorsamsstruktur geprägt ist. Michel de Montaigne (1533–1592) wird von seinem aristokratischen Vater im Sinne des Erasmus von Rotterdam erzogen. Den Zwangsmaßnahmen, die auch zu Beginn der Neuzeit die Autorität der Erwachsenen, der Kirche und des Adels den Kindern und Jugendlichen lehren sollten, stellte er dieser Erziehung das Prinzip «Liberaliter» gegenüber. Danach sollte Zwang und Gewalt in der Erziehung durch Motivation ersetzt werden. «Im Sinne des *liberaliter* wurde Michel jede Gewaltsamkeit erspart: Morgens wurde er mit Musik geweckt, die griechische Elementargrammatik setzte sein Lehrer in Spiele um.» (Schmidt 1979, S. 52)

Michel de Montaigne, der zweimal Bürgermeister von Bordeaux war und als Begründer der literarischen Form des Essays gilt, stellt mehr noch als Erasmus von Rotterdam die Erziehung durch Schläge in Frage. In seinem Essay *Über die Knabenerziehung* legt er der Gräfin de Gurson seine Vorstellung über die Erziehung eines Jungen der Oberschicht dar. Er nimmt dabei einen Aspekt der antiken Bildung der Philosophenschulen auf, der dann auch im deutschen Humanismus des 18. Jahrhunderts wiederzufinden ist: «Einen Knaben aus adligem Hause, der sich Wissen und Bildung zu erwerben trachtet, nicht des materiellen Gewinns wegen (denn ein so verächtliches Ziel ist der huldvollen Förderung durch die Musen unwürdig, und überdies macht man sich damit von anderen abhängig) und weniger wegen äußerer Annehmlichkeiten, als zum eigenen Besten: zur inneren Bereicherung und Zierde, würde ich lieber zu einem lebenstüchtigen, denn zu einem gelehrten Mann machen; ich wünschte daher, daß man für ihn mit aller Sorgfalt einen Erzieher wähle, der eher einen wohlgestalteten als wohlgefüllten Kopf hat, und daß man zwar auf beides sehe, größeren Wert jedoch auf Charakter und Verstand als aufs Buchwissen lege; zudem aber sollte er seine Aufgabe auf eine neue Weise wahrnehmen.» (Montaigne 1998, S. 82f)

Montaigne, der präzise wie kaum ein anderer die höhere Gesellschaft seiner Zeit beobachtete, wusste sehr wohl, dass «Kinder aus niederem Stand einem Lastträger gleich täglich vierzehn, fünfzehn Stunden der Tortur härtester Arbeit ausgesetzt» waren. (Montaigne 1998, S. 90) Wenn er in der herrschaftlichen Erziehung von Gewalt und Autoritätshörigkeit abrät, steht die soziale Frage in keinem seiner Essays zur Debatte. Auch ist bereits bei ihm eine Verurteilung der «Kultur» zugunsten einer «guten Natur» angelegt, die sich bei vielen humanistischen Kritikern der herrschenden Erziehung bis heute findet. Allerdings steht für ihn die Charakterbildung im Vordergrund. Der Unterricht in der Form des Auswendiglernens durch die fortwährende Wiederholung vorgegebener Texte und einer Ausrichtung an Autoritäten, stößt auf seine entschiedene Kritik. «Von klein auf schreit man uns die Ohren voll, als ob man unablässig in einen Trichter nachschütte, und nichts anderes haben wir zu tun, als immer wieder nachzusprechen, was man uns vorgesprochen hat. Ich möchte, daß der Erzieher es besser mache und von Anfang an die seinen Händen anvertraute Seele je nach Leistungskraft ihr Können vorführen und selber die Gegenstände richtig einschätzen, unterscheiden und wählen lasse: manchmal mit und manchmal ohne seine Wegweisung. Ich will nicht, daß er allein sich etwas ausdenke und davon rede, ich will, daß er seinem Zögling zuhöre, wenn der seinerseits redet. Sokrates und nach ihm Arkesilaos ließen zunächst ihre Schüler sprechen, dann erst sprachen sie zu ihnen. Meistens schadet die Autorität der Lehrenden den Lernenden...» (Montaigne 1998, S. 83)

Während in Anlehnung an Sokrates und Platon die qualitative Gleichheit der Frauen mit den Männern in der Renaissance in höfischen und großbürgerlichen Kreisen diskutiert wurde und die Frage einer weniger autoritären Erziehung im gleichen Umfeld auf die Tagesordnung gerückt wurde, ist der weitaus größere Teil der Bevölkerung davon nicht betroffen. Die soziale Frage wird in den Diskussionen der Oberschicht dieser Zeit in den Hintergrund gerückt. Die aufbegehrenden Bauern und die meist handwerklichen Wiedertäufer, die tatsächlich diese Fragen aufwerfen, werden negiert. Brigitte Rauschenbach stellt in diesem Zusammenhang sogar die Frage: «Sind Zugeständnisse an die Emanzipation einiger Frauen nur ein probates Mittel zur Unterdrückung des breiten Volkes?» (Rauschenbach 2000, S. 23) Die gleiche Frage ließe sich sehr wohl auch für die Erziehungskonzepte aufwerfen. Das soziale Gefüge überdeterminiert in dieser Zeit andere gesellschaftliche Unterdrückungsverhältnisse derart, dass Geschlechterdispositionen und Erziehung nur für und in der Oberschicht Gegenstand der Betrachtung sind. In der Wahrnehmung der Oberschicht ist die soziale Stellung einer Person wichtiger als die Generationszugehörigkeit. «Im Verlauf des 16. Jahrhunderts traten bei den Jugendbildnissen die Merkmale der Jugendlichkeit allmählich hinter denen der Ständezugehörigkeit zurück.» (Romano 1996, S. 11)

Die Renaissance als Zeit des Übergangs und als Zeit der Unsicherheit brachte Perspektiven auch in der Erziehung auf die Tagesordnung, die Ausdruck der gesellschaftlichen Unsicherheit waren. Der Soziologe Norbert Elias sieht hier den Beginn des Prozesses der Zivilisation, der immer wieder – vor allem durch Kriege zurückgeworfen wurde. Die Bücher über Manieren, die in dieser Zeit in verschiedenster Form erscheinen und zu denen Erasmus von Rotterdam einige beigetragen hat, waren ein Ausdruck , der besonders auf die Äußerlichkeiten eines «gut erzogenen» Menschen abzielte. Der Prozess der Zivilisation, wie Elias ihn sieht, umfasst vor allem die Verinnerlichung dieser Äußerlichkeiten. Die zunehmende Selbstkontrolle z.B. über das eigene sexuelle Verhalten ist wesentlicher Bestandteil dieses Prozesses. Hier findet eine Säkularisierung der Verhaltenssteuerung statt, die im christlichen Mittelalter vor allem auf Grund der Angst vor der Hölle erreicht wurde. Dies stellte neue und andere Anforderungen an die Erziehung. Das manierliche Verhalten, das zuerst den Kindern und Jugendlichen aus Adel und Kaufmannschaft anerzogen wurde und im Laufe der Zeit auch den arbeitenden Schichten «beigebracht» werden sollte, löste eine Verhaltensteuerung ab, die neben den kirchlichen Geboten vor allem von abergläubischen Warnungen gesteuert wurde. Der Aberglaube als Verhaltenscodex bleibt allerdings neben dem manierlichen Verhalten noch lange bestehen. Jürgen Kuczynski zitiert Moschberosch von Wilstätt, der im 17. Jahrhundert seitenlange Warnungen niedergeschrieben hat. «Wer sich anziehet soll zu erst den rechten Hosen / im außziehen den linken Hosen nehmen. .. Wann man über ein Kind schreitet / so wachset es nicht mehr / man schreitte dann wieder zurück.» (Kuczynski 1996a,S. 137) Ob man nun beim Gähnen die Hand vor den Mund nimmt, wie es seit Erasmus von Rotterdam üblich ist, oder ob man zuerst mit dem rechten Bein in die Hose steigt ist dabei gleichgültig. Beides muss anerzogen werden. Die Begründung ist aber eine völlig andere. Beim Verdecken des Mundes ist den Beteiligten bewusst, dass es sich um eine von Menschen gemachte Konvention handelt, die Anziehordnung soll auf Grund eines Aberglaubens «gut für das Zipperlein» sein.

Eine solche Säkularisierung bedeutete ebenfalls, dass die Erziehung in der Renaissance als eine Maßnahme gedacht werden konnte, deren Bedeutung bei der «Schaffung» des Erwachsenen ein qualitativ höherer Stellenwert zurechnet wurde als es bei dem starren Menschenbild des Mittelalters möglich war. «Auch Montaigne fragt nicht primär, was Frauen sind, sondern er fragt, wie aus weiblichen Kindern die Frauen entstehen, die er aus eigener Erfahrung kennt und beschreibt.» (Rauschenbach 2000, S. 55)

Eine Besonderheit im Leben Montaignes war für seine kritische Betrachtung des Verhältnisses erwachsener Männer zu

Frauen und Jugendlichen von Bedeutung, da sie das dahinterstehende Herrschaftsverhältnis in Frage stellt: Die bewundernde Beziehung zu der jungen Autodidaktin Marie de Gournay (1562–1645). Die «frühe Feministin», wie Brigitte Rauschenbach sie nennt, die Montaigne später mit der Herausgabe seiner Werke beauftragte, war im Grunde ein lebender Ausdruck für die Unsicherheiten der Autoritäten in diesem Jahrhundert. Marie de Gournay formuliert in ihrer Fabel *Le Poumenoir de Monsieur de Montaigne* ein Verhältnis zwischen Alinda und ihrem Vater, in dem der jungen Tochter die Qualitäten, die sonst nur erwachsenen Männern zugesprochen werden, von ihrem Vater bescheinigt werden. So erinnert sie an Montaignes Äußerungen: «Und Frau und in diesem Jahrhundert und so jung (et femme, et en ce siècle, et si jeune) heißt es in den Essays. Können wir daraus schließen, Montaigne habe sein Lob auf einem der Spaziergänge mit der jungen Marie de Gournay bereits vorformuliert? Hatte er, der berühmte Montaigne, seiner *fille d'alliance*, so wie der Fabelvater seiner Tochter, versichert und klargemacht, Jugend und Frausein sprächen ihr nicht die Kühnheit und Autorität ab, Menschen (Männern) zu befehlen (de commander aux hommes), und es sei ganz außerhalb der Vernunft, dass ihr aufgrund ihrer Jugend und ihres Geschlechts Wissen und Bildung abträglich seien (qu' elles t'en desrobassent la science).» (Rauschenbach 2000, S. 78) Für die Begegnung von Marie de Gournay und Michel de Montaigne scheint es ein persönliches, ja individuelles Glück gewesen zu sein. Die junge Marie de Gournay las ein Essay des Dichters, besuchte ihn quasi noch als Fan und er ist vom Intellekt der jungen Frau begeistert. Es ergibt sich eine Bildungssituation, die die autoritären Herrschaftsverhältnisse in Frage stellt. Eine solche Beziehung ist (bis heute) die Ausnahme.

Durchgesetzt wurden die auf einen weniger autoritären Umgang mit Kindern und Jugendlichen abzielenden erziehungspolitischen Forderungen von Erasmus von Rotterdam, Michel de Montaigne oder Marie de Gournay selbst in adeligen Zusammenhängen nicht. Viel weniger konnten sie ein allgemeiner Erziehungsstil für die gesamte Gesellschaft der frühen Neuzeit sein. Die Ideen wirkten allerdings weiter, obwohl eine Erziehung, die weniger autoritär in ihrer Methodik und antiautoritär in der Kritik der mittelalterlichen Autoritäten war, keine Chance in der Neugestaltung des gesellschaftlichen Lebens hatte. Einflussreicher waren bis zur Zeit der Französischen Revolution andere Theorien. Genannt seien hier nur die Einflüsse des Ignatius von Loyola (1533–1592), der vom Militaristen zum Ordensgründer wurde und mit dem Jesuitenorden eines der wirkungsvollsten Instrumente zur Machterhaltung der katholischen Kirche schuf, und Johann Amos Comenius (1592–1670), der als Begründer des Frontalunterrichts gilt. Die Ansätze dieser «Pädagogen» entsprachen den Anforderungen der herrschenden Interessen und der ökonomischen Entwicklung.

Mit dem Jesuitenorden wurde eine geistige Elite mit militärischer Disziplin geschaffen, die den Kirchenkritikern eine autoritäre obrigkeitshörige Organisation entgegensetzte. Der Begriff des Kadavergehorsams, der auf Franz von Assisi zurückgeht und besagt, dass man wie ein Leichnam (Kadaver) ohne Widerstand sein soll, ist Bestandteil des Eides, der beim Eintritt in den Orden in dieser Form bis 1926 zu leisten war. Dort heißt es unter anderem: «Ich verspreche und erkläre weiter, dass ich keine eigene Meinung oder eigenen Willen haben werde oder irgendeinen geistigen Vorbehalt, selbst als Leiche oder Kadaver, sondern ohne Zögern jedem einzelnen Befehl gehorche, den ich von meinen Vorgesetzten in der Armee des Papstes und Jesus Christus empfangen mag». (Einführungseid der Jesuiten) Zu den ersten Erfolgen einer Erziehung, die Resultat eines derartigen Schwures ist, gehört ohne Zweifel Johann t´Serclaes Graf von Tilly, der nach dem Besuch einer Jesuitenschule bestens auf seine militärische Laufbahn als Oberbefehlshaber der katholischen Liga-Truppen im Dreißigjährigen Krieg vorbereitet war. Dieser Krieg von 1618–1648 bedeutete zumindest in Deutschland mit dem Tod von ca. 4 Millionen Menschen, bei einer Bevölkerung von ca. 17 Millionen zu Beginn des Krieges, eine massive Verrohung, die für die Entwicklung einer weniger autoritären Erziehung in Deutschland wenig Platz ließ. In Frankreich ging aus den Religionskriegen ein absolutistischer Zentralstaat hervor. England, Schweden und die Niederlande entwickelten sich zu Nationalstaaten, in denen mit dem aufblühenden Handel ein Aufschwung des liberalen Bürgertums einherging, der nicht ohne Folgen für die Erziehung blieb.

Geprägt von den Ereignissen dieses Krieges war auch Jan Amos Komensky, der heute unter seinem lateinischen Namen Comenius bekannt ist und als einer der Wegbereiter des europäischen Schulwesens gilt. Nach mehrfacher Flucht findet er 1656 in Amsterdam Asyl. Die Stadt gibt darüber hinaus seine nach 1627 verfassten Werke in einer eigenen Amsterdamer Edition heraus. Als Anhänger des tschechischen Reformators Jan Hus (1369–1415) rückt er die soziale Dimension der Schulbildung ins Blickfeld. Er forderte unter anderem Schulbildung für alle Kinder beiderlei Geschlechts aus allen Ständen und sozialen Schichten. Bemerkenswert ist sicherlich seine Forderung nach einer Finanzierung des Schulwesens durch den Staat zu einer Zeit, als die Adelshäuser im Krieg morden und brandschatzen ließen und eine Zukunft staatlicher Gebilde sich kaum abzeichnete. Obwohl die religiöse Erziehung, welche bei Comenius nicht konfessionsgebunden ist, für ihn als letzten Bischof der hussitischen Unität das oberste Bildungsziel darstellte, forderte er eine Allgemeinbildung. In Anlehnung an die Erzieher der Renaissance verurteilte er das Lernen als Auswendiglernen der Lektüre. Seine Forderung nach muttersprachlicher Bildung in einer für alle verbindlichen Schule, gilt als Wegbereitung für die Volksschulen Europas.

Comenius schlug vor, den Einzel- und Haufenunterricht, der nur für eine Elite zu verwirklichen war und der angesichts der nach dem Krieg zunehmenden Bevölkerungsdichte nur für einen immer kleiner werdenden Teil der Bevölkerung realisiert werden konnte, durch einen Frontalunterricht in Klassen mit etwa 100 Schülern zu ersetzen. Von einem Katheder aus sollte der Lehrer «wie die Sonne seine Strahlen über alle verbreiten». (Comenius zit. n. Scheurl 1979, S. 79) Wie später bei dem deutschen Pädagogen August Hermann Francke (1883–1927) tauchen bei Comenius zwei Elemente auf, die für die weitere Entwicklung des europäischen Erziehungssystems von Bedeutung blieben. Die Unterrichtung auch «armer Kinder» und die Ausrichtung des Unterrichts auf praktische Tätigkeiten. Die Gottesfürchtigkeit stand jetzt nicht mehr als unmittelbares Ziel im Vordergrund, sondern als mittelbares, nämlich durch die Arbeit vermittelte Frömmigkeit.

Kadavergehorsam war die Forderung der Adeligen und der Kirchen, die so ihre Macht zu sichern gedachten. Doch auch das erstarkende Bürgertum mit einer auf Merkantilismus gegründeten Wirtschaft und der ersten Gründung von Manufakturen, forderte absoluten Gehorsam ein. Allerdings waren für die Wirtschaft Grundkenntnisse vonnöten, die weit über den Unterricht hinausgingen, der in den Pfarrschulen des Mittelalters gelehrt wurde. Um diesen möglichst ökonomisch zu gestalten, boten sich Katlederschulen nach Vorstellungen des Comenius an. Dass große Klassen bis zu 100 Schülern die Ausnahmen blieben, hängt mit der Schwierigkeit zusammen, in solchen Sälen die Kontrolle über die Lernenden zu behalten. Allerdings stellte sich die Frage der Finanzierung solcher Schulen.

Während Comenius die Finanzierung durch die jeweiligen Landesfürsten als Regelfinanzierung forderte, setzte August Hermann Francke auf die Finanzierung durch Stiftungen.

Die Erfahrungen des Dreißigjährigen Krieges und die Not, die als Ergebnis dieses Krieges noch bis ins 18. Jahrhundert hinein wirkte, ließ bei den Pädagogen, die alle in dieser Zeit durch die eine oder andere christliche Kirche geprägt waren, auch sozialpädagogische Gedanken aufkommen. Eine Betreuung der Armen, bei gleichzeitiger Belehrung. Dies geschah in Europa allerdings unter verschiedenen Bedingungen. So wurde die Erziehung in den Niederlanden, Frankreich, England und Schweden immer stärker durch bürgerliche Kräfte beeinflusst, während Spanien, Italien und Deutschland Kernländer einer religiös dominierten Erziehung blieben.

Zunehmend verknüpften sich in ganz Europa die Entwicklungen der Erziehung mit der Entwicklung der Städte. Die Bürger der Städte wurden zum Motor einer sich verändernden Bildungs- und Erziehungslandschaft. Ihre bereits im Spätmittelalter aufgekommenen Bildungsansprüche beeinflussten zunehmend die Schulentwicklung. In den urbanen Zentren wurde die kirchliche Ausrichtung der Inhalte und Formen des Unterrichts und der Erziehung zunehmend zugunsten weltlicher Interessen verschoben. Dies galt nicht nur für das Bürgertum und den Adel, sondern ansatzweise auch für die Arbeiterinnen und Arbeiter. Die Trennung von Wohnung und Produktion, die Einführung freier Arbeitsverträge passte die Familien als Erziehungsinstanz den neuen Bedingungen an.

Die naturwissenschaftlichen Erkenntnisse, die Kolonialisierung und die Trennung von Produktion und Reproduktion führten zu einer Konstruktion von Kategorien, die nicht mehr die Frau als minderwertigen Mann und das Kind als kleinen Erwachsenen sahen, sondern die Kinder und Frauen als eigene Kategorien definierten und ihnen so «eigene» Lebenswelten zuordneten. Rassismus und Antisemitismus sind in dieser Zeit aufgrund der Bildung von Kategorien für Menschen, deren Unterschied zum Europäer «wissenschaftlich» festgestellt wurde, entstanden. Bei einigen Autorinnen und Autoren wird dieser Sachverhalt oft als Indiz gewertet, dass es Erziehung oder Kindheit bis zum Beginn des 17. Jahrhunderts de facto nicht gab. So beginnt Aries in der *Geschichte der Kindheit* sein Kapitel zur «Entdeckung der Kindheit» mit der Beschreibung der Bilder von Kindern, die bis zu diesem Zeitpunkt einfach Darstellungen von kleinen Erwachsenen waren und interpretiert die Veränderung der Kleiderordnung in diesem Sinne. (Ariès 1978, S. 92 ff).

Katharina Rutschky macht im Vorwort zu *Schwarze Pädagogik* die Tatsache, dass Kinder und Erwachsene im Mittelalter hauptsächlich durch Nachahmung lernten, zum Ausgangspunkt dafür, dass es in dieser Epoche Erziehung «ebensowenig wie Kindheit» gab. (Rutschky 1977, S. XLIII) Sowohl die *Geschichte der Kindheit* wie auch *Schwarze Pädagogik* sind unverzichtbare Werke für alle, die sich mit der Geschichte der Erziehung auseinandersetzen. Der Bruch zwischen der mittelalterlichen Gesellschaft lag allerdings nicht in der Erschaffung der Kindheit und der Erziehung, sondern in der Einführung «wissenschaftlicher Kategorien», eine Änderung des Blickwinkels auf Autorität und der Wiederkehr der Städte in neuer Form, sowie in neuen Herrschaftsstrukturen. Schule und Familie wurden den neuen Verhältnissen angepasst und änderten sich radikal. Die Schule etablierte sich in Europa ab diesem Zeitraum auch zunehmend für die unteren Schichten als Erziehungsinstanz. Sowohl die Schulordnungen protestantischer Fürsten, die als der erste Durchsetzungsversuch einer allgemeinen Schulerziehung galten, wie auch die jesuitischen Schulordnungen für höhere Schulen entwickeln eine systematisierte Form der Überwachung und Kontrolle. In Franckes Schule in Halle gab es einen 63 Punkte umfassenden Strafkatalog; das willkürliche Prügeln war nicht mehr vorgesehen. Die Kinder wurden zu Zöglingen. Die Ausweitung der Kontrolle wurde bei Francke noch mit der durch die «Erbsünde» herbeigeführten «Sündhaftigkeit des Menschen» begründet. Doch damit deutete sich bereits eine Verwissenschaftlichung der autoritären Erziehung an.

Im gleichen Zeitraum wurden Initiationsriten verändert, Wanderschaft und Auswanderung bekamen einen neuen Horizont. Dennoch wirken Kontinuitäten: Die «Rute» bleibt Erziehungsmittel Nummer eins, die patriarchale Autorität geht gestärkt aus den Auseinandersetzungen hervor und die autoritären Fraktionen des christlichen Glaubens bestimmen weiterhin die ideologische Ausrichtung.

Wanderung der Jugend und Initiation werden im 17. und 18. Jahrhundert im Militärdienst zusammengeführt. In Europa «dienen» im Laufe des 17. Jahrhunderts mehr als 10 Millionen junge Männer als Soldaten. «Zwischen 1618 und 1783 führte Frankreich insgesamt 73 Jahre lang Krieg, die Vereinigten Niederlande 62, Spanien 82, England knapp 45 und Österreich sogar 92 Jahre lang.» (Loriga 1996, S. 21) «In den literarischen Darstellungen erscheint das Militär als existentielle Scheidewand; es sichert die ökonomische, gefühlsmäßige und sexuelle Emanzipation des Jugendlichen. Auf einer tieferen Ebene ist die Geschichte dieser Darstellungsweise des Waffenhandwerks noch gänzlich unerforscht, doch lässt sich auf der Grundlage der zahlreichen verfügbaren Untersuchungen über das Heer, denke ich, erhellen, wie die Vorstellung vom Übergangsritus ins Erwachsenenalter entstanden ist und sich allmählich verfestigt hat.» (S. 20f)[1] Gleichzeitig bedeuten Kriege und Kolonialisierung vor allem für die männliche Jugend eine Zeit der Wanderschaft, auf der die Gewalt gegen die «Fremden» nicht nur maßgeblich zur Verrohung, sondern auch zur Schaffung rassistischer Kategorien beiträgt.

Die Französische Revolution

*I*n Folge der bürgerlichen Revolutionen in Europa und dem Einfluss der Aufklärung wurde das Unterrichtswesen massiv ausgeweitet. Die Erziehung musste Erwachsene hervorbringen, die in verschiedenen gesellschaftlichen Bereichen in der Lage waren mit einem wesentlich größeren Wissenstand umzugehen als die vorangegangenen Generationen. Gleichzeitig leitete die Einführung von Maschinen den Übergang von der Manufaktur zur Fabrik ein. Die Produktivität wurde um ein Vielfaches gesteigert. Die Erfindung des 18. Jahrhunderts, der mechanische Webstuhl durch Edmund Cartwright (1743-1823) im Jahre 1786 und die Verbesserung der Dampfmaschine durch James Watts (1736–1819) 1769 erhöhten die Produktion des gesellschaftlichen Reichtums in bisher unbekanntem Ausmaß. In den Niederlanden und auf den britischen Inseln setzte sich das Bürgertum zuerst durch. Die Impulse für eine Veränderung der Erziehung, der Bildung und des Unterrichts kamen in Europa vor allem durch die Französische Revolution nachhaltig.

Jean-Jacques Rousseau (1712–1778), einer der maßgeblichen Vordenker der Französischen Revolution, steht für die Verkörperung einer Verbindung zwischen Ökonomie, Politik und Pädagogik, die den Menschen in den Mittelpunkt stellt. In seiner berühmten Eröffnung zum zweiten Teil der *Abhandlung*

---

1   Meines Erachtens irrt Loriga, wenn er den Beginn der Initiation ins Erwachsenenalter mit den Anfängen des Militärdienstes koppelt. Dass der Militärdienst diese Funktion seit der Antike einnimmt ist dagegen nicht zu bestreiten.

über den Ursprung und die Grundlage der Ungleichheit unter den Menschen rückte er die soziale Frage ins Zentrum der Untersuchung: «Der erste, welcher ein Stück Landes umzäunte, sich in den Sinn kommen ließ zu sagen: dieses ist mein, und einfältige Leute antraf, die es ihm glaubten, der war der wahre Stifter der bürgerlichen Gesellschaft. Wieviel Laster, wieviel Krieg, wieviel Mord, Elend und Greuel hätte einer nicht verhüten können, der die Pfähle ausgerissen, den Graben verschüttet und seinen Mitmenschen zugerufen hätte: ‹Glaubt diesem Betrüger nicht; ihr seit verloren, wenn ihr vergeßt, daß die Früchte euch allen, der Boden aber niemandem gehört›.» (Rousseau 1981, S. 230)

Es kann also nicht verwundern, dass er in seinem Erziehungsroman *Émile oder über die Erziehung* vor diesen Zustand zurückkehren möchte. Der Wahl eines einzelnen Zöglings, der auf Verderb und Gedeih seinem Erzieher ausgeliefert ist, liegt ein fiktiver Naturzustand zu Grunde, von dem er selbst sagte, dass es ihn vielleicht nie gegeben habe. In ihm war der Mensch Einzelgänger in «einer natürlichen Ordnung». Dabei legte er ein biologistisches Fundament, in welchem die Natur als gut und die Kultur als schlecht und zerstörerisch angesehen wird. «Am meisten kommt es auf die erste Erziehung an, die unbestreitbar Sache der Frauen ist. Wenn der Schöpfer der Natur gewollt hätte, daß sie Sache der Männer wäre, hätte er ihnen Milch gegeben, um die Kinder zu stillen.» (Rousseau 1981, S. 9)

Rousseau nahm in seinem Erziehungskonzept das Primat der Charakterbildung der Renaissance auf: «Man kann Kinder nur eine Wissenschaft lehren: die der Pflichten des Menschen.» (S. 26) Dass er diese Prämisse mit John Locke (1632–1704) teilt, macht deutlich, wie in den entwickeltsten Teilen Europas im 17. und 18. Jahrhundert diejenigen Pädagogen, die sich um die Erziehung adeliger Jungen Gedanken machten, den bürgerlichen Anforderungen entgegen standen, die etwa durch Comenius Forderung nach allgemeiner Schulbildung verwirklicht werden sollten. Das Wissen, das für die ökonomische Weiterentwicklung der erstarkenden Warenproduktion wichtig war, hat für John Locke und Jean-Jacques Rousseau zweitrangige Bedeutung. Daher auch die Forderung Rousseaus, die Trennung zwischen Lehrer und Erzieher aufzuheben. Den Charakter zu bilden, das sei die Aufgabe der Erziehung. Ansonsten unterschieden sich die beiden Denker in den meisten ihrer Betrachtungen und Forderungen. Sah Locke die Notwendigkeit, das Kind vom ersten Tag an zu unterrichten, so wollte Rousseau das Kind am liebsten bis zum 12. Lebensjahr unbelehrt aufwachsen lassen. «Wenn es euch gelingt, nichts zu tun und zu verhindern, daß etwas getan werde, den Zögling gesund und stark bis ins zwölfte Lebensjahr zu bringen, selbst wenn er links von rechts nicht unterscheiden kann, so würde sich nun sein Geist von der ersten Lektion an der Vernunft öffnen. Nichts würde den Erfolg eurer Bemühungen verhindern, da er ohne Vorurteile und Gewohnheiten ist. Bald wäre er unter euren Händen der weiseste Mensch. Ihr habt mit Nichtstun begonnen und endet mit einem Erziehungswunder.» (Rousseau 1981, S. 72f)

Solche und ähnliche Forderungen in Bezug auf die Bildung und Erziehung sind im *Émile* häufig anzutreffen. Sie machen Rousseau in den Augen vieler zum Vordenker der antiautoritären Erziehung. Doch dieser Hauch von *laisser faire*, der besonders im ersten Buch des *Émile* zu finden ist, fand auf der Grundlage einer romantischen Naturbetrachtung statt. Rousseau vollzog hier eine Negation der Ideen von John Locke. Die Ausklammerung der Gesellschaft, sowie die Fixierung auf einen Erzieher machen deutlich, dass diese Erziehung für eine Elite gedacht war. Auch wenn die Kinderzeit quasi ohne geistige Anleitung – die körperliche Erziehung sollte allerdings auch in dieser Zeit schon realisiert werden – über die Bühne gehen sollte, so im Roman doch die Autorität des Erziehers allgegenwärtig.

Diese Phase, in der das Kind durch eine «negative Erziehung» auf die Jugendphase vorbereitet werden soll, erinnert eher an das, was in der hellenistischen Pädagogik als Aufzucht bezeichnet wurde. Die Jugendphase, die im *Émile* mit 25 und der Heirat endet, ist auch geprägt durch eine weitgehende Toleranz seitens des Erziehers, und hier liegt der Schwerpunkt auf der Bildung des *Émile*. Doch bei der Ablehnung des gesellschaftlichen urbanen Lebens hört diese Toleranz auf: «Es ist mir klar, daß man sich mit Nachgiebigkeit erträglicher macht und eine gewisse Autorität bewahrt. Aber ich sehe nicht ein, wozu eine solche Autorität dient, die man nur dadurch bewahrt, daß man im Zögling die Laster züchtet, die man unterdrücken wollte. Das ist, als ob ein Stallknecht ein wildes Pferd in einen Abgrund springen läßt, um es zu zähmen.» (Rousseau 1981, S. 236)

Das Ziel dieser Erziehung war ein Mensch ganz nach dem Wunsch Rousseaus und das ist auch der eigentliche Kern der dahinter stehenden pädagogischen Theorie. Ohne die «schädlichen Einflüsse der Kultur» soll ein Mensch geschaffen werden, der nach den Vorstellungen seines Erziehers als Produkt dessen

Erziehung herauskommt. «Ich sehe mein Werk gekrönt und beginne, seine Früchte zu genießen.» (Rousseau 1981, S. 524) Der Erzieher als die Autorität, die den jungen Menschen prägt, ist hier das Subjekt einer gelungenen Erziehung, die anders als bis zu diesem Zeitpunkt einige Bedürfnisse des Edukanten respektiert.

Émile oder über die Erziehung wurde direkt nach dem Erscheinen verboten. Besonders den Kirchen kam die Annahme vom «Natur aus guten Menschen» überhaupt nicht gelegen, und das «Glaubensbekenntnis des savoyischen Vikars», in dem die «Erbsünde» mit dem Konzept von der guten Natur des Menschen konfrontiert wird, stieß auf eindeutige Kritik. Das Festhalten an seinem romantisierenden Gottesbild brachte Rousseau in Konflikt mit den Aufklärern am Vorabend der Französischen Revolution. Durch seine Verurteilung der Wissenschaften, die die «Seele verderben» und die Individualität bedrohen, setzte er sich in Widerspruch vor allem zu den Enzyklopädisten um Denis Diderot (1713–1784).

Auf die Reformpädagogik der folgenden Jahrhunderte machten die Vorstellungen Rousseaus jedoch nachhaltigen Eindruck. Dies lag vor allem daran, dass er zum ersten Mal der Kategorie Kind eine Gestalt gab, deren Lebenswelt deutlich unterschieden war vom Erwachsenenleben. Es war neu, dass ein Jugendlicher eine eigene Befindlichkeit, eigene Wünsche und Regungen hatte, die sich von den Erwachsenen unterschieden. Rousseau erregte durch seine Veröffentlichungen Anstoß und bei der Kirche und konservativen Zeitgenossen ein dermaßen großes Ärgernis, dass *Émile oder über die Erziehung* nach seinem Erscheinen im Mai bereits im Juni des gleichen Jahres verboten wurde. Die Impulse, die diese Erziehungsprojektion für die Reformpädagogik hatte, sind unübersehbar.

Es war allerdings auch Pragmatikern im Ancién Regime, das Frankreich bis zur Revolution von 1789 beherrschte, deutlich, dass die aus dem Mittelalter übernommene Erziehungspolitik den herrschenden Ansprüchen immer weniger gerecht wurde. Auf der britischen Insel waren die Pläne für eine allgemeine niedere Schulausbildung schon wesentlich weiter entwickelt. Selbst in Sachsen wurde durch die Entstehung protestantischer Schulen Bildung auch für Schülerinnen und Schüler möglich, die nicht aus der reichen Oberschicht kamen. Die «petites écoles« in Frankreich, die grundsätzlich unter der Aufsicht der Kirche standen, lehrten immer noch nicht viel mehr als das Lesen der Bibel.

Kaum zwanzig Jahre nach dem Erscheinen des *Émile* wurde in Lyon ein Buch über die Erziehung des Volkes veröffentlicht: *Vues patriotiques sur l éducation du peuple.* Autor war Luis Philipon de la Madelaine. Er setzte sich für eine obligatorische Gemeinschaftserziehung ein, und obwohl Philipon als konservativer Advokat mit diesem Entwurf das Ancien Regime eher unterstützen denn stürzen wollte, wurde dieser Entwurf zur Vorlage der *éducation commune.* Doch griff Philipon am Vorabend der Französischen Revolution einen Aspekt auf, der für Rousseau irrelevant schien, der aber gerade für den Teil der antiautoritären Pädagogik von großer Bedeutung ist, der die Unterdrückung des Kindes und des Jugendlichen in der Erziehung im Zusammenhang mit der Unterdrückung der «bildungsfernen Schichten» sieht. Er forderte eine Schulbildung für die unterste «Stufe der Bürger», die er als das Volk bezeichnet. «Wenn ich das Volk als letzte Klasse der Bürger bezeichnet habe, so hat mir nicht (etwa) die Verachtung diesen Ausdruck diktiert; ich passe mich nur dem (Sprach-)Gebrauch an. Ich bin im Gegenteil überzeugt davon, daß jener Teil von unseresgleichen, der von den leichtfertigen Menschen zu sehr verschmäht und von den Mächtigen zu sehr mit den Füßen getreten wird, immer in den Augen des Weisen der kostbarste, in den Augen des Gesetzgebers der interessanteste Teil sein wird. Er bietet dem einen wie dem anderen jene Bauern, die den Staat ernähren, jene Soldaten, die ihn verteidigen und jene Arbeiter, die ihn bereichern.» (Philipon zit. nach Stübig 1974, S. 28) Die Krise des absolutistischen Staates – in der der Adel 1,5% der Bevölkerung stellte und dennoch gegenüber dem Bürgertum, das die ökonomische Dominanz in der Gesellschaft inne hatte, die politische Macht ausübte – brachte den Beamten Philipon zu einem bildungspolitischen Vorschlag, der später dem Jakobiner Michel Lepeletiers (1760–1793) zur Grundlage für seinen Antrag an den Nationalkonvent dienen sollte.

Im Jahre 1789 stiegen in Frankreich die Lebensmittelpreise um bis zu 60 %, die Einnahmen der Bauern aber nur um 20 %, was zu Hunger und Elend führte. Das Steuersystem war veraltet und Klerus und Adel waren von den wichtigsten direkten Steuern befreit. Die Unterstützung der Unabhängigkeitskriege amerikanischer Siedler gegen England belastete den schon angeschlagenen französischen Staatshaushalt hart, der Friedensschluss mit England brachte dagegen keinen wirtschaftlichen Aufschwung. Das industriell fortgeschrittenere England belieferte den französischen Markt mit Industriegütern und landwirtschaftlichen Produkten, während die französische Wirtschaft besonders unter den Missernten litt.

Die Französische Revolution markierte den Übergang von der frühen Neuzeit zur Moderne, indem sie zum ersten Mal ein feudalistisches Regime durch eine Republik ablöst. Für die Entwicklung der Schule und darüber vermittelt auch für die Erziehung markiert sie einen Wendepunkt. Die Forderung nach einer schulischen Ausbildung auch der Armen kann nach 1789 nicht mehr von der Tagesordnung genommen werden. Die Kirche als Monopolist der Schulträgerschaft wird nachhaltig in Frage gestellt. Die republikanische Forderung Michel Lepeletiers nach einer nationalen, gemeinschaftlichen und republikanischen Schulerziehung wird nach seiner Ermordung von Robespierre (1758–1794) übernommen. Unterstützt wird sein Vorschlag durch die in dieser Zeit einflussreiche Zeitung *Le Père Duchense* des Revolutionärs Jacques-René Herbert (1757–1794), der sich besonders gegen den Einfluss der Kirche wendet. Zuerst wird der Gesetzvorschlag begeistert aufgenommen, dann verwässert – z.B. durch die Herausnahme der allgemeinen Schulpflicht – und am Ende abgelehnt. Nach der Niederlage der Jakobiner ist der erste Versuch einer staatlichen Gemeinschaftsschule ebenfalls vom Tisch. Mit der Französischen Revolution haben allerdings zum ersten Mal seit der Antike in Europa Männer in die Fragen von Erziehung eingegriffen, die kein theologisches Studium absolviert hatten. Dass mit Mary Wollstonecraft (1759–1797) auf Seiten der Girondisten auch eine Frau in die Diskussion um das Schulwesen eingriff, wurde allerdings kaum zur Kenntnis genommen.

Methodisch haben Rousseaus Erziehungskonzeption und die Idee einer Gemeinschaftsschule nichts gemein. Die Schulkonzepte Philipons und Lepeletiers stehen der Idee des persönlichen Erziehers für den Edukanten diametral gegenüber. Nach ihrer Konzeption soll die Erziehung vor allem der Stärkung der Republik dienen. «Laßt uns unsere Kinder an die Arbeit gewöhnen, indem wir ihr Herz und ihren Geist formen; sie sollen lernen, Müdigkeit zu ertragen, gegen Hitze und Kälte zu bestehen; sie sollen ihre Arme durch den Umgang mit Waffen üben, damit sie ihr Vaterland verteidigen und die Erde von allen Königen und von allen Monstren, die nicht das Glück der Menschheit wollen, reinigen können. Was werden wir für Menschen in zwanzig Jahren haben, wenn wir diese Prinzipien annehmen! Dann, zum Henker, wird sich die Republik auf einer unerschütterlichen Grundlage ausbreiten. Wenn sie auf so viele Hindernisse stößt, so liegt das daran, daß die Menschen nicht reif genug sind.» (Hebert zit. n. Stübig 1974, S. 278) Hier treffen zwei Konzepte aufeinander, die im weiteren Verlauf für die beiden verschiedenen Ausrichtungen antiautoritärer Erziehung von grundlegender Bedeutung sind. Ist Rousseaus Fokus auf das Wohl des Kindes ausgerichtet, so findet diese Erziehung bewusst oder unbewusst, aber völlig konsequent, im adeligen Milieu statt. Die Schulvorstellungen der Anhänger Robespierres und Herberts sollen die sozialen Unterschiede der Herkunftsfamilie negieren. Das ist ihnen nur möglich in einer durch Schulpflicht geprägten, den Methoden nach autoritären staatlichen Schule, die sich ablöst von der Jahrhunderte lang herrschenden Erziehungsinstitution Kirche. Der Kulturpessimismus Rousseaus wird in vielen Erziehungskonzepten der revolutionären Bewegung gewandelt, in dem die «Gleichheit von Natur aus» der sozialen Ungleichheit des Feudalismus entgegen gehalten wird und durch die Republik die «natürliche Gleichheit» wieder hergestellt werden soll. Zusammen bilden diese Konzeptionen das erste Gerüst autoritärer, bürgerlicher Erziehungspolitik.

Die Betonung des Individuellen vor allem in den bürgerlichen Milieus bei gleichzeitiger elementarer Schulbildung für alle Kinder wurde zur favorisierten Erziehungspolitik. Das implizierte auch die möglichst umfassende Kontrolle seitens der Erzieher und das Erziehungsziel der absoluten Loyalität dem Staat gegenüber. In den Auseinandersetzungen der Französischen Revolution wurde die Unterdrückung der Kinder und Jugend als Generation nie thematisiert. Demgegenüber wird der Kolonialismus zum Beispiel vom Girondisten und Schulreformer Antoine de Condocreet (1743–1794) sehr wohl zum Thema gemacht: «Verfolge einmal die Geschichte unserer Unternehmungen, unserer Niederlassungen in Afrika und in Asien! Und was werdet ihr sehen? Unsere Handelsmonopole, unsere Verrätereien, unsere grausame Mißachtung der Menschen anderer Farbe oder anderen Glaubens, die Frechheit unserer widerrechtlichen Anmaßungen, die maßlose Bekehrungssucht und die Intrigen unserer Priester.» (Condocreet 1963, S. 349f)

Condocreet, der – durch den Einfluss seiner Frau Sophie – auch für die Gleichberechtigung der Frauen eintritt, formuliert in dieser Schrift die Hoffnungen der Französischen Revolution: «Daß alle Menschen die Zukunft mitbestimmen sollen, damit die Menschheit zu rationalen Einsichten gelangt und ein vernünftiges Handeln entwickelt, das zur Freiheit des einzelnen und aller Menschen befähigt, so wie die Aufklärung als einen universell gültigen Gedanken anerkennt.» (Müller 1995, S. 200) Die Idee der Gleichheit, die allerdings erst einmal nicht für die Frauen und die Völker der Kolonien galt, wird für die nachwachsende Generation nicht einmal angedacht. Dass diese eine eigene Kategorie von Menschen bilden, mit eigenen Bedürfnissen, einer eigenen Lebenswelt, war seit Rousseau Thema, aber das bedeutete nicht, dass den Kindern und Jugendlichen ein weniger autoritäres Regime gegenüber trat.

Die Philanthropen

*D*as Setzen auf «die Macht der Erziehung» – wie sie sich auch in den Veröffentlichungen der Jakobiner widerspiegelt – prägt die Erziehungstheorien des späten 18. Jahrhunderts in ganz Europa. In den deutschen Ländern, die nach den bürgerlichen Revolutionen in den Niederlanden, England und Frankreich weiterhin durch mehr oder weniger aufgeklärte Feudalherren beherrscht werden, setzen Pädagogen auf die Vervollkommnung des Menschen durch die Erziehung. Der Bürger als aufgeklärter, am Gemeinwohl orientierter, fleißiger Untertan soll das Ziel der Erziehungsbemühungen sein und so eine Veränderung der Gesellschaft «zum Guten» hin einleiten.

Die sozialen Bedingungen unter denen die Menschen in Deutschland gegen Ende des 18. Jahrhunderts lebten, waren nicht besser als die in Frankreich. Die Versorgung des agrarisch geprägten Deutschlands war durch Kriege, Missernten und abnehmende Verdienstmöglichkeiten geprägt. Eine Modernisierung wurde durch die feudale Herrschaft behindert. Während in Frankreich die politischen Ideen Rousseaus aufgenommen wurden, war es in Deutschland vor allem *Émile oder über die Erziehung*. Erziehungshilfen für die Eltern, Unterrichtshilfen für die Lehrer und pädagogische Zeitschriften boomten. Der Begriff Pädagogik löste die Begriffe Unterweisung, Erziehung oder Kinderzucht ab. In Halle wurde 1779 Ernst Christian Trapp (1745–1818) auf den ersten Lehrstuhl für Pädagogik berufen. Die Wirkung von Rousseaus *Émile* auf die deutsche «Bildungselite» ist vielleicht am besten mit folgender Anekdote umschrieben: Imanuel Kant (1724–1804), der als Hochschullehrer für seinen pedantischen Tagesablauf bekannt war, soll diesen nur einmal nicht eingehalten haben. Die Lektüre des *Émile* habe ihn so gefesselt, dass er von seinem täglichen Rhythmus abgewichen sei.

Die Bewegung, die um die Pädagogen Johann Bernhard Basedow (1723–1793), Johann Heinrich Campe (1746–1818), Christian Gotthilf Salzmann (1744–1811) und Ernst Christian Trapp entstand, kann als die erste Phase der deutschen Reformpädagogik bezeichnet werden. Die als Philanthropen bezeichneten Schulreformer entwickelten eine Unterrichtsreform und wollten die Schule als einen Lebens- und Erfahrungsraum für Kinder und Jugendliche entwickeln. Im Sinne von Rousseau und Kant traten sie ein für eine an der Lebenswelt der Kinder ausgerichtete Erziehung, die sich bei der Förderung der Vernunft an der «menschlichen Natur» orientieren sollte. Die Gesellschaftskrise führten sie auf eine fehlerhafte Erziehung zurück. Hier klingt eine Überbewertung der Erziehung an, die gut 200 Jahre später immer noch zu finden ist.

Im Mittelpunkt der philanthropischen Erziehung stand die Charakterbildung, «gemeinnützige Tugenden» wie Fleiß, Ordnung und Sauberkeit. Die angeführten Philanthropen hatten ursprünglich Theologie studiert und säkularisierten die mittelalterliche Sichtweise, in der der Mensch eigentlich für die Zeit nach seinem Tod lebt. Jetzt war das Ziel der Erziehung ein für den Arbeitsprozess gut erzogener Erwachsener. Die Forderung nach einem von der Kirche unabhängigen, staatlichen Schulwesen entsprach den gesellschaftlichen Veränderungen und den Anforderungen des erstarkenden Bürgertums.

Dazu gehörte auch eine Veränderung der Lehrmethoden. Wie schon Erasmus von Rotterdam festgestellt hatte, waren Lernerfolge besser zu erreichen durch eine Methodik jenseits des Auswendiglernens durch Wiederholung unter der «Herrschaft der Rute». Mit Bilderbüchern, die den Schülerinnen und Schülern das Verstehen erleichtern sollten, nahmen sie die Ideen des römischen Rhetoriklehrers Quintilian auf.

Diese Erziehung «vom Kinde aus», stellt aber in keiner Weise herrschende autoritäre Strukturen oder gar die soziale Hierarchie in Frage! Im Gegenteil, die Einrichtung in so genannte «große Schulen für den gemeinen Haufen» (Basedow 1971a, S. 190) und «kleine Schulen für die Kinder der gesitteten Einwohner» (Basedow 1971a, S. 191) macht deutlich, dass die Reproduktion der sozialen Gesellschaftsstruktur den Kern des Erziehungsprogramms ausmachte. In den «großen Schulen» war keine Unterteilung nach Klassen vorgesehen, denn die Kenntnisse, die den Kindern nahe gebracht werden sollten, waren minimal: «Diese Kenntnisse sind: verständlich Lesen, leserlich Schreiben, nach den Anfangsgründen, ohne demonstrative Kenntnis, Rechnen;

die für den großen Haufen gehörige Sittenlehre; soviel Einsicht von der Seele und von der Ordnung der Natur, als auch bei dem großen Haufen zur Grundlage dienen muß, wenn eine wirkliche, nicht in bloßen Worten bestehende Erkenntnis der Religion erbauet werden soll, und als auch sonst etwa zu ihrem Hauswesen und Gewerbe nützlich und unentbehrlich sein möchte; und endlich eine ebenso eingeschränkte Erkenntnis der Landesgesetze.» (Basedow 1971a, S. 190)

An die «kleinen Schulen» werden andere Ansprüche gestellt: altersgleiche Klassen, ein sehr differenzierter Lehrplan und ein genauer Tagesplan, der einzuhalten ist. Die Errichtung des Philanthropinums in Dessau durch Basedow beinhaltete eine Reihe von pädagogischen Neuerungen, wie z. B. Unterricht in naturwissenschaftlichen Fächern, Einführung des Schulsports, Vermittlung von praktischen Kenntnissen im Handwerksunterricht und bei der Gartenarbeit etc. Wie sich die «Menschenfreunde» den Umgang mit ihren Zöglingen an den Schulen vorstellten, macht die Ordnung des in Dessau von Basedow gegründeten Philanthropinums deutlich. In dieser von 1771–1793 bestehenden Schule heißt es dort bezüglich einer Bestrafung der Zöglinge: «Der Gehorsam wird, wenn er durch menschlichere Mittel nicht mehr möglich scheint, auch durch Leibesstrafen erzwungen. Wenn auch dieses, nachdem ein Pensionist ein Jahr hier gewesen ist, nicht gelingt (denn es gibt einige so verdorbne Seelen, die man in einer gemeinschaftlichen Erziehung ohne Schaden des Ganzen nicht bessern kann), so steht den Eltern die Wahl frei, ob sie ihrem Sohne hier, damit er am Unterrichte teilnehme, einen besonderen Zuchtmeister halten oder aus dem Seminar nehmen wollen.» (Basedow 1971b, S. 197)

Auch die Verurteilung der außerehelichen Sexualität, insbesondere der Masturbation, wurde zumindest in den Städten zunehmend säkularisiert. Das Verbot durch die Kirchen reichte nicht mehr aus. «Aus der Diskriminierung der Sexualität, aus dem als Bedrohung empfundenen, noch ungezügelten Geschlechtsleben heraus sind wohl allein die pädagogischen Schriften erklärbar und ihr Arsenal von präventiven und strafenden Maßnahmen, Interventionen und Apparaten nur verständlich zu machen, mit denen schon im Revisionswerk die Philanthropen gegen die erwachende jugendliche Sexualität angehen. Ihre frühesten Zeichen werden mit scharfem Auge beobachtet, die Folgen – besonders der Masturbation – werden in düstersten Farben gemalt, der Kampf gegen die Sexualität gewinnt apokalyptische Dimensionen, als hinge das Heil von Individuum und Gesellschaft davon ab.» (Tenorth 1988, S.109) Im Bereich der Sexualität, wie in anderen Bereichen auch, wurde die Autorität der Religion durch die Autorität der Wissenschaft abgelöst, ohne dass sich an den autoritären, repressiven Strukturen und Moralvorstellungen etwas änderte. Im Gegenteil, die Verzweiflung von Frauen, die ein uneheliches Kind zur Welt gebracht haben ist in dieser Zeit so groß, dass viele das Kind töten. In Deutschland wurde 1780 ein Preisgeld von 100 Dukaten für die beste Beantwortung der Frage gezahlt: «Welches sind die besten ausführbaren Mittel, um den Kindsmord zu verhüten, ohne dabei die Unzucht zu begünstigen?» In seiner Veröffentlichung *Über Gesetzgebung und Kindermord* (1783) verurteilt Johann Heinrich Pestalozzi (1746–1827) die Hinrichtung einer Frau wegen Kindesmordes, indem er sie zum Opfer eines «Verführers» macht und die gesellschaftlichen Umstände anklagt, mit denen eine Frau konfrontiert ist, die ein uneheliches Kind gebärt. Der Staat übernahm auch die Funktion des Sittenrichters, die bis dahin Privileg der Kirche gewesen war. Nicht bloß Verstöße gegen gesellschaftliche Normen, sondern auch gegen moralische Gebote wurden jetzt durch staatliche Gerichte bestraft. An einigen Orten wurde eine schwangere unverheiratete Jugendliche einen Tag lang an einen Pfahl gebunden und jeder Mann durfte sie mit Dreck bewerfen. In anderen Regionen musste eine solche junge Frau auf den Knien öffentlich und unter dem Hohn und Gespött der Anwohner die schmutzigen Straßen der Stadt aufputzen. Die «Menschenfreunde» plädierten allerdings nicht für eine Veränderung der Sexualmoral, sondern stellten ihre Erziehung als diejenige dar, die garantieren würde, dass Frauen keinen außerehelichen Geschlechtsverkehr haben würden. «So offeriert sich Mädchenerziehung als fortschrittlichere Form der Triebunterdrückung.» (Rutschky 1977, S. XXV)

Mit ihrem Anspruch, durch Bildung und Erziehung die Gesellschaft sozialer und gerechter zu gestalten, sind die Philanthropen gescheitert. Obwohl die Philanthropen angetreten waren, ein Erziehungsziel zu setzen, das die Verwertbarkeit der Bildung zum Maßstab hatte, konnten sie sich mit ihren Vorstellungen im 18. Jahrhundert nicht durchsetzen. Die Gründe sahen sie in der mangelnden Umsetzung ihrer Forderungen, vor allem der ausgebliebenen Verallgemeinerung des Schulunterrichts. Die Überschätzung der Erziehung und des Unterrichts grenzte zum Teil an Größenwahn. Die Gesellschaft mittels einer autoritären Erziehung und eines ständischen Unterrichts zu «verbessern», ja sozial gerechter zu gestalten, konnte nur scheitern. «So zeigt sich an der bürgerlichen Pädagogik der Philanthropen ein Dilemma, das für die Pädagogik der bürgerlichen Gesellschaft kennzeichnend geblieben ist: Durch Erziehung und Bildung ungerechte Ungleichheit abbauen helfen zu wollen, dies aber nicht nur nicht zu können, sondern die Entstehung und Verfestigung sozialer Schichten sogar noch zu begünstigen.» (Herrmann 1979, S. 157f)

Während in Frankreich in der Revolution versucht wurde, eine Schule zu etablieren, die als Gemeinschaftsschule sich über soziale Ungleichheiten hinwegsetzt und in Deutschland die Philanthropen eine dem aufstrebenden Bürgertum genehme Schulreformen vorschlugen, verbindet Pestalozzi die Erziehung armer Kinder mit sozialarbeiterischen Elementen. Auch er war vom *Émile* begeistert, aber in Kenntnis des harten Landlebens der Bauern und Tagelöhner entwickelt er eine andere Sicht auf «die Natur». Für Pestalozzi hat «die Natur den Menschen entlassen», die Gesellschaft ihn geprägt, und er selbst bildet daraus seine Persönlichkeit. Vor diesem Hintergrund entwickelt er seine Pädagogik, die Vehemenz, mit der er das Kind in den Mittelpunkt stellt, nötigt es am Ende genau zum «Guten», wo es der Erzieher haben will: «Der Mensch will so gerne das Gute, das Kind hat so gerne ein offenes Ohr dafür; aber es will es nicht für dich, Lehrer, es will es nicht für dich, Erzieher, es will es für sich selber. Das Gute, zu dem du es hinführen sollst, darf kein Einfall deiner Laune und deiner Leidenschaft, es muß der Natur der Sache nach an sich gut sein und dem Kind als gut in die Augen fallen.» (Pestalozzi 1799)

Beeinflusst wurde Pestalozzi nicht nur durch Rousseau, sondern auch durch die Französische Revolution. Hatte er seine Dienste dem kaiserlichen Hof in Wien angeboten, so sympathisierte er doch mit den Zielen der Französischen Revolution und wurde 1792 mit sechzehn weiteren Europäern zum Ehrenbürger Frankreichs gemacht. Doch abgestoßen von den revolutionären Gewalttätigkeiten, hielt er an seiner sozialreformerischen Bildungspolitik fest. Den Altruismus, wie ihn Pestalozzi von Lehrern und Erziehern einfordert, wurde ähnlich belacht wie Quintilians Backbuchstaben. «Ich bin doch nicht der Pestalozzi» heißt es in der Schweiz, wenn man eine Bitte nach Unterstützung ablehnen will. Die Empathie, die die Wünsche des Kindes ernst nimmt und ihnen mit Respekt begegnet, entpuppt sich bei ihm ein ums andere Mal als Trick, um sie so zu beeinflussen, dass sie dem Erzieher folgen.

Das Scheitern der Projekte Pestalozzis, ob es der heimindustrielle Betrieb mit armen Kindern oder des Waisenhauses in Stans war, wird oft den Mängeln seiner Herangehensweise zugeschrieben. Die organisatorische Unzulänglichkeit bis hin zur nachlässigen Kleidung wird von späteren Pädagogen in den Mittelpunkt gerückt. Pestalozzi steht aber für eine Entwicklung, in der die Erziehung in der Entwicklung der bürgerlichen Gesellschaft aus den Händen des Klerus und der Offiziere zu einem Teil in den Aufgabenbereich von Lehrern überführt wird, die von Erziehungswissenschaftlern auf ihre Arbeit vorbereitet werden. Die Einführung der Pädagogik als Wissenschaft setzte konsequent um, was in der Renaissance begann, nämlich die Ablösung der Priestererziehung durch eine Lehrererziehung. Die Professionalisierung von sozialfürsorglichen Maßnahmen, wie sie Pestalozzi anlegte, galt für den Bereich, der in der Antike Aufzucht und bei Kant Pflege geheißen hat. Findelhäuser gab es unter kirchlicher Aufsicht bereits seit dem 9. Jahrhundert, die Übernahme durch die Städte, zuerst im 16. Jahrhundert in den Niederlanden, markiert auch hier einen Übergang zur Verwissenschaftlichung, die gleichzeitig immer mit einem höheren Maß an Kontrolle und einer «rationalen» Begründung für bestimmte Erziehungsmaßnahmen gekoppelt ist. Daraus kann man allerdings nur ablesen, dass Sozialfürsorge-Projekte ohne Förderung keinen Bestand haben und dass sie nie mehr als der berühmte Tropfen auf den heißen Stein sein können. Während die Methodik Pestalozzis über Johann Friedrich Herbart (1776–1841) und den Herbartismus in den deutschen Volksschulen Einzug fand, verlor sich dabei die sozialreformerische, sozialarbeiterische Dimension seiner Projekte. Diese Vereinnahmung beschreibt treffend und pointiert Siegfried Bernfeld zum 100. Todestag Pestalozzis 1927 unter dem Titel *St. Pestalozzi*. Er beginnt seinen Essay mit den Worten: «Wenn die Faschisten Charly Chaplin zu ihrem Schutzpatron erhöben, wäre dies nicht halb so komisch und quer, als die endgültige Heiligsprechung ist, die Johann Heinrich Pestalozzi anläßlich des 17.2.1927 von der gesamten deutschen Pädagogenschaft zugedacht wird.» (Bernfeld 1970b, S. 117)

Auf dem Weg ins «Jahrhundert des Kindes»

*D*ie Entwicklungen im ausgehenden 18. und im 19. Jahrhundert sind selbst bei der Beschränkung auf Europa, die immer weniger möglich ist, kaum zu überschauen. Die bürgerliche Erziehung ist immer noch versucht, sich von der Macht der Kirchen zu emanzipieren, da treten mit den verschiedenen Strömungen der Arbeiterbewegung neue Auseinandersetzungen auf. Deren Diskussion befasst sich mit verschiedenen Aspekten antiautoritärer Erziehung. Der Adelige, der als Vorläufer der antiautoritären Schulen Volksbildung betreibt, ist in diesem Jahrhundert ebenso zu Hause wie der Kommunist, der die autoritäre Ordnung der Fabrik für unüberwindbar hält. Feministische Positionen finden wir genauso, wie die erste Kontrolle durch Sozialpädagogik. Vor allem aber wanken traditionelle Autoritäten. Industrialisierung, Kinderarbeit, Landflucht und Auswanderung in die Kolonien verändern die Erziehungsrealität in einem Ausmaß, das bisher in der geschichtlichen Entwicklung der Erziehung nicht bekannt war.

Indem die kirchlichen Schulen durch staatliche Einrichtungen mehr und mehr ersetzt wurden, ging die Autorität der Kirche zunehmend auf den Staat über. Die verpflichtende schulische Erziehung wurde unter die Kontrolle staatlicher Organe gestellt und das Erziehungsziel «gläubiger Christ» wurde durch das Erziehungsziel «folgsamer Bürger», respektive «fleißiger Arbeiter» zunehmend abgelöst. Die Unterrichtung und Erziehung durch die Schule wurde jedoch weiterhin durch ein Stadt-Land-Gefälle, durch soziale Herkunft und Geschlechtszugehörigkeit geprägt. Die Notwendigkeit zu lesen und zu schreiben war für das städtische Bürgertum unabdingbar geworden. Das konnte im Bürgertum auch zu der Situation führen, in der sich das Generationsverhältnis änderte: «Eines Abends, ich mochte fünfzehn Jahre alt sein, kam ein Geschäftsbrief, der mit Ungeduld erwartet war. Mein Vater war verreist; der Brief mußte erbrochen und beantwortet werden. ‹O mein Hannchen!› rief meine Mutter in bittern Tränen, ‹wenn du nur lebtest, du hättest mich längst schreiben gelehrt!› Ich war tief bewegt und erbot mich, sie zu unterrichten, so gut es mir möglich sein würde. Es wurde sogleich ein Anfang gemacht, und nach wenigen Wochen fand sich mein Vater durch einen Brief von der Hand seiner Gattin überrascht, der einen ausführlichen Bericht über den Geschäftsgang der Ziegeleiangelegenheit enthielt.» (Zelter 1983, S. 181)

Die allmähliche Durchsetzung der Schulpflicht in Europa war ein langwieriger Prozess. Schon im 16. Jahrhundert gab es erste Versuche. Laut Gesetz wurde die Schulpflicht im 18. und 19. Jahrhundert in großen Teilen Europas durchgesetzt. Aber das 19. Jahrhundert kann als Durchbruch zumindest in den Städten gesehen werden. Die preußische Verordnung vom 28. September 1717 gebietet, dass die Kinder im Winter jeden Tag und im Sommer mindestens einmal in der Woche an Orten, in denen es eine Schule gibt, diese auch besuchen. Das preußische Generallandschulreglement vom 12. August 1763 erneuert diese Pflicht. Einleitend vermerkt das Reglement, «dass das Schulwesen auf dem Lande bisher in äußersten Verfall geraten» ist. (Reble, 1971a S. 233)

Geprägt ist die Situation der Kinder vor allem in den Industriezonen Europas durch Kinderarbeit. Die Antworten der königlichen Oberpräsidenten der preußischen Regierungsbezirke auf eine Anfrage des Staatskanzlers Karl August Fürst von Hardenberg vom 5. September 1817 machten den Primat der Kinderarbeit vor dem Schulbesuch deutlich: «Zum Schulbesuch: Er ist mit der Fabrikarbeit schlecht zu vereinbaren. Er hat ergänzende Erziehungsaufgaben.» (Adolphs 1979, S. 23)

Kinder, im Extremfall schon ab vier Jahren, arbeiteten im 18. Jahrhundert als Hilfskräfte und Dienstboten genauso wie in Webereien und Spinnereien, in Kohlegruben und Erzminen. Die Arbeitszeit betrug bis zu 16 Stunden täglich. Der durchschnittliche Lohn für Kinderarbeiter betrug etwa ein Zehntel, der für Fabrikarbeiterinnen ein Drittel des Lohns eines gelernten Fabrikarbeiters. In England verbot der Factory Act von 1819 die Arbeit von unter Neunjährigen. In Preußen war auf Grund des Preußischen Regulativs ab 1839 Kindern unter zehn Jahren die Arbeit in Fabriken verboten. Die 10- bis 16-jährigen durften nicht mehr als zehn Stunden täglich und weder an Sonntagen noch nachts arbeiten. Erst 1883 wurde die Liverpool Society for the Prevention of Cruelty to Children gegründet, die gegen übermäßig harte Bestrafungen am Arbeitsplatz, wie regelmäßige Prügel und das Tauchen in kaltes Wasser, Protest organisierte. Die Situation für die Kinder ist allerdings Anfang des 19. Jahrhunderts auch in England der preußischen und französischen sehr ähnlich: «Ohnehin arbeitet eine große Menge Kinder die ganze Woche über in Fabriken und zu Hause und kann deshalb die Schule nicht besuchen. Denn die Abendschulen, wohin diejenigen gehen sollen, die des Tages beschäftigt sind, werden fast gar nicht und ohne Nutzen besucht. Es wäre auch wirklich gar zuviel verlangt, wenn junge Arbeiter, die sich zwölf Stunden lang abgeplagt haben, nun noch von acht bis zehn Uhr in die Schule gehen sollten. Und diejenigen, die es tun, schlafen dort meistens ein, wie durch den Children´s Empl[oyment] Rep[or]t in Hunderten von Aussagen konstatiert ist.» (Engels 1959, S. 339)

Der Widerstand gegen diese Schulen ging von den Jugendlichen aus und wurde häufig von den Eltern unterstützt. Dadurch, dass die Zuwanderung in den Städten hauptsächlich aus Jugendlichen bestand, waren diese auch besonders von den Missständen betroffen. Auch holten sie nicht selten die Eltern nach. In den Jahren zwischen 1750 und 1850 setzte sich die Drei-Generationen-Familie durch und die Familie übernahm eine bis dato nicht gekannte Rolle als soziale Formation. Die Jugendlichen wohnten oft bei ihren Eltern, da der Lohn in der Regel nicht ausreichte, um eine eigene Wohnung zu mieten und das Geld, das sie mit ihrer Arbeit verdienten, hatten ihre Familien in der Regel nötig. Die, in Ausnahmefällen bis zur sozialen Unabhängigkeit reichenden, Verdienste der Jugend führten stellenweise zum Autoritätsverlust der Eltern. (Gillis 1980, S. 67ff) Die ökonomische Macht, die beim Bauern durch den Besitz des Landes gegeben war, hatte der Arbeiter nicht.

Die Fabriken und die Straßenbanden übernahmen weitgehend die Enkulturation, und die Erziehungsinstitutionen Schule und Familie hatten für die Arbeiterkinder nur nachgeordnete Bedeutung. Das Leben auf der Straße, von dem die wohlmeinenden Pädagogen die Jugendlichen erlösen wollten, zogen diese der autoritären Erziehung in der Schule und der engen Wohnung ihrer Eltern nicht selten vor. Michelle Perrot zitiert einen Gerichtsbericht aus der Gazette des tribunaux von 1840: «Der Vorsitzende: Man muß zu Hause schlafen. Beasse: Habe ich ein Zuhause? —Sie leben in ständiger Landstreicherei. —Ich arbeite, um meinen Lebensunterhalt zu verdienen. —Was ist Ihr Beruf? —Mein Beruf? Erstens habe ich mindestens 36 Berufe, und zweitens arbeite ich bei niemandem. Schon seit einiger Zeit habe ich meine Jobs. Ich habe meine Tages- und meine Nachtarbeiten. Am Tag verteile ich z. B. kleine kostenlose Druckwerke an alle Passanten; ich laufe hinter den ankommenden Postkutschen her, um das Gepäck zu tragen; oder ich mache auf der Avenue de Neuilly meine Kunststücke; in der Nacht habe ich die Theater; ich öffne die Wagentüren; ich verkaufe Kontrollmarken; ich bin voll beschäftigt. —Es wäre besser für Sie, in einem guten Haus untergebracht zu sein und dort die Lehre zu machen. —Ach was, ein gutes Haus, eine Lehre, das ist mir zu blöd. Und dann noch der Herr Meister, ein ewiges Murren und Brummen und keine Freiheit. —Fragt nicht Ihr Vater nach Ihnen? —Ich habe keinen Vater mehr. —Und Ihre Mutter? —Auch nicht mehr, weder Verwandte noch Freunde, ich bin frei und unabhängig.» (Perrot 1997, S. 99f) Die aufkommende Arbeiterbewegung war zu großen Teilen auch eine Bewegung der Jugend gegen die autoritären Strukturen, denen sie unterworfen wurde, und ihr Widerstand war weit mehr als ein Gespenst. «Das 19. Jahrhundert hatte Angst vor seiner Jugend und besonders vor der Arbeiterjugend, deren Unseßhaftigkeit, Libertinage und Aufsässigkeit man fürchtete.» (Perrot 1997, S. 99) Der Sozialist Stephan Born, Druckergeselle und aktiv in der Revolte von 1848 in Deutschland, beschreibt das Gegenüber als eines von «zwei Altersgruppen, nicht zwei Klassen.» (Born 1898, zit. n. Gillis 1980, S.63)

Die Schule diente neben der Vermittlung von Grundkenntnissen, die zur Realisierung der ökonomischen und technologischen Anforderungen notwendig wurden, auch der Disziplinierung der Arbeiterjugend. Sowohl die Aufrechterhaltung der Wirtschaftsordnung wie auch die Änderung der Ausbeutungssituation erforderten einen qualifizierenden Schulunterricht.

Die Neuhumanisten

Und vollbringst du, kräftig milde,
Deiner Laufbahn reine Kreise,
Wirst du auch zum Musterbilde
Jüngeren, nach Deiner Weise.
J.W.v.Goethe

Während sich mit der Entstehung des Industrieproletariats die gesamte Struktur der europäischen Gesellschaft ändert, wird in der bürgerlichen Diskussion um Erziehung und Bildung die griechische Antike wiederentdeckt. Am Ende des 18. Jahrhunderts proklamieren die Neuhumanisten die schulische Erziehung als so genannte «Menschenbildung»: «Die öffentliche Schule ist ein Institut des Staats, also eine Pflanzschule für junge Leute, nicht nur als künftige Bürger des Staats, sondern auch und vorzüglich als Menschen. Menschen sind wir eher, als wir

Professionisten werden, und wehe uns, wenn wir nicht auch in unserm künftigen Beruf Menschen blieben!» (Herder, zit. n. Scheurl 1971b, S. 290)

Die Bildungskonzeptionen der Neuhumanisten wie Johann Gottfried von Herder (1744–1803), Friedrich Schiller (1759–1805) oder Wilhelm von Humboldt (1767–1835) wurden zwar bis auf die Universitätsgründung in Berlin nicht umgesetzt, aber sie begründeten vor allem in Deutschland eine Tradition erziehungswissenschaftlicher Theorie. Dies mag auf den ersten Blick erstaunen. Stand doch die Erziehung der Philanthropen mit ihrer auf Verwertbarkeit ausgerichteten Erziehung und das Erziehungsziel des geschulten Bürgers der Entwicklung der kapitalistischen Gesellschaft viel näher als die Menschenbildung der Humanisten. Gleichzeitig befanden sich einige deutsche Fürstentümer am Anfang der Industrialisierung, die nach Kinderarbeit und nicht nach «Menschenbildung» verlangten.

Die pragmatisch religiöse Erziehung der Philanthropen und ihre Ausrichtung an den «Ständen» wurde den gesellschaftlichen Anforderungen insgesamt allerdings nicht gerecht. Die Charakterbildung der Neuhumanisten, die sich von hier an wie ein roter Faden durch die Geschichte der autoritären Erziehung zieht, setzte an der Gleichheit aller Bürger an. In der Theorie der «Menschenbildung» abstrahierte sie vom konkreten Menschen ebenso wie das Kapital in der Nutzung der abstrakten Arbeitskraft von der konkreten Qualität der Arbeit abstrahiert.

Mit der Bildung als einem Wert an sich, versuchten die Humanisten an der Tradition der antiken Philosophenschulen anzuknüpfen. In Athen wie in Rom waren diese Schulen gedacht für die männliche Jugend der Herrschenden. Indem die Neuhumanisten diese Bildung für die «gesamte» Menschheit forderten, klammerten sie soziale Fragen aus dem Bildungskonzept aus. Rousseau und vor ihm von Rotterdam und Montaigne waren sich bewusst gewesen, dass sich ihre Erziehungskonzepte ausschließlich an Adelige wandten. Die Kinder der gesellschaftlichen Autoritäten sollten mit Hilfe ihrer Methoden, eine angemessene Erziehung erhalten und so besser auf ihre Herrschaft vorbereitet werden.

Die Idee der Neuhumanisten, eine solche Bildung für «den Menschen» zu entwickeln, musste Unterdrückungshierarchien weitgehend ignorieren, um das Versagen zu individualisieren. Erziehung wurde zu einer Gattungsfrage. Fragen der Geschlechterdispositionen und der sozialen Stellung wurden zu Themen gemacht, die in der Pädagogik als unwichtig erschienen. «Alle Schulen aber, denen sich nicht ein einzelner Stand, sondern die ganze Nation, oder der Staat für diese annimmt, müssen nur allgemeine Menschenbildung bezwecken. – Was die Bedürfnisse des Lebens oder eines einzelnen seiner Gewerbe erheischt, muß abgesondert, und nach vollendetem allgemeinen Unterricht erworben werden. Wird beides vermischt, so wird die Bildung unrein, und man erhält weder vollständige Menschen, noch vollständige Bürger einzelner Klassen.» (Humboldt 1920, S. 276) Die Säkularisierung des Bildungsgedankens, das Abheben der allgemeinen Erziehung von den konkreten Herrschaftsbeziehungen entsprach der staatlichen Verfasstheit Deutschlands im Übergang vom 18. zum 19. Jahrhundert. Existierte das «heilige römische Reich deutscher Nation» zwar de jure noch bis 1806, so wurde die faktische Herrschaft konkret von den ca. 300 einzelnen Kleinstaaten ausgeführt. Der Mensch als abstraktes Wesen wird zum Erziehungsobjekt. Dass er aber konkret in verschiedenen Herrschaftsbeziehungen eingebunden ist, kann so aus der Erziehungswissenschaft weitgehend ausgeklammert werden.

Die gottgewollte Hierarchie wird abgelöst durch die eigene Verantwortung für die Stellung in der gesellschaftlichen Hierarchie. Die öffentliche Erziehung und die Schule werden aus der Zuständigkeit der autoritären Kirche herausgelöst und in die Zuständigkeit des autoritären Staates gelegt. Die Ausklammerung der sozialen und kulturellen Voraussetzungen in der bürgerlichen Erziehungswissenschaft diskutiert das Verhalten des Menschen als gesellschaftliche Konvention. So soll eine Erziehung entwickelt werden, die als Ziel eine in der «menschlichen Natur» begründete, immer noch dem christlichen Glauben verbundene, Moral verinnerlicht. Die äußeren politischen Systeme Staat und Kirche sollen in dieser Erziehung nicht mehr als autoritäre Instanzen auftreten. Die Macht der herrschenden Verhältnisse übersehend, soll so eine Erziehung garantiert werden, die den Zögling optimal auf sein «Dasein als Mensch» vorbereitet.

Humboldt als einflussreichster Neuhumanist formuliert drei Stufen des Unterrichts: Elementarunterricht, Schulunterricht und Universitätsunterricht. In der ersten Stufe soll das Kind auf die Schule vorbereitet werden, in der zweiten Stufe das Lernen lernen und in der dritten Stufe soll der Jugendliche zum Forscher aufsteigen. Der Lehrer soll in der ersten Stufe möglich gemacht werden, in der zweiten überflüssig werden und in der dritten Stufe noch als Unterstützer fungieren. Diese «Menschenbildung» soll jedem unabhängig von der sozialen Herkunft ermöglicht werden. Unterschiede sollen lediglich vom Individuum herrühren. Bei aller Skepsis darüber, ob der Staat eine solche öffentliche Schule garantieren kann oder will, sehen die Neuhumanisten keine andere Möglichkeit, als diese Erziehung zur staatlichen Aufgabe zu erklären. Es schien kein Problem zu sein, dass lediglich die dritte Stufe mit der Gründung der Universität in Berlin umgesetzt werden konnte und so die soziale Selektion umfassend zur Geltung kam. Indem der bildungsbiografische Verlauf die Sache des Einzelnen wurde, war die faktische Ungleichheit nicht mehr gottgegeben, sondern selbst verschuldet.

Nach der Niederlage der bürgerlichen Revolution von 1848 wurden in Preussen im Rahmen einer allgemeinen reaktionären Verwaltung die Volksschulen nach den Plänen der Philanthropen konzipiert. «Das Leben des Volkes verlangt seine Neugestaltung auf Grundlage und im Ausbau seiner ursprünglich gegebenen und ewigen Realitäten und auf dem Fundament des Christentums, welches Familie, Berufskreis, Gemeinde und Staat in seiner kirchlich berechtigten Gestaltung durchdringen, ausbilden und stützen soll. Dem gemäß hat die Elementarschule, in welcher der größte Teil des Volkes die Grundlage, wenn nicht den Abschluss seiner Bildung empfängt, nicht einem abstrakten System, oder einem Gedanken der Wissenschaft, sondern dem praktischen Leben in Kirche, Familie, Beruf, Gemeinde und Staat zu dienen und auf dieses Leben vorzubereiten, indem sie sich mit ihrem Streben auf dasselbe gründet und innerhalb seiner Kreise bewegt.» (Stiehl 1971, S. 476) Die 1854 veröffentlichten Regulative regelten umfassend das Elementarschulwesen und die Lehrerausbildung für diese Schulen. Ihr Verfasser Ferdinand Stiehl (1812–1878) war Ministerialrat im preußischen Kultusministerium.

In Preußen, das nicht zuletzt durch diese Regulative bei der Durchsetzung der Schulpflicht und der Professionalisierung der Lehrer eine führende Rolle hatte, gelang so eine Loslösung von der Kirche. Leo Tolstoi benennt in seiner Polemik gegen die Schulpflicht en passant ein nicht unerhebliches Element der Zusammensetzung der ersten Lehrerschaft: «Deutschland, das Mutterland der Schule, hat in einem beinahe 200-jährigen Kampf diesen Widerstand des Volkes gegen die Schule noch nicht ganz überwinden können. Trotz der Besetzung der Lehrerstellen mit ausgedienten Soldaten und Invaliden durch die preußischen Friedriche, trotz der Strenge des Schulgesetzes, das bereits 200 Jahre besteht, trotz der Ausbildung von Lehrern in den Seminaren nach der neuesten Methode und trotz des Respekts, den der Deutsche vor dem Gesetze hat, lastet der Schulzwang noch mit seinem ganzen Gewichte auf dem Volke.» (Tolstoi 1862, hier 1985, S. 17f) Zunehmend lösten professionelle Lehrer die Priester ab, die bis ins 18. Jahrhundert hinein das Monopol auf die außerfamiliäre Erziehung hatten. In Preußen waren es vor allem ehemalige Militärs, die in den Schuldienst übernommen wurden; gleichzeitig gilt ab 1814 in Preußen die allgemeine Wehrpflicht: «Die Schule der Nation». In der Ablösung von den «Priestern» als Erzieher greifen die «Friedriche» auf die andere Gruppe der Erzieher zurück, die Unteroffiziere und Offiziere. Die langsame Abkehr von der «Rute» wird nun durch den «Kasernenton» ersetzt. Dabei wird der Einfluss der Kirche zu keinem Zeitpunkt völlig zurückgedrängt.

Gesellschaftskritik und Schulerziehung

*D*ie staatlich geführte Schule wird von Beginn an vor allem von anarchistischen Gegnern des Kapitalismus kritisiert. Willliam Godwin (1756–1836) gilt als einer der ersten Kritiker der staatlichen Gemeinschaftsschule, obwohl in England die Schulpflicht bis zu seinem Tode noch nicht eingeführt war. «Unsere Klugheit liegt darin, Menschen dazu anzuregen, für sich selbst zu handeln, und nicht darin, sie im Stadium ewiger Unmündigkeit zurückzuhalten. Wer lernt, weil er zu lernen begehrt, wird den Unterweisungen, die er erhält, Gehör schenken und ihren Inhalt begreifen. Wer lehrt, weil er zu lehren begehrt, wird seiner Beschäftigung mit Enthusiasmus und Energie nachgehen. Aber in dem Moment, in dem es eine politische Institution unternimmt, jedem Mensch seinen Platz zuzuweisen, werden sich all ihrer Obliegenheiten mit Nachlässigkeit und Gleichgültigkeit entledigen.» (Godwin 1990, S. 35) Der Staat war für ihn nur Erfüllungsgehilfe wirtschaftlicher und politischer Eliten. Er würde folgerichtig die Schulen nur zur Indoktrination und zur Reproduktion seiner Ideologie einsetzen. Godwin übersieht bei dieser Kritik die soziale Dimension seiner Schulpläne, die zur Folge hätten, dass die Schule zur Einrichtung von Privilegierten würde. Seine Frau Mary Wollstonecraft (1759–1797) hat hingegen diese Dimension sehr deutlich im Blickfeld. Sie fordert eine nationale Gemeinschaftserziehung, um für alle Kinder einen Unterricht zu ermöglichen. In ihrer bekanntesten Veröffentlichung, der *Verteidigung der Rechte der Frauen* (1793, hier 1975) wird deutlich, dass sie sich von einem System der nationalen Erziehung auch positive Auswirkungen auf die Emanzipation der Frau erhofft. Darüber hinaus lehnt sie das Rousseausche Verhältnis von einem Erzieher zu einem Zögling ab, das Godwin favorisiert. In diesem «Beziehungsstreit» wird eine lang andauernde Auseinandersetzung vorgezeichnet; die Auseinandersetzung um eine staatliche Gemeinschaftsschule versus Kritik der Schulpflicht und des Autoritarismus, die bis heute nicht aufgelöst werden konnte.

Godwin nimmt die Kritik seiner Frau auf und kommt zu der Überzeugung: «Jede Erziehung ist Despotismus. Es ist vielleicht unmöglich für die Jugend, angeleitet zu werden, ohne mit vielen Formen der Tyrannei blinden Gehorsams bekannt gemacht zu werden. Geh dorthin; tu dieses; lese; schreibe; steh´ auf; lege dich hin; wird vielleicht für immer die Sprache der Älteren gegenüber der Jugend sein. Wir haben hier nur die Formen der Erziehung, wie sie zur Zeit praktiziert werden, betrachtet. Vielleicht wird eine abenteuerliche und furchtlose Philosophie dazu führen, sie beide zurückzuweisen und danach streben, eine Form zu entdecken, die völlig anders ist.» (Godwin zit. n. Heinlein 1991, S. 30) Hier wird zum ersten Mal die Forderung gestellt, eine antiautoritäre Erziehung zu entwickeln. In seiner Hoffnung fließt die Kritik der Aufklärung genauso ein wie soziale Forderungen, die Einforderung altruistischen Vermögens und eine Kritik der Generationsdispositionen.

Für die bürgerliche Pädagogik war die Frage der Spannung zwischen individueller Freiheit und gesellschaftlichem Zwang seit dem Neuhumanismus die elementare Frage. Die Erziehung soll dem Zögling einen ausgewogenen, wohlerzogenen Charakter zufügen, so dass er sich dieser Spannung angemessen stellen kann. Die Methoden sollen dabei angemessen sein.

Die revolutionären Strömungen, die sich 1862 auf der Weltausstellung in London zur Internationalen Arbeiter Association zusammenfinden, und die Theoretiker der Volksbildung nehmen dagegen die Auseinandersetzung Godwin–Wollstonecraft auf. In seiner Polemik gegen die «Antiautoritarier» bemerkt Friedrich Engels (1820–1895), dass die «politische Autorität in Folge der nächsten sozialen Revolution verschwinden» werde (Engels 1962, S. 308), aber die Autorität der Fabrik würde bleiben: «Wenigstens was die Arbeitsstunden betrifft, kann man über die Tore dieser Fabriken schreiben: Laßt alle Autonomie fahren, die ihr eintretet.» (Engels 1962, S. 307) Ohne dass Engels diesen Satz in Bezug auf die Erziehung formulierte, wies er hier denjenigen Pädagogen des Marxismus den Weg, die sich seiner autoritären, teleologischen Variante verpflichtet fühlen. Die Zukunft wird Schritt für Schritt zum Kommunismus führen. Dies ist nur durch ein Regiment der Arbeit möglich. An dieses Regiment muss die Jugend herangeführt werden, und sich diesem Diktat unterwerfen. Die Auseinandersetzung um Autoritarismus in der sozialistischen Debatte entbrannte Anfang des 19. Jahrhunderts und dominierte die Auseinandersetzung über Erziehung für fast 200 Jahre. Die gemeinsame Ablehnung des bürgerlichen Erziehungssystems, genau wie der religiösen Autoritäten, die Kritik des bürgerlichen Staates, der als «ideeller Gesamtkapitalist» dafür Sorge trägt, dass eine Enkulturation im Interesse der Reproduktion der Gesamtgesellschaft (einigermaßen) funktioniert und (zumindest in der Theorie) die Ablehnung autoritärer sexueller Unterdrückung, wog weniger als diese Differenzen.

Arbeiterbewegung und Erziehung in Deutschland

Die deutsche Arbeiterbewegung hatte ihre Anfänge in den Arbeiterbildungsvereinen, die parallel zur Industrialisierung gegründet wurden. Die ersten Arbeiterbildungsvereine wurden in deutschen Ländern um 1830 ins Leben gerufen. Die Gründer kamen aus dem liberalen Bürgertum, waren Handwerker oder Arbeiter. Der Schwerpunkt ihrer Bildungsarbeit lag in der Vermittlung von Wissen und Bildung allgemeiner und fachlicher Art, aber gerade in den von Arbeitern dominierten Vereinen ging es auch um politische Tagesereignisse. Der «Bund der Gerechten» um Wilhelm Weitling (1808–1871) war ein Übergang vom Bildungsverein zu einer politischen Partei, dem «Bund der Kommunisten», aus dem Weitling aber bald ausgeschlossen wurde. Im Februar 1848 veröffentlichten Karl Marx und Friedrich Engels in London im Auftrag des Bundes der Kommunisten das *Kommunistische Manifest*. Dort heißt es: «Werft ihr uns vor, daß wir die Ausbeutung der Kinder durch ihre Eltern aufheben wollen? Wir gestehen dieses Verbrechen ein.

Aber, sagt ihr, wir heben die trautesten Verhältnisse auf, indem wir an die Stelle der häuslichen Erziehung die gesellschaftliche setzen.

Und ist nicht auch eure Erziehung durch die Gesellschaft bestimmt? Durch die gesellschaftlichen Verhältnisse, innerhalb derer ihr erzieht, durch die direktere oder indirektere Einmischung der Gesellschaft, vermittelst der Schule usw.? Die Kommunisten erfinden nicht die Einwirkung der Gesellschaft auf die Erziehung; sie verändern nur ihren Charakter, sie entreißen die Erziehung dem Einfluß der herrschenden Klasse.

Die bürgerlichen Redensarten über Familie und Erziehung, über das traute Verhältnis von Eltern und Kindern werden um so ekelhafter, je mehr infolge der großen Industrie alle Familienbande für die Proletarier zerrissen und die Kinder in einfache Handelsartikel und Arbeitsinstrumente verwandelt werden.» (Marx; Engels, hier 1950, S. 39) Während Marx in der *Deutschen Ideologie* die Kinder zu «Sklaven des Mannes» machte, sprachen er und Engels hier von der Ausbeutung der Kinder in der Familie. Die Herrschaftsverhältnisse gegenüber der nachwachsenden Generation, die Marx anspricht, werden aber von den «Marxisten», vor allem in den Parteien, nicht beachtet.

Nach der Niederschlagung der Revolution von 1848 wurden viele Arbeiterbildungsvereine aufgelöst. Für Arbeiter galt ein Vereinigungsverbot. Auf Beschluss des Frankfurter Bundestages vom 13. Juli 1854 verpflichteten sich alle Bundesländer der verschärften Verfolgung aller Arbeiter- und Arbeiterbildungsvereine. Auch wenn diese Vereine und ihre Wanderlehrer im Grunde Erwachsenenbildung betrieben, waren es vor allem Jungarbeiter und Gesellen, die von den Bildungsveranstaltungen angesprochen wurden. Ihr antiautoritärer Charakter lag der Form nach vor allem in der Freiwilligkeit der Teilnahme an diesen Veranstaltungen; dem Inhalt nach darin, dass dort die herrschenden Verhältnisse kritisiert wurden. Im Grunde handelte es sich bei diesen Bildungsveranstaltungen um eine proletarische Variante der antiken Philosophenlesungen.

Mit dem Nachlassen der politischen Repression nach 1860 gab es für die Arbeiterbildungsvereine eine neue Expansionsphase. In Leipzig spaltete sich eine Minderheit der Mitglieder ab, die sich vom Liberalismus distanzierten und eine stärker politische Ausrichtung forderten. Diese Gruppe bildete die Keimzelle des Allgemeinen Deutschen Arbeitervereins (ADAV). Er wurde am 23. Mai 1863 in Leipzig gegründet und gilt als die erste von mehreren Vorläuferparteien der späteren SPD. Ebenfalls 1863 wurde der Vereinstag Deutscher Arbeitervereine (VDAV) gegründet. Stand dieser anfangs noch unter bürgerlichem demokratischen Einfluss, so bildete er unter dem Einfluss von August Bebel und Wilhelm Liebknecht eine der Wurzeln der Sozialdemokratischen Arbeiter Partei Deutschlands (SDAP).

1869 wurde die am Marxismus orientierte SDAP in Eisenach gegründet, die sich 1875 mit dem ADAV zur Sozialistischen Arbeiterpartei Deutschlands (SAP) zusammenschloss, in der der Einfluss der Marx'schen Theorie zunahm. Die SAP benannte sich 1890, nach der Aufhebung der Sozialistengesetze (1878–1890), in Sozialdemokratische Partei Deutschlands (SPD) um. Früher als in anderen Ländern entstanden so in Deutschland sozialdemokratische Parteien. Sie entstanden vor dem Hintergrund des raschen Aufschwungs der Industrialisierung und der dadurch zahlenmäßig größer werdenden Arbeiterklasse. Intellektuelle Führerpersönlichkeiten wie Ferdinand Lasalle und Wilhelm Liebknecht (1826–1900) nutzten den politischen Konflikt zwischen Bourgeoise und Adel für ihre Organisationsprojekte. Die Bildungsarbeit spielte auch in den gegründeten sozialdemokratischen Parteien eine wichtige Rolle. Sie diente allerdings zunehmend der Heranführung an die Partei.

In erziehungspolitischen Fragen forderte die SPD gegen Ende des 19. Jahrhunderts eine obligatorische staatliche Volksschule. «Allgemeine und gleiche Volkserziehung durch den Staat» (Zit. n. Marx, hier 1962, S. 30) heißt es im Gothaer Programm von 1875. Diese auch vom liberalen Bürgertum geforderte staatliche Schulerziehung wurde nicht nur von den Anarchisten, sondern auch vom linken Flügel der Sozialdemokratie scharf zurückgewiesen. «Ganz verwerflich ist eine ‹Volkserziehung durch den Staat›. Durch ein allgemeines Gesetz die Mittel der Volksschulen bestimmen, die Qualifizierung des Lehrerpersonals, die Unterrichtszweige etc., und, wie es in den Vereinigten Staaten geschieht, durch Staatsinspektoren die Erfüllung dieser gesetzlichen Vorschriften überwachen, ist etwas ganz andres, als den Staat zum Volkserzieher zu ernennen! Vielmehr sind Regierung und Kirche gleichmäßig von jedem Einfluß auf die Schule auszuschließen.» (Marx 1962, S. 30)

In der deutschen Arbeiterbewegung gibt es in dieser Zeit auch Versuche, Initiationsriten, zum Übergang in das Erwachsenenleben, die mit Kommunion, Firmung und Konfirmation im Wesentlichen im kirchlichen Kontext stattfinden, durch eigene Veranstaltungen in ihrem Sinne zu gestalten. In Hamburg und Berlin wurden um 1890 «in der Absicht den kirchlichen Einfluß auf die Arbeiterjugend zurückzudrängen, sozialistischer Jugendunterricht und sozialistische Jugendweihen für die Zeit nach der Schulentlassung eingeführt. Der Jugendunterricht war Bestandteil der Jugendweihe. Die Weihefeiern selbst gestalteten sich zu großen proletarischen Jugendfesten, die jährlich Tausende von Besuchern zählten und die von den proletarischen Kulturorganisationen getragen und ausgestaltet wurden, besonders von den proletarischen Freidenkern und den Arbeitergesangsvereinen mit ihren dramatischen Abteilungen.» (Werder 1974, S. 76) Die Unterrichtung für das Erwachsenenleben als Teil der Initiation fand auch im Kommunions- und Konfirmandenunterricht statt, die Abschlüsse an den höheren Schulen sind im Grunde säkularisierte Formen. Hier finden wir allerdings einen Initiationsritus, der gegen die staatlichen und kirchlichen Riten gewandt deren Autorität in Frage stellt.

Um 1900 änderte sich mit dem zunehmenden Einsatz der elektrischen Energie und des Fließbandes nicht nur die Arbeit, sondern mit dieser Veränderung ging auch eine Ausweitung der Jugendzeit für die Arbeiterklasse einher. In Schule und Berufsschule gab es mehr als zuvor altershomogene Gruppen. Die jüngere Generation schaffte sich zugleich eigene Organisationen, die in der Regel einer Erwachsenenorganisation angeschlossen waren. Aber auch innerhalb der Arbeiterbewegung kam es trotz einer Zunahme der Kinderarbeit durch die Simplifizierung von Arbeiten (Fließband) zu autonomen Jugendorganisationen. Hier wie bei den bürgerlichen Jugendorganisationen waren die Beziehungen zu den Erwachsenenorganisationen aber durchweg von Streitigkeiten gekennzeichnet.

Otto Rühle (1874–1943) ging für 1895 von rund einer Million Kindern, «der achte Teil der damals im Deutschen Reiche überhaupt vorhandenen Schulkinder», aus, die in Landwirtschaft, Industrie und im Dienstleistungsgewerbe arbeiteten. (Rühle 1922, S. 274f) Die Arbeitszeiten betrugen bis zu zehn Stunden täglich und der Verdienst betrug einen Bruchteil des männlichen Arbeitslohnes. Doch in der Volksschule ging es den Kindern und Jugendlichen nicht besser. «In dem quälend unbefriedigenden und abstoßend häßlichen Betriebe der Volksschulerziehung ist das peinlichste und empörendste Kapitel die Prügelstrafe.» (Rühle 1922, S. 264)

Doch nicht nur in der Schule wurden die Kinder geprügelt. «Es ist schlimm, bestätigen zu müssen, mit welcher Selbstverständlichkeit, Ausdauer und Härte in proletarischen Familien noch geprügelt wird.» (Rühle 1922, S. 265) Einem Verein in Berlin, der Fälle von Kindesmisshandlung bearbeitet, wurden vom 1.1.1907 bis zum 31.12.1909 510 Fälle von Kindesmisshandlung gemeldet. Davon kamen fünf aus den «höheren», 47 aus den «mittleren» und 458 aus den «unteren» Schichten.

(Rühle 1922, S. 267f) Die Situation, die Anfang dieses Jahrhunderts geherrscht hatte, war trotz der Durchsetzung der Schulpflicht, trotz Humboldt, Rousseau und Pestalozzi nicht ein bisschen besser geworden.

Aus der Arbeiterbewegung in Deutschland kam aber zunehmend Kritik an diesen Verhältnissen und mit Otto Rühle und Siegfried Bernfeld fühlten sich zwei Kritiker mit dieser Bewegung verbunden, die die Forderung nach antiautoritärer Erziehung auch und gerade für die Arbeiterkinder und Jugendlichen formulierten.

Otto Rühles antiautoritäre Position

Geboren in Großvoigtsberg bei Freiberg in Sachsen als Sohn eines Eisenbahnbeamten konnte Rühle aufgrund eines Stipendiums ein Lehramtsstudium in Oschatz absolvieren. In dieser Zeit begann er jugendlichen Arbeitern Vorträge zu halten. Zwischen 1907 und 1913 hatte Rühle, der als Lehrer wegen seiner Zugehörigkeit zur SPD nicht in den Schuldienst durfte, als Wanderlehrer Basisunterricht gegeben. Er übernachtete immer bei den Arbeitern, die auf seinen Vorträgen gewesen waren, um so einen persönlichen Kontakt zu ihnen zu bekommen. Von 1912 bis 1918 war er sozialdemokratisches Mitglied des Reichstages. Am 20. März 1915 stimmten er und Karl Liebknecht als einzige Abgeordnete gegen die Bewilligung der Kriegskredite. In seiner Zeit als Wanderlehrer setzte er sich auch mehr und mehr mit der Situation der Frauen und der Kinder auseinander. Seine Kritik an der SPD richtete sich auch gegen deren fehlendes Interesse an der Situation von Frauen und Kindern.

In seinen Ausführungen gegen die Prügelstrafe, für die Koedukation, gegen Hausarbeiten und Noten, wandte er sich gegen die autoritären Strukturen, die den Schulunterricht in den Volksschulen des deutschen Reiches prägten. «Rute und Stock gehören zu den Inventarien der deutschen Schule, weil das ‹Prügeln eine deutsche Gewohnheit ist›.» (Rühle 1922, S.41) Einen bezeichnenden Blick auf die deutsche Lehrerschaft gibt sein Hinweis, «als vor einigen Jahren der preußische Kultusminister einen Erlaß veröffentlichte, der die Beseitigung der Prügelstrafe aus der Schule anstrebte, erhob sich in der gesamten Lehrerschaft ein fast einstimmiger Protest, bis der Prügelerlaß wieder zurückgenommen war.» (Rühle 1922, S. 42) Der süddeutsche Lehrer Jakob Häberle, der beinahe 52 Jahre bis zum Anfang des 19. Jahrhunderts als Lehrer sein Unwesen trieb, hatte über seine Prügeleien Buch geführt. Der liberale Schulrat Heinrich Stephani (1761–1850), war auf seinen Inspektionsreisen auf diesen «Stockmeister» gestoßen: «Johann Jakob Häberle, Collega jubilaeus einer kleinen schwäbischen Stadt, hatte während seiner 51jährigen und 7monatigen Amtsführung nach einer mäßigen Berechnung an die ihm anvertraute Schuljugend ausgeteilt: 911.517 Stockschläge, 24.010 Rutenhiebe, 20.989 Pfötchen und Klapse mit dem Lineal, 136.715 Handschmisse, 10.235 Maulschellen, 7.905 Ohrfeigen, 1.115.800 Kopfnüsse, 12.763 Notabenes mit Bibel, Katechismus, Gesangbuch und Grammatik, 777 mal hatte er Knaben auf Erbsen knien lassen, 613 auf ein Stück Holz, 5.001 Schüler mußten den Esel tragen.»[1] (Stephani 1961 S. 192)   Häberle hatte nicht nur buchgeführt, wieviel er gestraft hatte, sondern auch wofür die Strafen erteilt wurden. Die Geisteshaltung, dass der autoritäre Stil gepaart mit einer bürokratisch peniblen Abrechnung Grundlage einer gewissenhaften Erziehung ist, spiegelte eine Gesellschaft, in der autoritäre Strukturen als unausweichlich gelten, wenn sie nur ordentlich gesetzestreu durchgeführt und dokumentiert werden. Die Beantwortung der Frage, ob Lehrer Haeberle als ein Vordenker einer gewissen Form der Evaluation gewertet werden kann, sei einmal dahingestellt.

In seiner von der SPD herausgegebenen Schrift *Die Volksschule, wie sie sein sollte* (1911) fordert Rühle die staatliche unentgeltliche Volksschule für alle. Die Schule sollte kostenlos sein, Lehrmittelfreiheit wie auch Schulspeisung gehörten ebenfalls zu seinen Forderungen. Im Mittelpunkt stand für Rühle die Wissensvermittlung als soziales Recht. Die Schule, wie er sie vorfand, in hässlichen Gebäuden und Anschauungsunterricht, in dem noch nach den Methoden des Comenius Frontalunterricht erteilt wurde, war für die Wahrnehmung dieses sozialen Rechts denkbar ungeeignet. Den «Wissens- und Gemütsunterricht» verurteilte Rühle aufs Schärfste. Eine Volksschule, in der das Recht auf Bildung angemessen durchgeführt wurde, fand er vor allem in der Kopenhagener Schule der «dänischen Ge-

---

1   Aus heutiger Sicht erscheint eine solche «Prügelorgie» unwahrscheinlich. Nicht so den Zeitgenossen Häberles, die Volksschulklassen von ca. 80 Kindern gewohnt waren, in denen der Lehrer die körperlichen Strafen wie am Band im Vorbeigehen austeilte. Auch ist nicht belegt, ob ein Teil der Strafen von ausgewählten Helfern im Auftrag Häberles ausgeteilt wurden, auch wenn die Quellen von Stephani bis Rühle den Lehrer selbst als ausführendes Organ benennen.

sellschaft». In diesen Schulen wurde eine integrierte Ausbildung in handwerklichen und intellektuellen Fähigkeiten betrieben. Das Tischlerhandwerk wurde z.B. von einem deutschen Lehrer gelehrt, der während des Unterrichts Deutsch redete. Die Kinder schrieben, druckten und banden ihre Bücher selbst. Rühle hob hervor, dass die Kinder dort nicht geschlagen werden und dass es keine Noten gab. (Rühle 1911, S. 25.f) Arbeit[1] und Natur charakterisieren die inhaltliche Ausrichtung der von Rühle geforderten Volksschule. Die «übliche Lern- und Drillmethode» entfremdete die Kinder von der Natur und dem Menschen als soziales Wesen. «Während draußen vor der Tür vielleicht ein Hund mit munterem Gekläff herumspringt, bespricht drinnen der Lehrer mit 80 und mehr zu lärmender Aufmerksamkeit gezwungenen Kindern unter zu Hilfenahme eines Wandbildes im Schweiße seines Angesichts einen Hund.» (Rühle 1911, S. 30)

Das kindliche Spiel betrachtete Rühle als Arbeit, dabei wurde in einer 1904 erschienen Veröffentlichung deutlich, wie für Rühle nicht nur das Ziel der Erziehung eine Bedeutung hat, sondern dass das Glück des Kindes für ihn eine wesentliche Rolle spielte: «Ein gesundes Kind kann nicht still, nicht untätig sein. Das kleine Mäulchen plappert immerzu, der Kopf und die Augen sind unausgesetzt in Bewegung, Hände und Füße haben keine Minute Ruhe. Alles lebt, alles folgt dem Triebe, sich zu regen und zu bewegen. Und in dieser Tätigkeit, diesem Schaffenseifer fühlt sich das Kind am wohlsten, ist es glücklich und zufrieden.» (Rühle 1904, S. 5) Die kreative Lust am Schaffen und dazu zählte Rühle auch das Zerstören, wenn es hin und wieder auftrat, war für ihn Natur des Kindes, an der sich die Erziehung auszurichten hat und nicht umgekehrt die Erziehung dem Kind diese natürlichen Regungen austreiben soll.

Rühle, der während seiner Reichstagszeit für die SPD im Parlament nur zu Erziehungsfragen reden durfte, war nie der angepasste Mitläufer. In seiner Forderung nach allgemeiner Wehrpflicht gab Rühle in *Die Volksschule, wie sie sein sollte* sozialdemokratische Positionen wieder, nicht ohne den Hinweis, dass in der Schweiz, die ein Milizheer eingeführt hat, 7,5 Francs für Bildung und 4,40 Francs für das Militär ausgegeben werden, wäh-

---

1   Rühle übernimmt dabei den von Marx und Engels geprägten Begriff der Arbeit. Der Ablehnung von Lohnarbeit als ausbeuterischer, entfremdeter Arbeit steht hier die Arbeit als Ausdruck kreativer Tätigkeiten gegenüber.

rend es in Deutschland 2,5 Francs für die Bildung und 12,45 für das Militär sind. In Russland betrugen die Ausgaben 10,25 zu 0,15 Franc zu Gunsten des Militärs. (Rühle 1911, S. 41)

Je länger sich Rühle mit den Ursachen der autoritären kapitalistischen Erziehung beschäftigte, um so radikaler und umfassender wurde seine Kritik. Der Bruch mit der SPD, seine Beteiligung an der Gründung der KPD, der Bruch mit dem Stalinismus und sein Streit mit Leo Trotzki in Mexiko, wohin er vor dem Nationalsozialismus emigrierte, das alles macht deutlich, wie kompromisslos Rühle seine Überzeugungen verfolgte.

Während er in den Schriften vor dem I. Weltkrieg die Familie in veränderter Form auch für den Sozialismus voraussah, war seine Vorstellung in den 20er Jahren von der Idee geprägt, dass die Kinder nicht «Privateigentum» ihrer Eltern wären. (Rühle 1920, S. 12ff) Er machte in diesem Zusammenhang nicht mehr allein die kapitalistische Produktionsweise zum Verantwortlichen der autoritären Erziehung, sondern vor allem das Privateigentum, das seiner Meinung nach in der Phase der Sesshaftwerdung des Menschen zum ersten Mal etabliert wurde und seitdem immer neue Formen entwickelte. Die von Engels als unabänderlich beschriebene Diktatur der Fabrik hat auch noch für Rühle Bestand. Die Kinder sollen durch den schon beschriebenen Arbeitsunterricht an die Disziplin der Fabrik herangeführt werden. Die Freiheit des Individuums wird lediglich durch die Arbeitsdisziplin eingeschränkt. (Rühle 1920, S. 28) An diese Disziplin soll das Kind herangeführt werden. «Als Richtschnur und Korrektiv entsteht eine Arbeitsdisziplin, die ihre äußerste Exekutive in einem gewählten Betriebsgerichtshofe findet, der Faule, Unpünktliche, Widerspenstige und andere unsoziale Elemente zur Rechenschaft zieht und eventuell bestraft. Im übrigen sind Strafen, in welcher Form auch, unter allen Umständen ausgeschlossen.» (Rühle 1920, S. 28) Rühle, der Anfang der 20er Jahre mit den Rätekommunisten sympathisierte, hielt ein System ähnlich einer politischen Organisierung in der Form von Räten, bei denen vom Betrieb, vom Wohnviertel aus, die Gesellschaft organisiert wird, auch für die Erziehung für möglich: Eltern und Erziehende sollten sich in Räten organisieren und auch Schülerinnen und Schüler sollten einen Schülerrat bilden. Die konkrete Ausformung sollte nach der von Rühle erwarteten Revolution in der Praxis entwickelt werden. Die Schule, die nach dieser Revolution aufgebaut würde, sah er als einen Teil der Errichtung einer «klassen-, staaten- und herrschaftslosen Gesellschaft» (Rühle 1920, S. 42)

Nachdem seine erste Frau Johanna Rühle, die 1917–1919 das Kinderheim Muldau, in dem auch Rühle unterrichtete, geleitet hatte, 1920 starb, heiratete er 1922 die Individualpsychologin Alice Gerstel (1896–1942). Die Zusammenarbeit der beiden generierte eine Verbindung zwischen der psychologischen Schule Alfred Adlers (1870–1937) und dem Marxismus. Adler sah den Menschen nicht als ein seinen (Sexual-)Trieben ausgeliefertes Wesen, sondern als ein nach Zweckstreben und Machtanspruch bewusst handelndes, sozial-kämpferisches Individuum. Der Mensch sucht demnach nach endgültigen Lösungen. Diese Sichtweise passte in das Weltbild Rühles, nach dem die Menschheit auf die historische Erlösung im Kommunismus hinarbeitete. Der Individualismus ist dabei für ihn nur eine historische – wenn auch Jahrtausende andauernde – Zwischenphase der Menschheit.

Eine Konsequenz aus dieser Zusammenarbeit war das 1925 veröffentlichte Buch *Die Seele des proletarischen Kindes*. Die Aufhebung des Widerspruchs zwischen Kapital und Arbeit, so dachten im Übrigen alle Sozialisten dieser Zeit, würde auch den Weg frei machen für den Abbau aller anderen Unterdrückungen. Sein Bruch mit der Sozialdemokratie und später mit der KPD wurde an der Oberfläche ausgelöst durch fehlende politische Radikalität. Allerdings handelte es sich bei seinen Beschreibungen der «proletarischen Familie» um Dokumente, in denen die Unterdrückung der Frau und die Unterdrückung des Kindes zum Thema gemacht wurden. Solche Themen wurden in der an der männlichen Arbeiterschaft ausgerichteten Parteien weder verstanden noch gewollt. Seine letztendlich antiautoritäre Geisteshaltung musste ihn außerdem zwangsläufig in Konflikt mit diesen hierarchischen, zentralistisch organisierten Parteien bringen.

«Mindestens die Hälfte der arbeitenden Frauen ist verheiratet, für sie bedeutet die Erwerbsarbeit ein dreifaches Joch, denn sie sollen Lohnarbeiterin, Hausfrau und Mutter zugleich sein.» (Rühle 1922, S. 53) Dieser Beschreibung folgend, forderte Rühle die Aufhebung dieses dreifachen «Jochs». Bemerkenswert ist hier, dass Rühle nicht von einer Doppelbelastung spricht. Für ihn ist klar, dass Koch und Lehrer zwei unterschiedliche Berufe und Belastungen sind. Die Situation des proletarischen Kindes, die im Zentrum seiner Untersuchungen und politischen Forderungen stand, rückte die Unterdrückung auch durch die Eltern in den Blickpunkt. Dabei betonte er, dass es die Umstände sind, die die Eltern so autoritär gegenüber ihrem Kind handeln ließen. Doch die Kinder und, quasi als letztes Glied in der Unterdrückungskette, die Mädchen, sah er der mehrfachen Unterdrückung ausgesetzt. «Es steht einer plutokratischen und maskulinen Kultur gegenüber, die eine Kultur der Erwachsenen, der Senioren ist. Handelt es sich um ein proletarisches Mädchen, so drückt das Gewicht einer dreifachen Ueberlegenheit auf seine sozialpsychische Position. Es ist als Glied der proletarischen Klasse, als Kind und als Mädchen kulturell verkürzt, geschmälert und geprellt.» (Rühle zit. n. Sturzenegger, 1989 S. 74)

Dass es eine Unterdrückung der Jugend auch jenseits des Proletariats gibt, übersah Rühle 1925 nicht (mehr). «Die bürgerliche Jugend geriet [...] in eine schwere Krisis, die als Negation der überkommenen Kulturgesinnung und Opposition gegen die Tyrannei der Erwachsenen einsetzte. Der Ausdruck dieser Krisis war die Wandervogelbewegung.» (Rühle 1925, S. 165) Der Wandervogelbewegung der kleinbürgerlichen Jugend standen die Kinder und Jugendlichen des Proletariats gegenüber, für die die Straße die einzige Alternative zu der oft viel zu engen Wohnung war. Die «Verwahrlosung» der Jugend war für Rühle eine widersprüchliche Erscheinung. Einerseits sah er darin die Möglichkeit der Jugendlichen sich autonom zu organisieren und Widerstand zu leisten. (Rühle 1925, S. 118) Auf der anderen Seite beschrieb er in *Das proletarische Kind*, wie das Straßenleben zur individuellen Kriminalität führte, wie aus der Armut der jungen Frauen die Prostitution wurde und wie beides in der «Fürsorgemisshandlung» und dem «Kerker» endete. (Rühle 1922, S. 295ff)

Rühle nahm die Forschungen zur Menschheitsgeschichte auf, betrachtete insbesondere die Entwicklung des Privateigentums und die damit verknüpften Formen der Ehe und der Stellung der Frau. Er brachte antiautoritäre Elemente in seine «Revolutionsforderungen» ein, die ihn im mexikanischen Exil zu einem vehementen Totalitarismuskritiker werden ließen.

Schon in seiner Propagandaschrift *Sozialisierung der Frau* bemerkte er einleitend: «Nicht nur die Produktionsverhältnisse und die Stellung des Menschen im Wirtschaftsprozeß, auch die Generationsverhältnisse und die Beziehungen der Geschlechter zueinander verändern sich mit den Stufen und Phasen der geschichtlichen Entwicklung.» (Rühle 1921, S. 5) Aufgrund seiner Beobachtungen der Unterdrückung von Frauen und Kindern kam er anarchistischen Auffassungen sehr nahe, doch war seine antiautoritäre Haltung und der Einfluss der Individualpsychologie immer von einem ökonomischen Determinismus

geprägt, der zum einen verhinderte, dass für Rühle gesellschaftliche Prozesse zu einem reinen Willensakt der revolutionären Bewegung wurden, zum anderen aber die gemachten
Beobachtungen eingrenzte. Indem er die Reproduktion des
Menschen («das Streben nach Fortpflanzung der Rasse») auf
einer Stufe mit der Produktion diskutierte, ging er bereits über
das Schema von Haupt- und Nebenwiderspruch hinaus. Er leitete dann allerdings die Reproduktion wieder sehr schematisch
aus den Machtverhältnissen basierend auf den Produktionsver-
hältnissen ab. In Deutschland hat es bis in die sechziger Jahre
des vergangenen Jahrhunderts gedauert, bis die Beiträge sowohl Otto Rühles wie auch die von Alice Rühle-Gerstel überhaupt wieder in die Diskussion kamen. Doch wurde in der Hin-
führung des Begriffs «antiautoritäre Erziehung» auf eine möglichst herrschaftsfreie Form der Erziehung die soziologische Dimension des Begriffs häufig verdrängt.

Die Forderung nach einer antiautoritären Erziehung galt
nicht nur für das Ehepaar Rühle, sondern in anderer Art und
Weise auch für Siegfried Bernfeld. Für letzteren gaben die Psychoanalyse und die Jugendbewegung maßgebliche Einflüsse
für seine antiautoritäre Position.

Die deutsche Jugendbewegung und Siegfried Bernfeld

In der Arbeit Siegfried Bernfelds nahm die Arbeiterbewegung
ebenfalls eine zentrale Stellung ein, doch anders als Otto Rühle
kam er nicht aus dieser Bewegung. Seine ersten pädago-
gisch-politischen Schritte ging er in der Jugendbewegung in
Wien. Die Jugendbewegung um 1900, deren Anfänge in einem Steglitzer Gymnasium in Berlin verortet werden, könnte
man in Anlehnung an Marx als die erste Bewegung bezeichnen, in der die Jugend von einer Generation an sich zu einer
Generation für sich geworden war. Auch wenn bei dem Zitat
des Handwerksgesellen Born in der 48er Revolution schon anklingt, dass es sich um eine Auseinandersetzung zwischen den
Generationen gehandelt habe, ist doch alles jugendliche Auf-
begehren bis zu diesem Zeitpunkt in der Geschichte nie als Generationenkonflikt verstanden worden. Immer wieder hat die
nachwachsende Generation die Autorität oder das autoritäre
Regime der Elterngeneration in Frage gestellt. Doch die Prokla-
mation der selbstständigen Organisation der Jugend, die be-

wusste Bezeichnung der eigenen Kultur als Jugendkultur, war der bürgerlichen Bewegung von Schülern und Studenten, später auch von Schülerinnen und Studentinnen, am Anfang des 20. Jahrhunderts aufgespart.

Der Berliner Jurastudent Hermann Hoffmann (1875–1955), der am besagten Steglitzer Gymnasium Stenographiekurse anbot, und der spätere «Großbachant» des Wandervogels Karl Fischer (1881–1941) gründeten eine Gruppe von Gymnasiasten, die sich zuerst an Wochenenden zu regelmäßigen Wanderungen trafen. Die Losung «aus Grauer Städte Mauern, ziehn wir durch Wald und Feld» war zugleich Ansatz einer romantischen Zivilisationskritik wie auch Bedürfnis nach Naturerfahrung. In diesen Fragen nahmen die Jugendlichen Rousseau genauso auf wie Pestalozzi und die Dichtungen der Romantik. Fischer, der nach dem Weggang Hoffmanns die Idee weitertrug und die Gruppe anführte, träumte von einer Renaissance der mittelalterlichen fahrenden Schüler. So nannten sich die Jungen in den von Anfang an stark hierarchisch gegliederten Gruppen (Bünden) je nach Rang «Scholaren» oder «Bachanten». Die Situation an den Gymnasien war eine bessere als die an den Volksschulen, die Rühle so eindringlich beschrieb und auch die Familiensituation war um ein Vielfaches besser als in den Arbeiterhaushalten. Doch die Enge der preußischen Kultur, «die Wilhelms», die keine liberalere Bildungspolitik betrieben als die «Friederiche» vor ihnen, bildeten den Hintergrund für ein Jugendleben, das gekennzeichnet war durch die – wie Rühle es nannte – «Tyrannei der Erwachsenen».

Das Wandern war nur ein erster Schritt aus der Umklammerung durch Schule und Elternhaus. Eine autonome Gemeinschaft und ein Leben ohne die Aufsicht von Schule und Elternhaus war das Ziel der entstehenden Jugendbünde. Allein die «Mode», die sie trugen war eine Provokation gegenüber der kleinbürgerlichen Spießigkeit, der Äußerlichkeiten überaus wichtig waren. Die jugendbewegten Wanderer schockten Eltern und Lehrer sowie die angepassten Mitschüler mit kniefreien Hosen und offenen Hemdkragen. Auch ihre Ausrüstung mit dem Rucksack, den aufgeschnallten Kochtöpfen und der obligatorischen Gitarre konnte nur als Provokation verstanden werden; wo die Eltern sich doch gerade von Bauern und Proleten dadurch abhoben, dass sie nicht zu Fuß gehen mussten. Wie bei jeder Jugendkultur bestand der Verrat an der Herkunft auch in der untereinander gesprochenen Sprache. Landstreicherjargon, wie auch Begriffe aus dem Jenischen[1] flossen in diese Sprache ein.

Der Jugendtag 1913 auf dem Hohen Meißner war sicherlich der Höhepunkt dieser Jugendbewegung. Am Wochenende des 11. und 12. Oktobers trafen sich ca. 3.000 junge Menschen aus ganz Deutschland auf dem Hohen Meißner bei Kassel. (Bernfeld 1914, S. 13) Vierzehn Organisationen aus dem Spektrum der Jugendbewegung versammelten sich dort unter der gemeinsamen Erklärung: «Die Freideutsche Jugend will aus eigener Bestimmung, vor eigener Verantwortung, mit innerer Wahrhaftigkeit ihr Leben gestalten. Für diese innere Freiheit tritt sie unter allen Umständen geschlossen ein. Zur gegenseitigen Verständigung werden Freideutsche Jugendtage abgehalten. Alle gemeinsamen Veranstaltungen der Freideutschen Jugend sind alkohol- und nikotinfrei.»[2]

Der Funke der Jugendbewegung entfachte auch in Wien unter einigen Schüler das Feuer der antiautoritären Jugendbewegung. Unter ihnen Siegfried Bernfeld. Anders als in Berlin kamen in Wien viele der treibenden Kräfte, wie auch Bernfeld aus dem aufgeklärten jüdischen Bürgertum.

«Konzentrierte sich bei der Wandervogelbewegung die Sozialisation auf das Wandern und das Naturerlebnis, so schwebte Bernfeld ein Ort jugendgemäßer Selbsterziehung vor. Ebenso radikalisierte er bewusst den Generationenkonflikt, indem er eine Gegenöffentlichkeit zu schaffen versuchte.» (Würzer-Schoch 1995, S. 174).

Eine Möglichkeit der Entwicklung einer eigenen Jugendkultur und die Schaffung von Orten «jugendgemässer Selbsterziehung» sah Bernfeld in der Reformschulbewegung Gustav Wynekens (1875–1964), der 1906 zusammen mit Paul Geheeb (1870–1961) die «Freie Schulgemeinde Wickersdorf» im Thüringer Wald gegründet hatte. «Wenn die Eigenart der Jugend feststeht, oder doch deutlich genug empfunden wird, so muß noch eine Ahnung, ein Glaube an eine bestimmte Aufgabe der Jugend in der Kultur oder in der Menschheit vorhanden sein, um Eigenart wirklich zu entwickeln und zu gestalten. Damit ist

---

1 Das Jenische enthält Elemente des Deutschen, Hebräischen, Keltischen und wenige Lehnwörter aus dem Romani. Es wird von den Jenischen gesprochen, die bis ins 20. Jahrhundert hinein als nicht sesshaftes Volk vor allem in Mitteleuropa als Handwerker tätig waren.

2 Diese Erklärung ist noch heute auf der Burg Ludwigstein, dem Archiv der deutschen Jugendbewegung, als Inschrift angebracht.

Kultur bejaht, als positives Gesetz. So erst ist die Jugend in einen großen Zusammenhang hineingestellt und bekommt aus ihm heraus einen Wert. Wenn schematisch getrennt werden darf, was in lebendigem Fließen sich durchdringt, so kann man sagen: Dies unterscheidet die *Jugendkulturbewegung*[1], von der hier allein in der Folge die Rede sein soll, von der Freideutschen Jugendbewegung, daß sie nicht nur spielerisch, nicht nur ästhetisch aus sich selbst heraus für sich selbst jugendlich sein will – nur auf einen Teil jugendlicher Eigenart einseitig aufgebaut –, sondern daß sie, auf eine universale Erkenntnis jugendlicher Eigenart aufgebaut, den Willen zum Fortschritt der Kultur in sich trägt. Diese Bewegung nimmt ihren wirklichen Ausgang und findet ihr realisiertes Ideal in Wikkersdorf, der Freien Schulgemeinde, die Gustav Wyneken 1906 gegründet hat.» (Bernfeld 1991, S. 25)

Die «Freie Schulgemeinde» war der bürgerlichen Öffentlichkeit, wegen der Koedukation und Sexualerziehung, die in dieser Schule praktiziert wurde, zuwider. Die Askese, die dort gepredigt wurde, entsprach allerdings den antiautoritär Gesinnten in der Jugendbewegung überhaupt nicht. Ihr Anknüpfungspunkt war der Schwerpunkt der Schule im künstlerischen Bereich, vor allem in der musischen Erziehung. Schülermitbestimmung war ebenfalls ein Element der Schulgemeinde, das in dieser Zeit sehr wohl ein antiautoritäres Element darstellt und von Bernfeld als ein richtiger Weg hin zur Selbstbestimmung verstanden wird. Paul Geheeb (1870–1961) verließ 1906 im Streit mit Wyneken die «Freie Schulgemeinde» und gründete die bis heute bestehende reformpädagogische Odenwaldschule bei Heppenheim.

Bernfelds erste Organisation ist das 1913 von ihm gegründete «Akademische Comité für Schulreform» (A.C.S.). Das A.C.S. propagierte die Jugendkultur als selbstständiges, von den Erwachsenen abgegrenztes eigenes Leben. Die Ideen der «Freien Schulgemeinde» wurden durch sozialistisch beeinflusste Erziehungsgedanken ergänzt. Das 1912 ebenfalls von Bernfeld gegründete «Archiv für Jugendkultur» sollte dafür ein Raum der «jugendlichen Selbstartikulierung sein». (Würzer-Schoch 1995, S. 147)

Auch der «Sprechsaal» – ebenfalls eine Gründung von Bernfeld aus dem Jahre 1912 – war gedacht als ein Raum, «ein kleines geistiges Zentrum: Hier traf sich unzufriedene, eigenwilli-

---

1 Kursiv im Original

ge, grüblerische, begabte Jugend, von hier wurde der Schulkampf [...] in die verstaubten Wiener Gymnasien hineingetragen.» (Leichter, zit. n. Würzer-Schoch 1995, S. 149) Im Mai 1913 schuf sich der «Sprechsaal» sein Organ mit *Der Anfang*, herausgegeben von Georges Barbizon (Pseudonym für Georg Gretor, 1892–1943) und Walter Benjamin (1892–1940) in Berlin und Siegfried Bernfeld in Wien. Da die Herausgeber noch minderjährig waren, fungierte als offizieller Herausgeber Gustav Wyneken. Die Zeitschrift wurde besonders vom bayrischen Parlament verteufelt. Lehrer von Berlin bis Wien versuchten, ihrer habhaft zu werden. Die freie Auseinandersetzung über Sexualität, die Kritik der Schule und der kleinbürgerlichen Familie standen selbst im «Roten Wien» kurz vor dem Verbot. Diesem «Erfolg» stand eine weitgehende Apathie der Gymnasiasten und Studierenden gegenüber. Der erste Weltkrieg führte dann zur Einstellung des Blattes. Der erste Weltkrieg war es auch, der die Jugendbewegung endgültig entzweite. Wyneken, der sich durch seinen Hurra-Patriotismus bei seinen Schülern Benjamin und Bernfeld disqualifizierte und neben den beiden genannten vor allem bei den sozialistisch ausgerichteten Jugendlichen, die dem Krieg kritisch bis ablehnend gegenüber standen.

Bernfelds Forderungen nach der Gleichberechtigung von Männern und Frauen, seine Ablehnung der autoritären Schule und die Forderung nach klassenloser Erziehung wie auch das Verständnis, dass das Jugendalter nicht als Durchgangsstadium zum Erwachsenen betrachtet werden dürfte, waren Positionen die in dieser Zeit herausgebildet wurden und hinter die Bernfeld nicht mehr zurückging.

Bernfeld, der zum Kriegsdienst eingezogen wurde, aber wegen Krankheit schnell wieder entlassen wurde, schloss sich der zionistischen Bewegung an. Die Suche nach einer Anknüpfung beim Auseinanderfallen der Jugendbewegung, der wachsende Antisemitismus und antisemitische Krawalle an der Wiener Universität waren der Anlass für diese Neuorientierung. Mit der Konzeption für eine sozialistische Erziehung in Palästina verband eine Gruppe von jüdischen «Jugendbewegten» die praktische erzieherische Arbeit mit Kriegswaisen.[1]

Die Begeisterung für die Psychoanalyse Freuds (1856–1939) ging bis in Bernfelds Jugendjahre zurück. In Fragen der Sexualität unterschied sich nicht nur *Der Anfang* stark von Wyneken

---

1 Das Kinderheim Baumgarten wird im folgenden Kapitel als Beispiel antiautoritärer Erziehung dargestellt.

und anderen der deutschen Jugendbewegung. Die Wiener «Szene» hatte sich von Beginn an mit Fragen der Sexualunterdrückung der Jugend auseinandergesetzt. Bereits ab 1913 schrieb sich Bernfeld als Gasthörer in der Wiener «Psychoanalytischen Vereinigung» ein. Nach seiner Promotion 1917 (*Der Begriff der Jugend*) wurde er aktives Mitglied. Freud hatte zwar eine Einteilung der Entwicklung des Sexuallebens des Menschen und gerade eine Phaseneinteilung der Kindheit und Jugend gemalt, doch zu Fragen der Pädagogik hatte er kaum Stellung genommen. «Nach einem durch Überanstrengung notwendig gewordenen Sanatoriumsaufenthalt übersiedelte er nach Heidelberg, wo er [Bernfeld, d.Verf.] für einige Monate Mitarbeiter Martin Bubers in der Herausgabe der Zeitschrift *Der Jude* war. In jenen Jahren wurde er auch zum programmatischen Theoretiker der Kibbuz-Erziehung, die er als beispielhaft verstand für jene revolutionäre Kollektiverziehung, wie sie im Sisyphos als Ausweg aus dem Konservatismus bürgerlicher Erziehung umrissen ist.» (Lohmann 2001, S. 53) Eine Zeitlang gingen bei Bernfeld Psychoanalyse, Zionismus und Sozialismus zusammen. Nach seinem Wechsel zum Berliner Psychoanalytischen Institut (1925) löste er sich zunehmend vom Zionismus.

Anfang 2000 antworteten 168 deutsche Erziehungswissenschaftlerinnen und Erziehungswissenschaftler auf die Frage: «Welches waren die pädagogisch wichtigsten Bücher des 20. Jahrhunderts?» (Horn, Ritzi 2001) In den Antworten wurde Bernfelds *Sisyphos oder die Grenzen der Erziehung* mit Abstand am häufigsten genannt. Das Buch erschien in erster Auflage 1925 in Leipzig im Internationalen Psychoanalytischen Verlag und wurde 1994 das letzte Mal aufgelegt. Bernfeld verband in dieser Veröffentlichung seine eigenen Erfahrungen mit der Wissenschaftlichkeit der Psychoanalyse und entwickelt seine Kritik an der «Unwissenschaftlichkeit» der Erziehungswissenschaft seiner Zeit bis hin zu den Grenzen der herrschenden Pädagogik: Die «soziale» Grenze der Erziehung nennt Bernfeld als erste. Eine grundsätzlich neue, emanzipatorische Erziehung kann er sich erst jenseits des Kapitalismus in einer sozialistischen Gesellschaft vorstellen: «Es geht nicht anders. Jeder andere Versuch ist unzulängliche Schwärmerei. Die Einsicht in diese, die soziale, Grenze der Erziehung verurteilt jegliche Bemühung, vor vollzogener Änderung der gesellschaftlichen Struktur etwas an ihrer Erziehungsorganisation zu verändern, etwas irgend Beträchtliches. Sie lenkt die Kraft, die solchen Bemühungen gewidmet wird, auf das Zentrum, die gesellschaftliche Evolution oder Revolution, je nach der Bescheidenheit solcher Änderungslust. Ich werde mich zu einer namhaften Einschränkung in einem bald folgenden Zusammenhang entschließen. Diese entschuldigt aber nicht eine verbreitete Reformtheorie: Ein Iverdün, ein Wickersdorf wird tausende schaffen, die Musterinstitution, der bürgerlichen Kindheit und Jugend errichtet, wird proletarische Nachbilder erzeugen. So wird, langsam vielleicht, aber eins zum anderen gefügt, das ganze Erziehungswesen die neue dort verwirklichte Form erhalten. Diese Additionstheorie ist in sich falsch. An einem Ort, unter der Gunst besonderer Umstände und Mittel, ist alles möglich, für eine gewisse Zeit lang. Eine Schule, eine Lehrwerkstätte, eine kommunistische Kindergruppe ist ebensogut möglich wie ein närrischer Lehrer, ein sadistischer Richter, oder ein vernünftiger Lehrer, ein milder Richter. Zu ihrem Bestand und Auftreten bedarf es keiner Strukturänderung. Aber ihre Vervielfältigung, das eben ist das prinzipiell Neue, das von nirgendsher anders ermöglicht wird als von der vollzogenen gesellschaftlichen Änderung.» (Bernfeld 1925 hier 1969, S. 123) Wenn Bernfeld die gesellschaftlich wirkenden Grenzen behandelt, kommt ein weit gefasster Beziehungsbegriff zur Geltung, der dem entspricht, was unter dem Begriff der Enkulturation gefasst wird. Die so herrschende Grenze ist eine konservative Tendenz und Funktion der Enkulturation, die die herrschenden Verhältnisse zu reproduzieren gedenkt. Bernfeld beschreibt den gesellschaftlichen Rahmen, in dem ein Erziehungsprozess abläuft, immer zu dem Zweck, diesen Rahmen im Prozess der Enkulturation zu reproduzieren. Diese herrschaftssichernde Funktion gilt allerdings auch für die Erziehung durch Lehrer, Eltern und Erzieher. Die marxistische Gesellschaftsanalyse, die Bernfeld hier zu Grunde legt, führt zu der Auffassung, dass die Erziehung ein ungeeignetes Mittel zur Gesellschaftsveränderung ist.

Die gesellschaftliche Grenze – die weniger eine Grenze darstellt, welche Erziehung überhaupt behindert – zu überwinden erschien in den zwanziger Jahren des letzten Jahrhunderts sicherlich im Rahmen einer zukünftigen Entwicklung im Bereich des Möglichen. Gerade weil heute eine solche Utopie nicht als greifbar erscheint, ist diese Grenze im sozialen, politischen und ökonomischen Zustand unserer Gesellschaft eine reale, kaum zu überwindende Hürde, die aus dem Blickfeld geraten ist.

Die zweite Grenze, die Bernfeld beschreibt, beinhaltet die Konstellation, die «durch die seelischen Tatsachen im Erzieher gegeben ist. Wir erkennen als Grenze für alles ins Große gedachte pädagogische Wollen die Konstanten, die seelischen Konstanten, im Erzieher als dem Erziehungssubjekt.» (S. 142f) Diese psychoanalytische Grenze liegt nach den *Mythen des Sisyphos* in der Projektion der Erinnerung an das eigene Es des Erziehers auf das Kind. Dadurch stehen sich im Grunde drei Personen gegenüber: das Es des Kindes, so wie das Ich und das Es des Erziehenden. Bernfeld folgert, dass der Erzieher deshalb gar nicht anders kann, als jedes Kind «so zu behandeln, wie er es selbst erlebt hat ... Er wiederholt es auch dann, wenn er scheinbar das Gegenteil als dessen tut, was ihm seine Eltern antaten. (S. 141) Eine solche Konstellation mache es für die Erziehenden unmöglich, ihre Erziehungspraxis an rationalen, der Emanzipation der Kinder dienlichen und wissenschaftlich abgesicherten Maßstäben auszurichten.

Zuletzt nennt Bernfeld die Grenze der Erziehung, die in der «Erziehbarkeit des Kindes, seiner Konstitution, seiner Veränderbarkeit» liegt. (S. 143ff) Eine genetische, wie auch in der Person des Kindes ruhende Grenze der Erziehung soll hier aufgezeigt werden. Zuerst führt Bernfeld biologistische Gründe ins Feld, um sie in seiner netten ironischen Art gleich wieder zu relativieren. Wenn dem Kind, das die Hakennase von seinen Vorvätern geerbt hat, durch den von der Amme verursachten Sturz die Nase gerichtet wird, «hat die unvorsichtige Amme diesen Plan der Natur zerstört». (S.144) In dieser Grenze ist zum einen beschrieben, mit welcher Voraussetzung das Kind in den Erziehungsprozess eintritt und zum anderen ist die Situation angelegt, in der das Kind zum Subjekt seiner Erziehung wird.

Das Bedeutende am *Sisyphos* ist, dass Bernfeld hier mit den Allmachtsphantasien der Erziehenden – nicht nur seiner Zeit – abrechnete. Nicht in seiner Sicht auf die «Wissenschaftlichkeit» der «Pädagogiker», die darin bestand, dass diese keine überprüfbaren Ergebnisse vorweisen können, sondern in der Infragestellung der Erziehung als Autorität im Enkulturationsprozess und der Beschränktheit dieses Prozesses bei der Erreichung einer besseren Gesellschaft, liegen die wesentlichen Erkenntnisse dieser Veröffentlichung. Seine Wirkung hatte das Buch allerdings sicher auch auf einen verstärkten Einfluss quantitativer empirischer Forschung auf die Erziehungswissenschaft gehabt.

Dass dieses Buch in einer Umfrage in den Erziehungswissenschaften als wichtigste Publikation des letzten Jahrhunderts an der Spitze der Nennungen lag, kann uns allerdings nicht zu dem Schluss führen, dass an deutschen Schulen und Universitäten etwa die Einsicht in die Notwendigkeit der Veränderung der gesellschaftlichen Grundlagen eingekehrt wäre. Vielmehr scheint St. Bernfeld hier den St. Pestalozzi abgelöst zu haben. Von der Frage der Revolution, ja nur der Reformierung hin zu einer sozial gerechteren Welt, ist man weiter entfernt als es Bernfeld sicher für möglich gehalten hätte. Die erste Grenze der Erziehung fallen zu lassen, indem man eine solche Gesellschaftsveränderung aus dem Programm streicht, ist nun wirklich nicht seine Absicht gewesen. Seine Äußerungen, dass nur in der Didaktik und Methodik messbare Ergebnisse zu finden sind, als Aufforderung zu verstehen, Pädagogik auf diese beiden Bereiche zu reduzieren, wäre ihm sicher auch nicht in den Sinn gekommen. Auf die Frage, was denn von dem antiautoritären Bernfeld heute wichtig wäre, bekäme man wahrscheinlich nur ein verständnisloses Kopfschütteln zur Antwort.

Bernfeld und Rühle sind sicherlich in Deutschland für die antiautoritäre Pädagogik was Goethe und Schiller für die deutsche Dichtung bedeuten. Die beiden haben sich meines Wissens nur indirekt aufeinander bezogen. Ihre Ablehnung der autoritären Schule, der Familie, ihre Hoffnung auf eine sozialistische Zukunft, die dem Kind und dem Jugendlichen gerecht werden würde, teilten sie. Beide mussten vor dem Nationalsozialismus fliehen. Rühle starb 1942 im mexikanischen und Bernfeld 1953 im US-amerikanischen Exil, auch das hatten sie gemeinsam. Der unterschiedliche Lebensweg, der hier nur angerissen werden konnte, war sicherlich ein Grund für ihre Differenzen, die psychologische Schule scheinbar der schwerwiegendere Grund. Ihre Lehrer Freud und Adler stritten im Grunde nicht miteinander, sondern polemisierten gegeneinander. Dieser Streit machte es auch den Schülern scheinbar unmöglich, ihre Kräfte zu bündeln. Beide bezeichneten ihren psychologischen Ansatz als Waffe im Klassenkampf und Lutz von Werder kam im Vorwort zur Neuauflage von Rühles *Psychologie des proletarischen Kindes* zu dem Ergebnis, «dass trotz der Kritik Bernfelds an der Individualpsychologie, Bernfelds eigener Versuch einer Freudomarxistischen Sozialisationstheorie mit Rühles Ergebnissen in vielen Punkten übereinstimmt». (von Werder 1975, S. 33)

Wissenschaft war die Autorität für beide Pädagogen. Da standen sie ganz in der Tradition der Aufklärung. Der bürgerlichen Wissenschaft setzen sie den historischen Materialismus und die Individualpsychologie, beziehungsweise die Psychoanalyse, entgegen. Die Unterdrückung der arbeitenden Klasse, die Unterdrückung der Frau, der Jungen und Mädchen und die sexuelle Repression der herrschenden Gesellschaft waren für sie Ansporn in ihrem praktischen und theoretischen Tun. Beide standen dabei in einer Tradition, die sie sicher selbst so nicht wahrnehmen konnten. Die teleologische Sichtweise, bei der am Ende das Paradies steht, geht auf die jüdisch-christliche Tradition zurück, «die lange in das Fundament des gesellschaftlichen Unterbaus übergangen war», wie Alice Rühle Gerstel sagen würde. Diese Hoffnung sorgte vor allem bei Rühle dafür, dass er bei all seinen Erfahrungen und Niederlagen optimistisch blieb. Rühle wollte die Erfahrungen, die im Bürgertum mit der Reformpädagogik gemacht werden, auch den Arbeiterkindern zukommen lassen. Er sah Möglichkeiten für die Erziehungswissenschaft auch schon vor der «Revolution» die Lage der Schulkinder durch Schulexperimente zu verbessern. Bernfeld sieht diese Möglichkeit erst in einer neuen Gesellschaft, die Alternativschulen hielt er quasi für eine Bestätigung seiner These. Beide Pädagogen neigten dazu, die Kinder und die Jugend zum Subjekt dieser «Revolution» zu machen. Rühle geht dabei, ohne dass er dies ausspricht, immer von der 3. Feuerbach-These des Karl Marx aus. Dabei formulierte Karl Max in dieser These den dialektischen Charakter der Veränderung von Gesellschaft und Erziehung sehr treffend: «Die materialistische Lehre, daß die Menschen Produkte der Umstände und der Erziehung, veränderte Menschen also Produkte anderer Umstände und geänderter Erziehung sind, vergißt, daß die Umstände eben von den Menschen verändert werden und daß der Erzieher selbst erzogen werden muß.» (Marx 1958, S. 533f)

Die Verteilung von Reichtum und Armut, die Verhältnisse, in denen körperliche und psychische Leiden, in denen Sexismus, Rassismus und Antisemitismus herrschten, sind der moralische Auslöser für die Parteinahme, die Bernfeld und Rühle für Kinder und Jugendliche ergriffen. Ihre – wenn auch verschiedenen Ansätzen folgenden – Versuche, die körperlichen und psychischen Leiden der Kinder und Jugendlichen zum Gegenstand ihrer Untersuchungen zu machen, brachten sie dazu, eine antiautoritäre Erziehung einzuklagen. In der Art und Weise, wie sie darüber hinaus Kinder und Jugendliche zum subjektiven Faktor machen, sieht Elsbeth Würzer-Schoch die Gefahr einer «Instrumentalisierung des Menschen und eine Funktionalisierung der Pädagogik». (Würzer-Schoch 1995, S. 330) Bernfeld und Rühle hätten dies sicherlich eher als eine logische Konsequenz verstanden. Ihren pädagogischer Anspruch, jedem Individuum, gleich welchen Alters, mit Respekt und «auf Augenhöhe» zu begegnen, mit der Forderung nach einer Gesellschaft zu verbinden, die in diesem Sinne eine Bildung für alle ihre Mitglieder garantiert, stand im eindeutigen Widerspruch zu der autoritären Erziehung, wie sie Edwin Hoernle (1882–1952) 1929 für die KPD formuliert hat. «Unsere erste Aufgabe bleibt überall die Eingliederung der proletarischen Kinder und der proletarischen Jugend in den ökonomischen und politischen Kampf der proletarischen Klasse. Immer nur aufgrund des wirtschaftlichen politischen Kampfes [der Partei Th. S.] und in engster Wechselwirkung damit werden wir kommunistische Denker erziehen, d. h., um mit Lenin zu sprechen, Kämpfer des ‹streitbaren Marxismus›.» (Hoernle 1969, S. 136)

Der Vorwurf der Instrumentalisierung ist sowohl bei Bernfeld wie bei Rühle schwer haltbar. Die Kinder und vor allem die Jugendlichen zum subjektiven Faktor der Gesellschaftsveränderung zu machen geschah eher aus einer Umkehrung der Unterdrückungssituation heraus. Der Mythos Jugend (Alphei 2002, S. 211; Stambolis 2003) oder der Fetisch Jugend (Dudek 2002) beschreiben die Überhöhung der Jugend von Jugendbewegung und Reformpädagogik des frühen 20. Jahrhunderts. Diese Überhöhung, die aus dem Objekt der Erziehung das Subjekt der positiven Gesellschaftsveränderung macht, ist problematisch. Der Hinweis, dass in allen Revolutionen «die Jugend» eine erhebliche Rolle gespielt hat, engt die sozialen Bewegungen auf einen Faktor ein. Wie unzulässig dies ist, wird an einem Beispiel aus Gillis *Die Geschichte der Jugend* deutlich: «Trotz der Spannungen zwischen den Generationen waren jung und alt einig, wenn es um die Verteidigung ihrer Klasseninteressen ging. In Oxford wurden 1867 die herkömmlichen Veranstaltungen zur ‹Guy Fawkes Night› Träger für den ökonomischen Protest; da zogen ganze Gruppen von Männern und Jungen durch die Straßen mit Sprechchören für niedrigere Brotpreise, und sie versammelten sich schließlich unter den Fenstern des Balliol College, um dort einen Streik der Maurer zu unterstützen. Nachdem der Aufruhr zwei Nächte lang gedauert hatte, alarmierte die städtische und die universitäre Obrigkeit das Militär, fand es dann jedoch ratsamer, die Studenten gegen die Menge loszulassen. Mitglieder des Kadettenkorps der Universität, mit Schlagstöcken bewaffnet, stürzten sich in der dritten Nacht in die Straßen. In dieser Nacht gewann der rituelle Kampf zwischen Stadt und Universität Aspekte des Klassenkampfes, in dem sich die Traditionen eines Teils der englischen Jugend denen eines anderen Teils in einem Handgemenge von unge-

wöhnlicher Härte gegenüberstanden.» (Gillis 1980, S. 77f)
Ähnliche Zusammenstöße gab es auch in Deutschland: Im «Gö-
genaufstand» zogen etwa im Jahr 1831 Handwerksburschen
und Weingärtner als Protest gegen Polizeiwillkür durch Tübingen und sangen das Schiller'sche Räuberlied. Der Polizei, die
nicht mehr «Herr der Lage» war, kamen die sogenannten stu-
dentischen Sicherheitswachen zur Hilfe. Die «Brotkrawalle»,
die im Zusammenhang mit jugendlichen «Katzenmusiken»
1847 in Deutschland aufgrund der Hungersnot zu Plündereien
führten, wurden in Tübingen wieder von den Studenten nie-
dergeschlagen.

Erste antiautoritäre Schulprojekte

*M*it der Aufgabe des Monopols der Kirchen für die Schulbildung und der langsamen Entwicklung staatlicher Schulen kam es an verschiedenen Stellen Europas und später auch in den USA zu Schulexperimenten, die zum Teil als Vorläufer antiautoritärer Schulen im 20. Jahrhundert gelten können. Viele Prinzipien wurden erprobt und die mangelhafte finanzielle Absicherung, genau wie die staatliche Bedrohung und die Verurteilung durch die Medien begleiteten die Projekte von Anfang an. Die vielfältigen Projekte machen es an dieser Stelle unmöglich, auch nur annähernd einen umfassenden Überblick über diese Schulen und Internate zu geben. Die folgenden Projekte wurden als Beispiele ausgesucht, da sie für die weitere Diskussion von Bedeutung sind. Die Einordnung in den jeweiligen nationalen Kontext macht deutlich, dass auch solche Alternativschulprojekte ein gesellschaftliches Klima sowie persönliches Engagement brauchen und dass die autoritären Strukturen der jeweiligen Gesellschaft die spezifische Gewichtung der antiautoritären Erziehungsmodelle hervorbringt. Mit anderen Worten: Die Modelle antiautoritärer Erziehung arbeiten sich zuerst an den Formen der Unterdrückung ab, die spürbar in den gesellschaftlichen Auseinandersetzungen zu Tage treten.

Jasnaja Poljana

*H*atte Pestalozzi begonnen, durch «alternative Projekte» praktische Sozialpädagogik zu betreiben, so nahmen die Kritiker der staatlichen Gemeinschaftsschule diese Idee auf. Einer der ersten war der russische Adelige Leo Tolstoi. Als er 1828 geboren wurde, befand sich das Riesenreich Russland in einer Periode, die geprägt war von der Repression der Zentralmacht und einer Vielzahl von Bauernaufständen. Nach dem Sieg über Napoleon 1814 war Russland, obwohl technologisch rückständig, zur europäischen Großmacht aufgestiegen. Trotz einer quantitativ hohen Industrieproduktion (Stahl, Kohle, Öl, Rüstungsgüter) wurde Russland aufgrund der ökonomischen Ineffizienz der staatlich gelenkten Industrialisierung nicht im gleichen Umfang entwickelt wie Westeuropa. Während in den großen Städten wie Moskau und St. Petersburg in Folge der Landflucht ein Industrieproletariat entstand, war der Rest des Landes durch Armut und ein Fortbestehen feudaler Herrschaftsverhältnisse geprägt.

Mit 18 Jahren erbte Tolstoi das Landgut Jasnaja Poljana, mit ihm einige Dörfer und de jure auch die dort lebenden Landarbeiter als Leibeigene. Als er 1849 im Alter von 21 Jahren die erste Bauernschule auf diesem Gut gründete, hatte er dieses durch seinen Lebensstil fast «durchgebracht». Gut gemeint war dies Projekt, doch sollte Tolstoi bald erkennen, dass der gute Wille allein nicht ausreichte. Die Schule musste keine zwei Jahre nach ihrer Eröffnung wieder schließen.

Zu einer der vielen Wendungen im Leben Tolstois gehört sein Eintritt in die russische Armee 1851. Als Offizier nahm er unter anderem 1854 am Krimkrieg teil. Der Krieg und die Niederlage gegen das Osmanische Reich und Frankreich wurden allgemein als Zeichen für den Niedergang des russischen Reiches gewertet. Der dreijährige Kriegsdienst ließ Tolstoi zu einem überzeugten Pazifisten werden. Aus christlicher Überzeugung stritt er nun gegen Krieg und Militarismus, Feudalismus, gegen Leibeigentum sowie gegen die Kirche und ihre Dogmen. Er kehrte auf sein Landgut zurück und gab den Leibeigenen 1856 die Freiheit, gründete dann, nach seiner ersten Westeuropareise 1859 erneut eine Bauernschule.[1] Zwischen 1859 und 1862 gründete er etwa zwanzig dieser Schulen. Im gleichen Jahr werden seine Schulen durch die Staatsgewalt mit dem Vorwurf, sie wären ein Hort von Anarchie, Negation und Chaos, geschlossen. Auch die 1862 von Tolstoi gegründete und von ihm herausgegebene pädagogische Zeitschrift *Jasnaja Poljana*, in der er seine pädagogischen Ideen propagiert, muss noch im gleichen Jahr ihr Erscheinen einstellen.

In diesen Schulen gab es keinen Zwang zur Pünktlichkeit und Tolstoi berichtet, dass eigentlich nur diejenigen Schülerinnen und Schüler unpünktlich waren, die durch Arbeit für ihre Eltern vom Schulbesuch abgehalten wurden. Es sollte keine Noten geben, aber es waren die Kinder, die nach einer Beurteilung verlangten. Eine Sitzordnung war nicht vorgegeben. Mitbestimmung beim Unterrichtsstoff und eine Konfliktregelung, die in den Händen der Schülerinnen und Schüler lag, stellten Ansätze von Selbstregulierung dar, wie sie später Homer Lane und Alexander S. Neill zum Prinzip machten.

---

1 Offiziell endete die Leibeigenschaft in Russland 1861

Auch Tolstoi hatte den *Émile* gelesen und war von ihm beeindruckt. Ähnlich wie Pestalozzi wusste er, dass das Landleben ein hartes Leben ist und «Naturromantik» nur für die Besitzenden zu spüren ist. Da ist es naheliegend, dass sich seine Projekte eher an Pestalozzis Schulprojekt von Yverdon anlehnten, als an der individuellen Vereinnahmung *Émiles* durch den Erzieher. Seine Pädagogik wurde durch die Verarmung der Bauern, die nach 1861 noch einmal zunahm, und durch den despotischen Charakter des zaristischen Staates geprägt, der mit bürokratischer Macht versuchte, die kapitalistische Entwicklung in Russland voranzutreiben. Die russisch-orthodoxe Kirche, die ein treibendes Element bei der Kriegshetze im Vorfeld des Krimkrieges gegen das Osmanische Reich gewesen war, stellte eine weitere autoritäre Institution, deren Erziehungspraxis Tolstoi für die kinderfeindliche Erziehung verantwortlich machte. Beide, Staat und Kirche, wirkten so auf die Familie, dass die erste Erziehung, die in der Familie stattfindet, ebenfalls als ein Ausfluss von Kirche und Staat betrachtet werden konnte.

Nach der Erfahrung des 1849 gescheiterten Schulversuchs besuchte Tolstoi 1860/61 in Westeuropa verschiedene Pädagogen und hospitierte besonders in Preußen an einigen Schulen und Kindergärten. Die Eindrücke, die diese Schulen und wohl zum Teil auch die Pädagogen bei ihm hinterlassen hatten, machten ihm nur klar, dass dies mit Freiheit und Bildung nichts zu tun hatte. «Außer der abstumpfenden Wirkung der Schule, für die der Deutsche das schöne Wort «verdummen» hat, und die in einer dauernden Verkrüppelung der geistigen Fähigkeiten besteht, gibt es noch eine andere viel schädlichere Wirkung, die darin besteht, daß das Kind im Laufe von mehreren Stunden, durch das Schulleben stumpf gemacht, täglich während dieser Zeit, die für das Lebensalter so kostbar ist, aus jenen Lebensbedingungen herausgerissen wird, die die Natur selbst für seine Entwicklung vorbestimmt hat.» (Tolstoi 1985, S. 22f) Hier begegnen wir einem Punkt, den Tolstoi von Rousseau aufnimmt und der sich auch durch die verschiedenen romantisierenden Jugendbewegungen fortsetzt: Die Einpferchung der Schülerinnen und Schüler in den Klassenraum und die Unwirtlichkeit der Städte. Der Zwang zum Stillsitzen und die daraus resultierende fehlende Bewegung ist ein wesentliches Element der Kritik an den Schulen sowohl Russlands als auch der Schulen Westeuropas. Einer Erziehung nach Art Daniel Schrebers, der nicht davor zurückscheute, unruhige Kinder zu fixieren, wurde in den Bauernschulen, die nach dem Vorbild von Jasnaja

Poljana entstanden, eine deutliche Absage erteilt. Die Kinder durften sich unterhalten, sie durften, ja sie sollten sich bewegen.

Auf seiner «Bildungsreise» ging es Tolstoi auch um die Klärung der Begriffe Erziehung und Bildung. Auch wenn ihm diese Klärung nicht gelang, so wurde ihm vor allem klar, dass die Antworten der deutschen Neuhumanisten seine übergeordnete Frage, wie man Volksbildung betreibt, am allerwenigsten in einem freiheitlichen Sinne beantworten konnten. In seinen Betrachtungen fasste er Bildung tendenziell als die freiwillige Teilnahme an einem ungezwungenen Unterricht auf und sah in der Erziehung den zwangsweisen Unterricht. Er setzte damit in der Frage der Bildung wieder an den antiken Philosophenschulen an, bei denen die Begeisterung und die Person, die die Bildung im Dialog vorantreibt, den Impuls zum Lernen geben. Dabei griff er einen Aspekt moderner Sozialpädagogik vorweg: Die Auseinandersetzung mit den Jugendlichen da zu beginnen, wo sie mit ihrem Erfahrungsschatz anknüpfen können.

Aufgrund der Erfahrungen im zaristischen System waren dem Gründer von Jasnaja Poljana bürokratische Pläne verhasst. Jede Schulsituation, jede Lehrperson, jedes Kind, jede Zusammensetzung der Klasse musste ihm zufolge eine angemessene Lernsituation schaffen. Er forderte letztendlich eine lange empirische Untersuchung solcher Lernsituationen, um daraus eine «Erziehungswissenschaft» zu generieren. «Erst wenn die Erfahrung zur Grundlage der Schule gemacht werden wird, wenn die Schule sozusagen ein pädagogisches Laboratorium geworden ist, dann erst wird die Schule nicht hinter dem allgemeinen Fortschritt zurückbleiben und dann wird auch die Beobachtung im Stande sein, feste Grundlagen für die Wissenschaft der Erziehung zu schaffen.» (Tolstoi 1985, S. 34f)

Die tolstoische Pädagogik begreift den Menschen als ein offenes System: «Der Mensch fließt, in ihm sind alle Möglichkeiten enthalten: er war dumm, wurde klug; war böse, wurde gut, und umgekehrt. Darin besteht die Größe des Menschen. Daher kann man den Menschen nicht beurteilen, wie er ist. Kaum hast du ihn beurteilt, schon ist er anders geworden. Man darf auch nicht sagen: ich liebe ihn nicht; kaum hast du so gesprochen, schon ist er ein anderer geworden.» (Tolstoi, zit. n. Sturzenegger 1989, S. 35) Einem solchen Menschen muss dementsprechend mit Respekt entgegengetreten werden. Es ist dieser Respekt, der alle drei Perioden pädagogischer Theorie und Praxis bei Tolstoi bestimmte. Die Schulen scheiterten, wie bei Pestalozzi aus unterschiedlichen Gründen. Die erste scheiterte an der fehlenden Professionalität, die zweite an der staatlichen Repression. Der letzte Versuch, die «Universität der Bastschuhe», die den Versuch unternahm, eine höhere Schule für die Bauernschaft zu gründen, scheiterte an den fehlenden Finanzen.

Die moderne Schule

*V*om Osten Europas wechseln wir in den Südwesten. Anders als in Russland waren die ersten freien Schulen in Spanien Ausdruck einer Bewegung. Ähnlich wie das Zarenreich war Spanien im 19. Jahrhundert durch den Großgrundbesitz und die Unterdrückung der Bauern geprägt. Die Katholische Kirche war auf der iberischen Halbinsel einer der größten Landbesitzer. Die spanische Monarchie ließ sich als Juniorpartner auf eine Allianz mit dem napoleonischen Frankreich ein. Nach der verlorenen Seeschlacht von Trafalgar (1805) ernannte Napoleon (1769–1821) seinen Bruder José Bonaparte (1768–1844) zum spanischen König. Ein Aufstand in Madrid eröffnet 1808 einen sechs Jahre dauernden Befreiungskrieg. Mit Hilfe der englischen Armee wird das Land von der französischen Herrschaft befreit. Während des Krieges, im Jahr 1812, wurde in Cadiz eine republikanische Verfassung verabschiedet. Das Bürgertum versuchte eine Republik zu errichten, doch bereits 1814 intervenierte Frankreich und bis 1868 wird die Monarchie wieder eingeführt. Die Republik, die nach einem Putsch des liberalen General Prim für nur zehn Monate bestand, verfolgte einen föderalistischen Kurs mit gewissen Autonomierechten für die Provinzen. Dies rief vor allem die Katholische Kirche auf den Plan, die sich in Nordspanien gegen die Republik erhob.

Zu diesem Zeitpunkt beginnt auch die Arbeiterbewegung eine wichtige Rolle in Spanien zu spielen. Bis zum Bürgerkrieg (1936–1939) war diese Arbeiterbewegung, aber auch große Teile der Landbevölkerung, vor allem durch anarchosyndikalistische Ideen geprägt. Zeitgleich gab es unzählige Schulgründungen. Die Situation in der Francisco Ferrer (1849–1909) 1901 in Barcelona die «Escuela Moderna» errichtet, gibt ein Brief des Herausgebers der Freidenkerzeitung *Las Dominicales* sehr gut wieder: «Vor ungefähr fünfundzwanzig Jahren wagte es in Spanien sozusagen niemand, gegen die Kirche zu sprechen.

Die Herausgabe des Blattes *Las Dominicales* wurde als ein nationaler Skandal angesehen. Jeder Terrorismus wurde angewendet, um diese verruchte Zeitung zu vernichten, bis zur Ermordung eines ihrer Hauptmitarbeiter (Garcia Vas), es war alles vergeblich. Die Kirche wurde auf allen Punkten besiegt, und heute muß sie sich, statt anzugreifen, verteidigen. Mehr als hundert republikanische Blätter haben einen mehr oder weniger ausgesprochenen freidenkerischen Charakter und die meisten (wenn nicht alle) republikanischen Gesellschaften sind rationalistisch in ihrer Weltanschauung.

In Madrid gibt es zehn Bezirke, in denen fortschrittliche Vereine und Komitees bestehen, und jedes Vereinslokal besitzt eine Freie Schule, in welcher keine Religion unterrichtet wird. So auch in Barcelona, Bilbao, Corunna, Saragossa und in allen größeren Städten Spaniens, wo mit jedem republikanischen Mittelpunkt Freie Schulen emporgewachsen sind. In Katalonien gibt es sogar in vielen Dörfern Freidenkervereine, die nicht-klerikale Schule unterhalten. Alle republikanischen, sozialistischen, anarchistischen und genossenschaftlichen Vereinigungen sind freidenkerisch und antireligiös.

Das Bemerkenswerteste aber ist, dass die Masse der Bauern und Landarbeiter, die seit undenklichen Zeiten unter dem Joche des Aberglaubens geschmachtet hat, sich nicht mehr vor der Hölle fürchtet. Es gibt z. B. kleine, im Gebirge verlorene Dörfer, wo der größte Teil der Begräbnisse ohne Priester vorgenommen wird und die Trauungen werden, im Beisein von großen Mengen frei gesinnter Landleute, ohne Priester bei den Klängen der Marseillaise abgehalten. Nicht nur die Kirche, sondern der Katholizismus selbst beginnt im spanischen Volk seine Wurzeln zu verlieren.» (Lajando, zit n. Ramus 1921, S. 20f) Sicher erscheint dieser Enthusiasmus heute etwas bitter, nachdem das Franco-Regime von 1939–1977 zu den katholischsten und autoritärsten Regimes gehörte, die dermaßen lange an der Macht waren. Aber die Bewegungen der Freidenker, Anarchisten, Anarchosyndikalisten und Sozialisten am Übergang vom 19. zum 20. Jahrhundert hatten die Vision einer vernunftgeleiteten, rationalen und egalitären Gesellschaft und den festen Glauben, dass die Erziehung den Grundstock einer solchen Gesellschaft legen würde. Eine der herausragenden Persönlichkeiten war der Pädagoge Francisco Ferrer. Am 13.10.1909 wurde er wegen angeblicher Rädelsführerschaft hingerichtet. Im Juli des gleichen Jahres war es in Barcelona zum Streik gegen die Zwangseinberufung zum Krieg gegen die Berber in Marokko gekommen. In der «semana tragica», der tragischen Woche, wie der blutig niedergeschlagene Aufstand, für den der Streik der Ausgangspunkt war, später genannt wurde, wurden 178 Arbeiter erschossen und Ferrer zum Tode verurteilt. Der Protest, der sich in ganz Europa gegen dieses Urteil erhob, machte deutlich, dass die moderne Schule, die schon 1906 durch staatliche Maßnahmen geschlossen wurde, und die damit verbundenen Erziehungsvorschläge der Grund waren, warum Ferrer verschwinden sollte. Die «moderne Erziehung», die Ferrer als Schlüssel zu einer besseren Gesellschaft sah, wurde von seinen Feinden, besonders in der Katholischen Kirche, als genauso gefährlich angesehen wie ihre positive Wirkung bei den Anhängern dieser Erziehung. Eine solche Überhöhung der Erziehung prägte die Herangehensweise der Reformpädagogen wie die ihrer Gegnern gleichermaßen.

Ferrers Schule sollte vor allem eine rationale Bildung im Sinne der Aufklärung und des technischen Fortschritts umsetzen. Ausgehend von der Annahme, dass Kinder als «offene Systeme» zu betrachten sind, sah er es als Aufgabe des Erziehenden, das Kind zu selbstständigem und vorurteilsfreiem Denken anzuregen. Die Einheit von Körper und Geist, Verstand und Gefühl verlangen nach einer Erziehung, die dieser Einheit gerecht werden müsste. In Anlehnung an Ellen Key (1849–1926) propagierte er eine Erziehung vom Kinde aus. Das Kind als Subjekt und seine Respektierung durch den Erziehenden sah er ebenso als Voraussetzung für eine gesunde Persönlichkeitsentwicklung wie die Gewaltfreiheit. Die Schule, wie sie Ferrer in Spanien vorfand, charakterisierte er mit den folgenden Worten: «Ein Wort genügt, sie zu charakterisieren: Gewalt. Die Schule beherrscht die Kinder physisch, moralisch und intellektuell, um so die Entwicklung ihrer Fähigkeiten in die gewünschten Bahnen zu leiten, sie beraubt sie jeden Kontaktes mit der Natur, um sie bilden zu können, wie die bestehende Ordnung es verlangt. Das ist die Erklärung für ihr vollständiges Versagen, für die Eifrigkeit der herrschenden Klassen, die Erziehung zu kontrollieren und für den Bankrott der Hoffnungen der Reformer. ‹Erziehung› bedeutet in der Praxis Beherrschung oder Versklavung. Es ist nicht auszudenken, dass dieses System bewusst gestaltet worden ist, um die gewünschten Resultate zu erreichen. Das Können eines düsteren, menschenfeindlichen Genius hätte dazu gehört. Aber tatsächlich hat sich alles so entwickelt, als ob das bestehende Erziehungssystem nach einem ungeheuerlichen und wohlüberlegten Plane aufgebaut worden wäre; es hätte nicht besser getan werden können für die Interessenverteidigung der besitzenden Klassen. Die Lehrer sind von Anbeginn an mit den Prinzipien der Disziplin und Autorität, die bisher die meisten gesellschaftlichen Organisatoren gelenkt und beeinflusst haben, angefüllt worden; sie haben nur noch eine einzigste klare Idee und nur einen Willen: Die Kinder müssen lernen zu gehorchen, zu glauben und zu denken in den vorgezogenen Linien der bestehenden gesellschaftlichen Dogmen.» (Ferrer 1926, hier 2003, S. 82f)

Anfang des 20. Jahrhunderts erschien in Spanien allein schon die Koedukation in der «modernen Schule» als eine Revolution. Viel mehr noch war es die Abwesenheit von Strafen, Noten und Prüfungen, die vom Klerus und vom Adel wie eine direkte Bedrohung ihrer Macht angesehen wurde. Die Kinder nicht zu strafen und keine Noten zu erteilen, stieß auch in der Arbeiterschaft auf Unverständnis. Ferrer berichtet von «Arbeitererziehungsgesellschaften», die immer wieder fordern, dass «die Lehrer in unseren Schulen die Kinder strafen mögen.» (Ferrer 1926, S. 95)

Diese Situation ist sicherlich von der heutigen nicht so sehr unterschieden. Andere Einrichtungen der «modernen Schule», wie zum Beispiel die gesundheitliche Untersuchung zu Schulbeginn, haben sich in Europa durchgesetzt. Viele Forderungen, wie die nach der Verbindung von Natur und Unterricht übernahm Ferrer von anderen Pädagogen, die sich kritisch mit den bestehenden Systemen auseinandersetzten. Die im Eigenverlag herausgegebenen Bücher entsprachen in erster Linie lernpsychologischen Anforderungen. Vor allem eine Methodik und Didaktik, die sich an lernpsychologischen Erkenntnissen ausrichtete, war für den Erfolg des Konzeptes der «modernen Schule» wichtig und wurde auch von anderen Reformpädagogen und Pädagoginnen wie Maria Montessori (1870–1952) weiter getragen. Insgesamt war die «moderne Schule» ein Ausdruck der Arbeiterbewegung in Spanien; aufgrund der Popularität ihres Gründers und der vorstehenden Gründe findet sie auch über die Grenzen Spaniens hinaus Anhänger. In Spanien gab es 1903 32, 1906 bereits 60 derartige Schulen. Im Exil in Paris gründete Ferrer 1907 die «Internationale Liga zur vernunftgemässen Erziehung der Jugend». Bis zum Zweiten Weltkrieg wurden «moderne Schulen» in ganz Europa, Russland, Argentinien, Brasilien, USA, Japan und China gegründet. In den Statuten der Liga ist einleitend festgehalten:

«1. Die Erziehung, die man den Kindern gibt, muss auf einer wissenschaftlichen und vernunftgemäßen Grundlage beruhen und jede übernatürliche oder mystische Idee ausschließen;

2. Der Unterricht ist nur ein Teil dieser Erziehung. Außer diesem muss die Erziehung in sich schließen: das Bilden der Intelligenz, das Entwickeln des Charakters, die Kultivierung des Willens, das Vorbereiten eines geistig und körperlich im richtigen Gleichgewicht stehenden menschlichen Wesens, dessen Fähigkeiten harmonisch vereint und zu ihrer größten Leistungsfähigkeit entwickelt sind;

3. Die ethische Erziehung, viel weniger theoretisch als praktisch, muss hauptsächlich aus dem vorbildlichen Beispiel hervorgehen und sich auf das große Naturgesetz der Solidarität stützen;

4. Es ist notwendig, dass, besonders beim Unterricht der allerjüngsten Kinder, die Programme und Mittel so genau wie möglich der Psychologie des Kindes angepasst sind, was jetzt beinahe nirgends der Fall ist, weder im öffentlichen noch im Privatunterricht.» (Ferrer 1907, zit. n. Ramus 1921, S. 54)

Viele der «modernen Schulen» existierten nicht für lange Zeit, sei es aus Unfähigkeit der Betreibenden, Geldmangel oder politischem Druck. Der Einfluss war oft größer als die konkrete Gründung von Ferrer-Schulen. Am stärksten außerhalb von Spanien war die Bewegung der «modernen Schulen» wohl in den USA: Dort existiert heute noch die «Libertarian Walden School» in Berkeley, Kalifornien. David Koven und Audrey Godfriend gründeten 1958 diese Schule zusammen mit drei befreundeten Familien.

Kinderheim Baumgarten und das Kinder- und Landschulheim Caputh

Bisher wurde auch in dieser Veröffentlichung lediglich über das christliche Europa gesprochen. Aber es hat seit der ersten Einwanderung von Juden im 4. Jahrhundert auch eine jüdische Erziehung und jüdische Schulen gegeben. Im Spätmittelalter, beginnend mit den Kreuzzügen Ende des 11. Jahrhunderts, wurden sie Ziel des Antijudaismus. Die aus Frankreich über das Rheinland ziehenden Kreuzfahrer töten 1096 im Rheinland Tausende von Juden. (Gidal 1997, S. 11) Die jüdische Kindheit und Jugend war wie die gesamte jüdische Kultur seit Beginn der Katholischen Herrschaft bestimmt durch die Autorität der katholischen Kirche. In den wirtschaftlich stabilen Zeiten des Hochmittelalters wurde das jüdische Leben weitgehend toleriert. So kam es im 10. und 11. Jahrhundert zu einer Blüte der jüdischen Kultur. Diese war keine einheitliche, sondern unterschied sich vor allem zwischen Süd- und Nordeuropa erheblich. Doch überall in Europa verschärfte sich die Unterdrückung der Juden am Ende des 11. Jahrhunderts. Ihre Schulen waren durch ihre Existenz ein Hinweis, dass es neben der monolithischen katholischen Kirche auch eine andere Wirklichkeit gab. Die jüdische Erziehung war nicht gedacht als eine Erziehung gegen die herrschende Ordnung und wurde auch selten wahrgenommen als praktische Infragestellung des autoritären Regimes der Kirche. Aber gerade bei der Schuldzuweisung für die verschiedensten Schicksalsschläge spielte die Tatsache, dass hier eine Kultur bestand, die nicht in die totalitäre Herrschaft der Kirche passte, eine wesentliche Rolle. Die Verwissenschaftlichung der Judenfeindschaft und die Etablierung des Antisemitismus in der Neuzeit säkularisiert diesen Vorgang. Mit dem Beginn der Neuzeit kam es auch zu einer Ghettoisierung der Juden. Der Begriff «Ghetto» führt zurück nach Venedig zu einem Erlass aus dem Jahre 1516. Nach diesem Erlass mussten sich die Juden in der Nähe der neuen Gießerei (getto nuovo) ansiedeln. (Schöps 1992, S.168f)

Wie für die Christen gelten auch für die Juden die Verse des alten Testament, die den Sohn als Züchtigungsobjekt beschreiben. Doch gab es auch andere Stimmen, zum Beispiel den jüdisch-spanischen Dichter Juda Halevi (gest. 1141): «Warum einen Knaben von zehn mit Tadel bedrängen? Bald genug wird er erwachsen sein und seine Strafe finden [...] Sondern liebevoll sprich mit ihm, mit sanfter Stimme.» (zit. n. Horowitz 1996, S. 115) Diese Sichtweise war in den jüdischen Gemeinden keine randständige Erziehungsmethode. «Halevis Gedicht erfuhr eine weite Verbreitung, und zwar sowohl durch die liturgische Tradition (es wurde in den sefardischen Ritus zu Jom Kippur übernommen) als auch durch den volkstümlichen Kommentar zum rabbinischen Traktat Pirke Awot (Sprüche der Väter), den R. Samuel Uceda aus Safed im 16. Jahrhundert verfaßte.» (Horowitz 1996, S.116)

Während der Aufklärung wurde die Forderung erhoben, die jüdischen Mitbürger gleichzustellen. Auch unter dem europäischen Judentum nahmen die Forderungen nach Assimilation in die bürgerliche Gesellschaft zu. Doch die Forderung nach Gleichberechtigung blieb ohne Konsequenzen, selbst wenn sich Friedrich Wilhelm II. (1747–1797) als Kronprinz eine Büste des jüdischen Philosophen und Aufklärers Moses Mendelssohn (1729–1786) in seiner Wohnung aufstellte. In Preußen wurde der religiöse Antijudaismus in den liberalen sechziger und siebziger Jahren des 19. Jahrhunderts zurückgedrängt. Schulgründungen wie die der Jacobson-Schule zu Seesen am Harz im Jahre 1801, die als jüdische «Religions- und Industrieschule» gegründet wurde und die ab 1805 auch christliche Schüler aufnahm, waren Ausdruck dieser Liberalisierung. Die Schule führte ab 1909 den Unterricht koedukativ durch und existiert heute als Jacobson-Gymnasium.[1] Die Erziehung sollte der Assimilation dienen und hatte vor allem den deutschen Staatsbürger zum Erziehungsziel.

Die Judenfeindschaft nahm gegen Ende des 19. Jahrhunderts zunehmend rassistische Züge an. Der Antisemitismus erwirkte ein Abrücken vieler Juden vom Emanzipations- und Assimilationsprojekt. 1880 wurden die ersten bewusst jüdischen Studentenverbindungen gegründet, nachdem in deutschen Verbindungen keine Juden mehr aufgenommen wurden. Der Zionismus, als eine der Bewegungen die gegen den Assimilationsprozess auftraten, entstand in dieser Zeit, aber erst nach dem Ersten Weltkrieg wurde der Einfluss dieser politischen Richtung größer.

Der Erste Weltkrieg, in den die deutschen Juden mit einem ähnlichen «Hurra-Patriotismus» wie ihre christlichen Mitbürger gezogen waren, löste eine Flüchtlingsbewegung von verwaisten oder verwahrlosten Kindern in Mähren, Galizien, der Bukowina, Russland und Polen aus. «Wir müssen die Zahl 20.000 vervielfachen» schrieb Siegfried Bernfeld (1892–1953) im Juli 1916 in der Zeitung *Der Jude*. Aus dieser Situation heraus entschloss der Kreis um Siegfried Bernfeld, «einen ernsthaften Versuch neuer Erziehung» in die Wege zu leiten. (Bernfeld 1970d, S. 94) Das Projekt, eine «freie Schulsiedlung» für möglichst viele der Waisen in der Peripherie von Wien zu schaffen, scheiterte an den fehlenden Finanzen. Vor allem auf Spenden aus den wohlhabenden Kreisen der Zionisten und «Nationaljuden» hatten die durch die Jugendbewegung geprägten Aktivistinnen und Aktivisten gehofft. «So sehr es aber tatsächlich um diese durch Not und Rettung gleich gefährdeten Kinder ging, handelte es sich doch zugleich um mehr noch: um das jüdische Erziehungswesen überhaupt. Dieses vor Assimilation an alles Überlebte in Europa zu bewahren, ist die absolute Aufgabe für uns sozialistische Erzieher.» (Bernfeld 1970d, S. 99) Sie

---

1 Auf der Web-Site des Gymnasiums findet sich lediglich in der Rede des Schulleiters zum 200jährigen Bestehen der Schule ein Hinweis auf ihre Geschichte

wunderten sich, dass sie eher Zuspruch bei den Kreisen bekamen, die auf eine Assimilation in die Nationalstaaten Europas
und Nordamerikas setzten. Mit ihren Forderungen, die aus dem
Teil der antiautoritären sozialistischen Jugendbewegung kamen, fanden sie weder bei den konservativen «Nationaljuden»
noch bei den Zionisten Unterstützung. Drei Jahre nachdem der
Artikel in der Zeitschrift *Der Jude* veröffentlicht worden war,
wurde 1919 auf Initiative der späteren Verwaltungsleiterin das
Kinderheim «Baumgarten» in fünf Baracken eines ehemaligen
Kriegskrankenhauses gegründet.

Bernfeld übernahm die pädagogische Leitung, für die er
sich recht «autoritäre» Vollmachten aushandelte. Im August
1919 wurden annähernd 300 verwahrloste Kinder im Alter
zwischen drei bis 16 Jahren aus drei verschiedenen Einrichtungen aufgenommen. In drei der Schlafsäle wurden 60 Betten für
Kleinkinder, 50 für Jungen und 50 für Mädchen eingerichtet.
Für Jungen und Mädchen gab es noch jeweils einen 32-Betten-
Saal und für die Älteren waren jeweils Schlafzimmer für zehn
Jungen und Mädchen vorgesehen. Die Unterbringung der
«Kleinen» in so einem großen Saal war für Bernfeld kein größe-
res Problem. Doch die Situation war für die Älteren kaum zu ertragen. Die Kinder hatten ein für die Verhältnisse «durch-
schnittliches» Untergewicht, hatten allerdings vielfach Läuse
und Ekzeme, andere waren in den bisherigen Einrichtungen
verprügelt worden, so dass sie «geduckt und leise da saßen und
vor sich hinstierten.» (Bernfeld 1970d, S. 118) Bis zu ihrer An-
kunft im Kinderheim waren sie autoritär erzogen worden und
die Schulkinder besuchten eine öffentliche Schule.

«Die Früchte dieser Erziehung haben wir bald deutlich erkannt. Vor allem waren die Kinder zutiefst mißtrauisch; sie
glaubten Worten gar nicht, sie glaubten sich von allen Erwachsenen bestohlen, betrogen, belogen, gequält, zurückgesetzt.
Sie logen und stahlen skrupellos. Ihre Weltanschauung, ihre Reaktion auf die Welt, war ein überaus ausgeprägter, sehr intelli-
genter, ganz und gar hemmungsloser Egoismus, der auf einer
sehr durchdringenden Kenntnis der für sie bestimmenden Personen aufgebaut war. Sie wußten, daß es in bezug auf die zur
Durchsetzung eines Wunsches anzuwendenden Methoden
dreierlei Arten Menschen gebe, den einen mußte man vorwei-
nen, den anderen Stiefel putzen, Lasten tragen, Schmeichel-
worte sagen, von den dritten mußte man sich alles gefallen lassen, dafür konnte man sie hinter ihrem Rücken in allem betrü-
gen. Untereinander waren sie nichts weniger als kamerad-

schaftlich, sie bestahlen, betrogen, verprügelten und quälten einander. Ihr ausschließliches Bedürfnis war physischer Art. Von unbeschreiblicher Wehleidigkeit für sich selber, waren sie brutal gegen andere. Ihre spontane Belustigung war: Kartenspiel, Fußballspiel, Zank, Zerstören von Einrichtungsgegenständen, sinnloser Lärm – oder stundenlanges, völlig inhaltloses Hindösen auf der Ofenbank. Für anale Hemmungen hatten sie keinerlei Sinn; Beschmutzungen der Aborte, Wege, ja der Betten war ihnen selbstverständlich. Ein großer Teil der affektiven Interessen konzentrierte sich auf die anale Zone, viele hielten sich gerne auf den Aborten auf, sie vergnügten sich dortselbst in Paaren oder Gruppen, sprachen gerne davon. Masturbation, besonders mutuelle, war häufig. Das absolute Zentrum ihres bewußten Seelenlebens war aber zweifellos das Essen. Die Ausnahmen von dieser geschilderten Struktur waren sehr gering und nur unter den älteren Knaben und vor allem Mädchen zu finden. Die Zahl der pathologischen Kinder von ausgesprochenem Schwachsinn bis zu leichten Psychopathien war erschreckend.» (Bernfeld 1970d, S. 117f)

Innerhalb von sieben Monaten schafften es die Pädagogen um Bernfeld trotz der Steine, die ihnen die Verwaltung und der Finanzier, die jüdische Hilfsorganisation «Joint Committee» aus den USA, in den Weg legten, eine solidarische Schulgemeinschaft zu formen. Was sie für diese Fortschritte getan hatten, fiel ihnen schwer zu sagen. Gegenüber der herkömmlichen Erziehung meinte Bernfeld hätten sie «viel weniger, viel später, viel unauffälliger» als andere gehandelt. (Bernfeld 1970d, S. 119) Bernfeld greift auch das Bild des Gärtners auf, das unter Pädagogen wohl zu den Lieblingsmetaphern gehört: «Man liebt es, in pädagogischen Schriften vom Garten der Kindheit zu sprechen und den Pädagogen dem Gärtner zu vergleichen. Man denkt dabei aber – im Grunde – an nebensächliche Hantierungen des Gärtners, als wären sie seine wichtigsten, ans Beschneiden der Äste, ans Ausgraben und Eingraben, ans Unkrautjäten, an das Veredeln mit dem Messer und der Schere. Man malt sich das Bild eines gar hysterischen Pflegers, der hin und wieder rennt, bindet, gießt und schneidet, und der so tut, als machte er die Gräser wachsen und die Blumen blau und rot, die Äpfel reif; und kennt das wahre Bild des beschaulichen Mannes nicht, der all jenes auch tut, aber nebenbei, nicht damit die Pflanzen wachsen, sondern damit sie ein bißchen leichter wachsen und ein klein wenig mehr, wie es ihm gefiele, der aber wesentlich weiß: was sie brauchen, ist Regen, Luft und Erde, und wenn er die nicht schaffen kann, bleibt ihm nur bange Sorge oder Hoffen; dessen wesentliche Funktion ist, durch sorgsame Beobachtung seiner Pfleglinge diese selbst und ihre Bedürfnisse verstehen zu lernen und zu versuchen, ihnen die Bedingungen ihrer Bedürfnisbefriedigung zu schaffen; dies alles aber in Ruhe und Sicherheit, wie sie liebevoll verstehendes Beobachten erzeugt. Denn das wäre doch ein gar wunderlicher Gärtner, den jede Blattlaus oder Raupe ängstigte, und zu Radikalkuren triebe. Der wahre Gärtner sieht sie zwar, aber er weiß, sie gehören dazu oder gefährden höchstens eine Liebhaberei von ihm, und erst Millionen ihrer schädigen seine Pflanzen selbst. So ist des neuen Erziehers Tun viel mehr ein Nichttun, viel mehr Beobachten, Zusehen, Leben, als ein stetes Mahnen, Strafen, Lehren, Fordern, Verbieten, Anfeuern und Belohnen. Und darum ist es uns, die wir solche Erzieher sind, oder wenigstens sein möchten, nicht ganz leicht zu sagen, was wir eigentlich taten; wir würden immer mehr zu erzählen haben, was die Kinder taten.» (Bernfeld 1970d, S. 119f)

Das Essen war für die Kinder in Baumgarten nachvollziehbarerweise das Wichtigste. Hier stand die antiautoritäre Pädagogik der Lehrerinnen und Lehrer auf dem ersten ernsthaften Prüfstand. Die Kinder waren gewohnt, dass die Ruhe «herbeigeschrien» wurde. Nicht so in Baumgarten: Die Lehrer lärmten mit, unterhielten sich mit den Kindern und gingen allerdings mit «gutem Beispiel voran». Nach drei Monaten schuf sich die gesamte Schulgemeinde eine «Reihe von Speisesaalgesetzen», in denen es unter anderem hieß, dass «es sich nicht gehöre wie Tiere zu fressen». (Bernfeld 1970d, S. 122) Als Referent auf Schulabschlusstagen in denen meist mehrere 10er Klassen von Haupt- und Realschulen in einer Bildungsstätte in den zweifelhaften Genuss eines solchen Speisesaals kommen, kann ich immer wieder live erleben, wie zum Teil noch heute in solchen Situation vergeblich versucht wird, die Ruhe herbeizuschreien. Leider gibt es da nicht die Zeit um die Situation anders anzugehen, aber die Arbeit in Gruppen mit den Jugendlichen, die in der Regel zuerst sehr chaotisch beginnt, aber bei der die Schülerinnen und Schüler schnell merken, dass hier jemand «auf Augenhöhe» mit ihnen spricht führt in der Regel dazu, dass ich im Speisesaal Ansagen machen kann, ohne dabei laut zu werden. Diese Auseinandersetzung auf Augenhöhe, das Ernstnehmen der Jugendlichen war auch ein wesentliches Element, das politische Jugendbildner in unserer Studie zur politischen Jugendbildung für den Erfolg ihrer Arbeit benannten. (Schröder u.a. 2004) Das bedeutet nicht, keine Kritik zu äußern. In Baumgarten sagten die Lehrer in Gruppen- und Einzelgesprächen den Kindern und Jugendlichen schon ihre Meinung. Es wurde keine Begeisterung geheuchelt, «wo wir angewidert waren.» (Bernfeld 1970d, S. 123) Vor allem hieß (und heißt) ernst nehmen auch, dass nicht dieser freundliche Ton angeschlagen wurde, der impliziert, wenn es so nicht geht, werden wir dich eben anders zwingen. In den Ausführungen von Bernfeld zur Arbeit im Kinderheim Baumgarten sind noch einige Prinzipien antiautoritärer Erziehung zu finden. Dazu gehört das «Wort halten» genau so, wie sich auch die Erzieher und Lehrer an die Gesetze der Schulgemeinde zu halten haben: Die von der Schulgemeinde getroffenen Entscheidungen zu beachten und vor allem die Kinder und Jugendlichen nicht zu belügen.

Bernfeld war sich der Beschränkung der Schulheimpädagogik, wie sie in Baumgarten betrieben wurde, sehr wohl bewusst. In einer kapitalistischen Gesellschaft mit ihren verschiedenen autoritären Herrschaftsformen kann eine solche Einrichtung nur ein Impuls sein. Sein Blick war auf Palästina gerichtet, das «wird sozialistisch sein, oder es wird gar nicht sein.» (Bernfeld 1970d, S. 132) Die Erfahrungen der frühen Sowjetunion, in der sich «neue Hydrahäupter im Erziehungswesen» erheben, verstand er als Aufruf an die jüdischen Sozialisten durch eine «neue Erziehung» den Menschen im Sozialismus «aus dem seelischen Grundschlamm der eben vergehenden Periode» zu befreien. (Bernfeld 1970d, S. 133)

Hatten Bernfeld und seine Mitstreiterinnen und Mitstreiter versucht, mit ihrer «neuen Erziehung» gegen gleich zwei Unterdrückungsmechanismen, das Generationengefüge und den Antisemitismus, anzugehen, so war die Situation für das Landschulheim Caputh in Bezug auf den Antisemitismus in unmittelbarer Nähe zur Shoa für Kinder und Erziehende lebensbedrohlich. In Caputh, südöstlich von Potsdam am Schwielowsee, gründete die jüdische Reform- und Sozialpädagogin Gertrud Feiertag (1890–1943) 1931 ein «Kinderlandheim zur Erziehung, Pflege und Erholung.» (zit. n. Feidel-Merz; Paetz 1994, S. 34) Die Einrichtung war von der Reformpädagogin für etwa 30 Kinder geplant. Nach dem ursprünglichen Konzept von Gertrud Feiertag war das Haus in erster Linie für jüdische Kinder bestimmt, sollte aber für Kinder nichtjüdischer Herkunft und Glaubenstradition offen sein. In den ersten zwei Jahren seines Bestehens hat das Landerziehungsheim einen mehr interkonfessionellen als strikt jüdischen Charakter gehabt. Ab 1932 gab es auch eine Schule und mit Fridolin Friedmann (1897–1976), der zuvor an der Odenwaldschule Lehrer gewesen war, übernahm ein weiterer Reformpädagoge die Leitung.

Gertrud Feiertag, die zuvor auf Norderney ein jüdisches Kinderferienheim geleitet hatte, war wie Bernfeld von der Jugendbewegung und Gustav Wynekens Landschulbewegung beeinflusst. Die Bedeutung der musischen Unterrichtung hatte nicht zuletzt aus diesem Grund in der gesamten Zeit der Existenz des Heims und der Schule in Caputh eine besondere Bedeutung. Sie war eingebunden in einen Kreis reformpädagogischer Pädagoginnen in Berlin. Das waren vor allem Anna von Gierke (1874–1943), die das Charlottenburger Jugendheim gründete, und Alice Salomon (1842–1948), Gründerin der Sozialen Frauenschule (heute Alice-Salomon-Fachhochschule Berlin), und die Leiterinnen der Berliner jüdischen Privatschulen. (Westphal 1992)

Das Kinder- und Landschulheim wurde nach dem Konzept von Gertrud Feiertag immer durch zwei Personen geleitet, sie selbst war für den Heimbetrieb verantwortlich, Fridolin Friedmann in der Zeit von 1932–1936 für den Schulbetrieb. Von 1937 an bis zur Zerstörung des Landschulheimes 1938 leitete Ernst Ising die Schule, er war seit 1934 als Lehrer für Mathematik und Physik an der Schule angestellt.

Die Machtergreifung der Nationalsozialisten, der Antisemitismus als Staatsideologie, veränderte die Situation in Caputh fundamental. Das Heim und die Schule durften nur noch jüdische Kinder aufnehmen. Der antisemitische Druck auf diese Kinder in den öffentlichen Schulen war so groß, dass immer mehr Eltern ihre Kinder in das Landerziehungsheim Caputh gaben. Mit der Entlassung pädagogischen Personals jüdischen Glaubens in Folge des «Gesetzes zur Wiederherstellung des Berufsbeamtentums» vom 7.4.1935 waren Lehrerinnen und Lehrer genauso wie sozialpädagogische Mitarbeiterinnen gezwungen, in jüdischen Einrichtungen Anstellung zu finden. Das Landschulheim in Caputh wurde für die jüdischen Kinder wie für die Mitarbeiter und Mitarbeiterinnen des Heims und der Schule zu einer Zufluchtstätte in einer feindseligen Umwelt. Die Schülerzahlen stiegen rasch an, es waren nun jeweils zwischen 80 und 90 Kinder zu betreuen und zu unterrichten, wobei durch Emigration und Neuaufnahmen eine hohe Fluktuation herrschte. Es wurden weitere Häuser für die Unterbringung von Schülern, Lehrern und Heimmitarbeitern angemietet, unter anderem das Sommerhaus Albert Einsteins.

Auch in Caputh selbst erhöhte sich der antisemitische Druck auf Schule und Heim. Sie stellten zwar für den Ort einen wichtigen Wirtschaftsfaktor dar und einige «arische» Nachbarinnen und Nachbarn und vor allem der Hausmeister waren hilfsbereit, aber ab 1933 gab es physische Angriffe gegen das Heim. Die Fenster der Schlafsäle wurden eingeworfen und besonders der Lehrer der Dorfschule hetzte seine Schüler mit antisemitischen Parolen gegen das Heim auf. Mehrfach von der Schließung bedroht, mussten die Kinder und das Personal am Tag nach der Reichspogromnacht nach Berlin flüchten. Inneneinrichtung, Fenster etc. wurden am 10. November 1938 brutal zerstört, wobei sich wieder der erwähnte Lehrer hervortat. «Das aber war sicher: Als die SS am 9. November die Möbel im Heim zerschlug und alle Insassen Caputh verlassen mußten, wurde es für die Kinder und Erwachsenen das ‹verlorene Paradies›.» (Friedlaender; Jarecki 1996 S. 47)[1]

Gertrud Feiertag flüchtete nicht aus Deutschland, sie wurde 1942 nach Auschwitz transportiert und im Spätsommer 1943 von einer ehemaligen Mitschülerin auf dem Weg in die Gaskammer zum letzten Mal gesehen.

Im Landschulheim Caputh lebten die Kinder in familienähnlichen Gruppen in den verschiedenen zum Landschulheim gehörenden Häusern, die der Leitung einer Sozialarbeiterin oder eines Lehrerehepaars unterstanden. Die das Heim betreffenden Fragen wurden auf der Hausversammlung geregelt. Die finanziellen Schwierigkeiten, die das Haus die ganze Zeit begleiteten, behielt Gertrud Feiertag weitgehend für sich. Da das Heim keine öffentliche Förderung bekam und während des Nationalsozialismus auch zusätzliche finanzielle Belastungen aufgebürdet bekam, versuchte sie, dies durch eine geschickte Haushaltsführung in den Griff zu bekommen. Die Kinder arbeiteten selbst an ihrer Versorgung, sie waren für Ordnung und Sauberkeit ihrer Zimmer zuständig, hatten feste Pflichten im Heimbetrieb und waren an der Gartenarbeit beteiligt. Dieses pädagogisches Prinzip, mit dem die Kinder zu Selbständigkeit und Selbstverantwortung erzogen werden sollten, trug auch zur Senkung der Heimkosten bei. Dabei wird das Heim als freiheitliche Einrichtung in der Rückschau der Überlebenden eingeordnet. (Feidel-Merz; Paetz 1994) In der *CV-Zeitung*, dem Organ des «Cen-

---

1 Ich halte mich bei der Angabe der Zerstörung des Landschulheims an die Untersuchungen von Hildergard Feidel-Mertz, die den 10.11.1938 als Tag des Überfalls und der Flucht nennt.

tralvereins deutscher Staatsbürger jüdischen Glaubens» schreibt Hilde Marx am 28.6.1934: «Ein ganz klein wenig Neid kommt einen an, wenn man zwischen lauter Grün zu dem Landschulheim in Caputh hinaufsteigt, das über dem See am Wald liegt: man denkt an die grauen, strengen Steinmauern, hinter denen man die eigene Schulzeit verbracht, und obgleich man selbst wirklich noch nicht alt ist, möchte man die Zeit um ein paar Jahre zurückschrauben, um noch einmal als Kind an dem Leben in diesem Heim teilnehmen zu können. Über diesen Boden weht eine Lust, die nichts weiß von einem unbarmherzig trocken geregelten Zwang; Licht, Weite und Freiheit – hier verbringen über hundert jüdische Kinder ihre Lernzeit.» (Marx 1934, S. 15)

Leben, Lernen und Lehren im Kinderlandschulheim Caputh standen nach 1933 im Zeichen der Rückbesinnung auf die gemeinsamen jüdischen Wurzeln. Das pädagogische Personal wie auch die Schülerinnen und Schüler kamen vor allem aus dem assimilierten deutsch-jüdischen Bürgertum. Der Antisemitismus der Nationalsozialisten, die zunehmend feindliche Stimmung in der deutschen Bevölkerung, die nicht erst 1933 begonnen hatte, zwang die Juden, die sich ja auch als Deutsche gefühlt hatten, ihre Identität neu zu formulieren. Das jüdische Kulturerbe bot ihnen diese Identifikation. «Die Neuorientierung, die eine Rückbesinnung auf das Überlieferte war, bestimmte auch das gesamte pädagogische Handeln in Caputh. Jüdische Geschichte, jüdische Feste und jüdische Traditionen waren zurückzugewinnen, aber sie sollten nicht nur äußerlich angeeignet, sondern auch in ihrem humanistischen Gehalt verstanden und mit farbigen, reichhaltigen Erlebnissen erfüllt werden.» (Meseber-Haubold 2001, S. 111) Vor allem die Musik und das darstellende Spiel dienten in Caputh der Annäherung an die eigene Geschichte als Juden. Fridolin Friedmann schrieb und inszenierte Theaterstücke zu Themen der jüdischen Geschichte, die von den Schülerinnen und Schülern umgesetzt wurden. Die Unterdrückung der Juden, die unmittelbar erfahren wurde, erhielt so für die Kinder und Jugendlichen einen historischen Kontext und die pädagogische musische Arbeit gab ihnen die Möglichkeit der Verarbeitung der Erfahrungen.

Das Heim in Caputh entspricht vielleicht nicht der umgangssprachlichen Vorstellung von antiautoritärer Erziehung. Die Pädagogik die dort allerdings betrieben wurde, war aber als Ermächtigung, als Stärkung und vor allem in ihrer Widerständigkeit gegenüber einer autoritären Unterdrückung, wie sie einmalig in der Geschichte war, antiautoritär. Wie sich die Gemeinschaft auf die Kinder und Jugendlichen ausgewirkt hat und wie sie das bestimmende Unterdrückungsmoment – wenigstens für eine Zeit – bekämpfte, wird deutlich in den Aussagen von Karl R.[1], einem Schüler in Caputh. Er beschreibt seine Aufnahme in der Gemeinschaft unter anderem mit den Worten: «Ein beglückendes Gefühl war es für mich, nicht mehr als Jude angepöbelt zu werden. Diese ständige Angst, die mich bisher verfolgt hatte, war weg. Ich war nicht mehr Aussätziger, ein Fremdkörper in der Gemeinschaft. Ich war mit einem Mal keiner Diskriminierung mehr ausgesetzt.» (zit. n. Feidel-Merz; Paetz 1994, S. 124)

Den Mitarbeiterinnen und Mitarbeitern wurde zunehmend klar, dass für die Kinder (und letztendlich auch für sie) die Hoffnung in der Emigration lag. Daher versuchten sie, die Kinder bestmöglich auf die Flucht vorzubereiten. Der Hebräisch-Unterricht sollte auf die Emigration nach Palästina vorbereiten und Englisch für die Flucht nach England oder in die USA. Auch andere Fremdsprachen gehörten zum Schulprogramm ab 1933 und der Fremdsprachen-Unterricht zum festen Schulprogramm. Die Hachschara, wörtlich «Tauglichmachung», war als organisierte Vorbereitung auf ein Leben in Palästina ein Teil des Unterrichts, wobei Palästina nicht als ausschließliches Ziel der Flucht vorgeschrieben wurde.

Die Beispiele des Baumgarten Heims bei Wien unter Bernfeld und des Landschulheims Caputh unter der Leitung von Gertrud Feiertag waren als jüdische Einrichtungen antiautoritär wie auch als pädagogische Einrichtungen der Reformpädagogik wegweisend. Sie finden bisher viel zu wenig Erwähnung im Zusammenhang mit freiheitlichen Schuleinrichtungen. Die Überdeterminierung der verschiedenen Unterdrückungen ist dabei eine Herausforderung, die die beteiligten Pädagogen beachteten, ohne dass sie explizit diskutiert wurde. Stand im Kinderheim Baumgarten die Unterdrückung der Flüchtlingskinder als Kinder im Vordergrund, so wurde in Caputh aufgrund der gesellschaftlichen Situation der Antisemitismus zur alles überschattenden Unterdrückung. Es erstaunt nicht, dass Hilde Jarecki (1911–1996), die am Charlottenburger Jugendheim bei Anna von Gierke eine Ausbildung als Kindergärtnerin gemacht hatte und dann in Caputh arbeitete, in England die Inner-Lon-

---

1   In den Kurzbiographien des Buches von Feidel-Merz und Paetz sind
     die Interviewten in dieser Form anonymisiert.

don-Education-Playgroups gründete, eine Initiative, die armen Kindern für die es keine Kindergartenplätze gab Spiel- und Entwicklungsmöglichkeiten bot. Die Sensibilität für die verschiedenen Unterdrückungsmechanismen war ihr erhalten geblieben.

Erziehung nach 1945

Die Nachkriegszeit

Mit der Zerschlagung des Nationalsozialismus hätte die Chance in Deutschland bestanden, zumindest eine weniger autoritäre Erziehung aufzubauen. Eine Erziehung, die sowohl die Arbeiten derjenigen einbezogen hätte, die im Exil die Sozialwissenschaften unter dem Eindruck der Shoa weiterentwickelten als auch Elemente antiautoritärer Pädagogik, wie sie in den 20er Jahren entwickelt worden waren, schien in den Vorläufern beider deutscher Staaten zuerst einmal möglich.

Die kapitalistische Grundlage der Gesellschaft als «objektive» Voraussetzung für den Nationalsozialismus wurde bei großen Teilen der Bevölkerung in Ost- und Westdeutschland gesehen. Bereits vor Kriegsende hatten sich die Vertreter der späteren Besatzungsmächte auf die Prinzipien geeinigt, nach denen Deutschland wieder aufgebaut werden sollte. Die fünf großen D´s sollten den Neuaufbau bestimmen: Demokratisierung, Denazifizierung, Demilitarisierung, Dekartellisierung und Dezentralisierung. Für die Erziehung sollten vor allem die Denazifizierung und die Demokratisierung prägend sein.

Die große Mehrheit der deutschen Jugendlichen hatte eine Enkulturation in den Nationalsozialismus hinein erfahren. Ihre soziale Situation sah alles andere als rosig aus: An die 500.000 Jugendliche waren zum Beispiel in der BRD in den späten 40er Jahren arbeitslos. Darüber hinaus waren für eine große Gruppe von Jugendlichen die klassischen Familienstrukturen nicht mehr gegeben. Bis Ende der 40er Jahre betrug das zahlenmäßige Lehrer-Schüler-Verhältnis in Westdeutschland 1:80. In der Geschichtsschreibung über die Herausbildung der beiden deutschen Staaten ist die Frage nach der Auseinandersetzung mit nationalsozialistischem Gedankengut innerhalb der Jugend bisher kaum berücksichtigt worden. Gehorsam gegenüber den «neuen Herren» war für die ehemalige Hitler-Jugend scheinbar kein Problem. Ideologische Versatzstücke von Rassismus und Antisemitismus blieben dabei weitgehend erhalten.

Dennoch wurde in der BRD die dreigliedrige Schule der Weimarer Republik im autoritären Stil eingeführt und in der DDR eine polytechnische Schule, die nicht weniger autoritär wurde. In der DDR wurden 1945/46 auf die Schnelle 15.000 Lehrerinnen und Lehrer neu eingestellt, darunter viele Verfolgte des Nationalsozialismus. Die Schulleitungen orientieren sich zunächst an den Reformschulen aus der Weimarer Zeit. In den Westzonen wurden lediglich die ersten vier Schuljahre als Gemeinschaftsschule eingerichtet. Diese Struktur wurde gegen den Willen der US-amerikanischen Militäradministration vorgenommen, die mindestens sechs gemeinsame Schuljahre gefordert hatte. Eine Denazifizierung des gesamten Lehrkörpers hat es in den Westzonen faktisch nicht gegeben. Für die Erziehungswissenschaften an den Universitäten sah es nicht sehr viel anders aus. In seiner zweibändigen Untersuchung zur Erziehung unter der Nazi-Diktatur schreibt Wolfgang Keim einleitend: «Die damalige Pädagogenschaft hat das Nazi-Regime nämlich nicht nur erduldet, sondern es mit ermöglicht, vielfältig unterstützt, sich teilweise sogar an seinen Verbrechen beteiligt und nach 1945 jede Mitverantwortung und Mithaftung jahrzehntelang geleugnet.» (Keim 1995, S. 1)

Der Kalte Krieg begünstigte auf beiden Seiten der Grenze eine autoritäre Erziehung, die auf Jahrzehnte hinaus die antiautoritären Ansätze der Weimarer Republik ebenso marginalisierte wie die antiautoritären Projekte in anderen Staaten. Nationalsozialismus und Stalinismus hinterlassen insbesondere in Deutschland ihre autoritären Spuren. Wolf Biermann hat es in seinem *Deutschland, ein Wintermärchen* für die DDR treffend besungen mit den Worten: «So gründlich haben wir geschrubbt / Mit Stalins hartem Besen, / Dass rot verschrammt der Hintern ist, / Der vorher braun gewesen.» Christoph Jühnke schreibt in den *Sozialistischen Heften* im Dezember 2006: «Der tiefgreifende und nachhaltige Einschnitt, den der historische Stalinismus für die sozialistische Bewegung bedeutet, ist der Tiefe und Nachhaltigkeit des Einschnitts vergleichbar, den der Faschismus für die bürgerlich-demokratische Bewegung bedeutet. Die Probleme menschlicher Emanzipation und humanem Fortschritts sind danach nicht mehr dieselben wie davor – und dies betrifft nicht zuletzt die Probleme sozialistischer Demokratie.» (Jühnke 2006, S. 40) Für die antiautoritäre Erziehung können wir dies für beide Regimes sagen und hinzufügen, dass die Auswirkungen des «Kalten Krieges» auf die Autoritätsstrukturen in der Pädagogik bis heute nicht ansatzweise untersucht sind.[1] Im Re-education-Programm der US-Army waren antiautoritäre Elemente in dem Sinne enthalten, dass das Programm für die Jugendlichen eine Wahrnehmung eigener Interessen, vor allem in der Freizeit, vorgesehen hatte. Doch diese Elemente des Programms scheiterten, zum einem durch die schwere Bürgschaft, die der Nationalsozialismus hinterlassen hatte, zum anderen durch den «Kalten Krieg», der nicht zuletzt durch die Einführung der Bundeswehr und der Nationalen Volksarmee, die Erziehung bei der männlichen Jugend an den Militarismus ankoppelte. Besonders im Westen wurde der Protest gegen die Wiederbewaffnung im Übrigen von Jugendlichen getragen.

Die autoritäre Reglementierung der Schulen und der Freizeitgestaltung erfuhr durch Einflüsse der Kulturindustrie im Westen stärker als im Osten ihre erste Opposition. Wenn in der Arbeiterjugend ab den 50er Jahren rebellierende «Rockerbanden» auftauchten und bildungsbürgerliche Jugendliche mit Sartre und Jazz ihre Eltern schockierten, so wurde dies kaum als Protest gegen die autoritären Strukturen der Gesellschaft wahrgenommen. Am 30. Dezember 1956 zogen im Anschluss an eine Vorführung des Films *Außer Rand und Band* mit Bill Haley ca. 4.000 Jugendliche durch die Innenstadt von Dortmund, provozierten Passanten und lieferten sich Auseinandersetzungen mit der Polizei. Ähnliche Vorfälle, bei denen oft das Mobiliar der Kino- und Konzertsäle zerstört wurde, gab es Mitte der 50er Jahre in fast allen großen westdeutschen Städten.

Die westdeutsche Wirtschaft verzeichnete in dieser Zeit Wachstumsraten von bis zu 9 %. Die zwei Generationenfamilie, in der durchschnittlich zwei Kinder lebten (in städtischen Zentren sogar weniger), die bessere Versorgung mit Wohnraum aber auch die Zunahme von Ehescheidungen kennzeichneten die Erziehungssituation in den westdeutschen Familien. Die technologischen Veränderungen in der Wirtschaft führten in ganz Nordwesteuropa zu einem Anwachsen der Zahlen von

---

1   Enzo Traverso weist in seinem Artikel «Totalitarismus, vom Nutzen und Nachteil eines umkämpften Begriffs» auf eine wichtige Unterscheidung zwischen Stalinismus und Nationalsozialismus hin, die zwar für Fragen der antiautoritären Erziehung sekundär sind, die im Gesamtzusammenhang jedoch eine wesentliche Bedeutung haben: «Obwohl beide Systeme ohne Zweifel unmenschlich, kriminell und totalitär waren und als solche verdammenswert sind, trennt sie der grundlegende Unterschied ihrer jeweiligen Funktionsweisen.» (Traverso, 2006 S.12)

Schülerinnen und Schüler an weiterbildenden Schulen. Die Erziehung und Ausbildung in Familie und Schule wurde den Anforderungen der ökonomischen, technischen und kulturellen Entwicklung immer weniger gerecht. Die Veränderung der Massenmedien durch Film und Fernsehen, der zunehmende Einfluss der Kulturindustrie auf die Enkulturation der Kinder und Jugendlichen stellte die im Grunde in den Preußischen Regulativen des 19. Jahrhunderts wurzelnde Erziehung in Schule und Familie in Frage.

Doch erst ab Mitte der 60er Jahre war es in der Bundesrepublik Deutschland möglich, öffentlich antiautoritäre Positionen zu vertreten. Das Buch *Erziehung in Summerhill* von Alexander S. Neill erschien bereits 1965, weitgehend unbemerkt, im Szczesny-Verlag. Die weitaus wichtigere Wendung zu einer antiautoritären Öffnung lag wahrscheinlich in der Wirkung der Ausstrahlung einer Radiosendung, die Theodor W. Adorno (1903–1969) am 18. April 1966 im Hessischen Rundfunk mit folgenden Worten begann: «Die Forderung, dass Auschwitz nicht noch einmal sei, ist die allererste an Erziehung. Sie geht so sehr jeglicher anderen voran, dass ich weder glaube, sie begründen zu müssen noch zu sollen. Ich kann nicht verstehen, dass man mit ihr bis heute so wenig sich abgegeben hat. Sie zu begründen hätte etwas Ungeheuerliches angesichts des Ungeheuerlichen, das sich zutrug.» (Adorno, hier 1977, S. 674)

Die Textzeilen gehören sicherlich zu den am häufigsten zitierten Sätzen der Rundfunkgeschichte. Aber warum sollen wir seinen Beitrag auch über seinen antifaschistischen Kern hinaus als einen Appell für eine antiautoritäre Erziehung verstehen? Erst einmal stellt Adorno fest, dass nicht nur eine Gesellschaft wie das nationalsozialistische Deutschland verhindert werden muss, sondern dass es auch darum geht, gegen Kräfte anzugehen, die «die Tötungen ganzer Bevölkerungen» durchführen. «Da die Möglichkeit, die objektiven, nämlich gesellschaftlichen und politischen Voraussetzungen, die solche Ereignisse ausbrüten, zu verändern, heute aufs äußerste beschränkt ist, sind Versuche, der Wiederholung entgegenzuarbeiten, notwendig auf die subjektive Seite abgedrängt.» (S.675f)

Diese objektiven Voraussetzungen sind heute vielleicht noch vitaler als in der zweiten Hälfte der 60er Jahre. Die Auseinandersetzung um eine antiautoritäre Erziehung wird von Anfang an von der Frage begleitet, ob die «Notwendigkeit» auf der «subjektiven Seite» letztendlich erfüllt werden kann, ohne die «objektiven Voraussetzungen» zu verändern und umgekehrt. Sie wird hier rein pragmatisch beantwortet. Adorno fordert neben der allgemeinen «Aufklärung, die ein geistiges, kulturelles und gesellschaftliches Klima schafft, das eine Wiederholung nicht zulässt» die Erziehung der nachwachsenden Generation. (S. 677)

Ihm ist sehr wohl klar, dass die Erziehung nur «ein Weniges unternehmen» kann (S. 690), dennoch sieht er in der Hinterfragung struktureller Autorität eine Stärke, die erlernt werden kann. An erster Stelle der Hinterfragung steht für Adorno die Selbstreflexion. Auch für die antiautoritäre Erziehung ist die Selbstreflexion ein zentrales Element. Indem Kinder und Jugendliche sich ihre Regeln selbst formulieren, indem sie darüber nachdenken müssen, was gut für sie, für die anderen und für die Gemeinschaft ist, und indem sie sich dabei nicht von autoritären Vormündern leiten lassen, können sie die Fähigkeit zur Selbstreflexion eher lernen, als wenn sie durch Zwänge auf «die richtige Bahn» gebracht werden. Adorno nennt einige dieser Zwänge: Da wäre das Brauchtum und hier besonders die Initiationsriten. «Man braucht nur an die eigenen ersten Erfahrungen in der Schule zu denken. Anzugehen wäre gegen jene Art folkways, Volkssitten, Initiationsriten jeglicher Gestalt, die einem Menschen physischen Schmerz – oft bis zum Unerträglichen – antun als Preis dafür, dass er sich als Dazugehöriger, als einer des Kollektivs fühlen darf.» (S. 682) Die Aufnahme in die Welt der Erwachsenen und insbesondere in die Welt der Männer, stellt die Grenze dar zwischen dem Lebensabschnitt in dem man erzogen wird und dem Zustand in dem man ungestraft autoritär sein darf. Ob dies durch das Absolvieren einer Zeremonie geschieht oder durch die Ableistung eines Militärdienstes ist bei dieser Betrachtung erst einmal gleichgültig. Die Initiation in ihrer patriarchalischen Form ist ein autoritärer Erziehungsvorgang par excellence. «Kein Zufall, dass die Nazis solche Scheußlichkeiten unter dem Namen ‹Brauchtum› verherrlicht und gepflegt haben.» (S. 682)

Eng mit jeder Initiation verbunden ist die Erziehung zur Härte. «Ich erinnere daran, dass der fürchterliche Boger während der Auschwitz-Verhandlung einen Ausbruch hatte, der gipfelte in einer Lobrede auf Erziehung durch Disziplin durch Härte. Sie sei notwendig, um den ihm richtig erscheinenden Typus vom Menschen hervorzubringen. Dies Erziehungsbild der Härte, an das viele glauben mögen, ohne darüber nachzudenken, ist durch und durch verkehrt. Die Vorstellung, Männlichkeit bestehe in einem Höchstmaß an Ertragenkönnen, wurde längst zum

Deckbild eines Masochismus, der – wie die Psychologie dartat – mit dem Sadismus nur allzu leicht sich zusammenfindet. Das gepriesene Hartsein, zu dem da erzogen werden soll, bedeutet Gleichgültigkeit gegen den Schmerz schlechthin. Dabei wird zwischen dem eigenen Schmerz und dem Schmerz anderer nicht einmal so sehr fest unterschieden.

Wer hart ist gegen sich, der erkauft sich das Recht, hart auch gegen andere zu sein und rächt sich für den Schmerz, dessen Regungen er nicht zeigen durfte, die er verdrängen musste. Dieser Mechanismus ist ebenso bewusst zu machen wie eine Erziehung zu fördern ist, die nicht, wie früher, auch noch Prämien auf den Schmerz setzt und auf die Fähigkeit Schmerzen auszuhalten.» (S. 682) Diese Männlichkeitsphantasie ist bis heute weit verbreitete Erziehungsansicht für Jungen. Das Erziehungsziel ist scheinbar erreicht, wenn der Junge in den einen oder anderen Männerbund aufgenommen ist. Diese Männerbünde haben eine kriegerische Tradition, auch wenn sie heute nur noch als Karikatur in Erscheinung treten, wie in Form der Schützenbrüderschaften. Antiautoritäre Erziehung ist dem gegenüber nur denkbar als antimilitaristische, pazifistische Erziehung. Aber Enkulturation bedeutet auch bis heute und gerade in Deutschland in den letzten Jahren wieder zunehmend: Krieg denken, und für die Soldaten: auch Krieg führen zu können.

Die weibliche Enkulturation, die Schaffung von fürsorglichen Wesen, steht dieser männlichen Variante bis heute gegenüber, auch wenn es Verschiebungen gegeben hat. Diese Sozialisation ist sicherlich für die Mitmenschen nicht so gefährlich wie die männliche Variante, aber für die so Sozialisierten kann sie in eine Unterwürfigkeit führen, die bis zur Selbstzerstörung reicht, oder durch ihre Fürsorge autoritäre Verhältnisse unterstützen.[1]

Die egoistischen Interessen, die ein gesellschaftliches Klima der Kälte herstellen, sind strukturell bedingt. Adorno verwehrt sich daher auch «Liebe zu predigen.» (S. 688) «Der Zuspruch zur Liebe – womöglich in der imperativischen Form, dass man es soll – ist selber Bestandstück der Ideologie, welche die Kälte verewigt. Ihm eignet das Zwanghafte, Unterdrückende, das der Liebesfähigkeit entgegenwirkt. Das erste wäre darum, der

---

1   Die Begriffe männlich und weiblich werden hier nicht als dem biologischen Geschlecht anhaftende Eigenschaften gefasst, sondern als bipolare Elemente der Erziehung, die selbst wenn sie in der konkreten Erziehung gemischt werden, als solche auszumachen sind.

Kälte zum Bewusstsein ihrer selbst zu verhelfen, der Gründe, warum sie wurde.» (S. 688f.) Hier finden wir einen Übergang von der antiautoritären Erziehung zur Bildung. Der Verzicht auf die Verordnung von Charaktereigenschaften: «sei lieb», «sei mutig», «sei artig» etc. eröffnet stattdessen die Möglichkeit der Selbstreflexion und erwirkt die Neugierde nach dem Warum, ermöglicht die eigene Aktivität, sich zu bilden. Antiautoritäre Erziehung ist in diesem Sinne die Unterstützung zur Bildungsfähigkeit.

Die Infragestellung der herrschenden Autoritäten war das auslösende Moment für die Entstehung der Jugendbewegung der späten 60er Jahre. Die repressiven Institutionen Familie, Schule und Hochschule wurden einer massiven Kritik unterzogen. Die Familie, nachdem sie schon lange ihre produktive Funktion verloren hatte, musste in diesem Zeitraum auch zunehmend einen Teil ihrer Funktionen der Enkulturation abgeben. Auch wenn das Bild des Vaters als Haushaltsvorstand bis heute dominant blieb, ist dieser Schein immer weniger Ausdruck des Seins.

In den 60er Jahren änderte sich die Einstellung zur Gewalt gegen Kinder in der BRD. 1971 befürworteten «noch 24% der Eltern – gegenüber 36% in 1965 –, daß Schläge ‹auch zur Erziehung gehören›; immerhin 24% sind 1971 (gegenüber 16% für 1965) der Ansicht, daß es ‹grundsätzlich verkehrt ist, daß man ein Kind schlägt›.» (Ternorth 1988, S. 285) Die sozialen Unterschiede scheinen allerdings einen großen Einfluss auf das Verhalten gegenüber den Kindern gehabt zu haben. «Laut der EMNID-Studie von 1964 erwarten die Eltern mit Volksschulabschluss von ihren Kindern zu 28% Gehorsam und Unterordnung, bei den Eltern mit einem Mittelschulabschluss zu 20% und bei Eltern mit Abitur 13% Gehorsam und Unterordnung. Zugleich fördern sie bei ihren Kindern Selbstständigkeit und einen freien Willen, zu 27% bei Eltern mit Volksschulabschluss, 44% bei Mittelabschluss und 54% mit Abitur.» (Klusemann 2006)

Von der Uni in den Kinderladen

Von der Bewegung an den Colleges und Universitäten der USA inspiriert, griff ein Teil der westdeutschen Studierenden die seit den 30er Jahren formulierten Kritiken der autoritären Zurichtung aus der Frankfurter Schule auf. Vor allem an der Freien Universität (FU) in Berlin aber auch in anderen Universitätsstädten wurde insbesondere die Nazivergangenheit der älteren Generation im Allgemeinen und die der Lehrenden im Speziellen kritisiert. Mit Aktionsformen wie den «Go-ins» oder den «Teach-ins» setzten sich die Studierenden über die repressiven Hierarchien der Universität hinweg. Berlin war eine «Hochburg» dieser Bewegung, nicht zuletzt, weil sich junge Männer hier auf Grund des «Vier-Mächte-Abkommens» dem Militär entziehen konnten. Aber auch der Umstand, dass die FU Berlin, deren Selbstverständnis politischer war als das der meisten anderen Universitäten in Westdeutschland, sich gegen eine Variante des Verbindungswesens wehrte, das direkt aus dem Nationalsozialistischen Deutschen Studentenbund (NSDSTB) hervorgegangen war, übte auf radikal-demokratische Abiturientinnen und Abiturienten einen erheblichen Sog aus.

Während sich die Kritik anfangs noch nur an universitätseigenen Zuständen festmachte, bekam die Studentenbewegung mit der Ablehnung der Notstandsgesetzgebung, der Gründung der Außerparlamentarischen Opposition (APO) angesichts der großen Koalition und dem Widerstand gegen den Vietnamkrieg eine gesamtgesellschaftliche Bedeutung. Viele der spektakulären Ereignisse fanden in Berlin statt: die Schah-Demonstration, die Ermordung Benno Ohnesorgs, das Attentat auf Rudi Dutschke und die ersten Aktionen gegen den Springer-Konzern. In der APO bildete sich ein antiautoritärer Flügel heraus, der den Ausgangspunkt für die Kinderläden in den großen Universitätsstädten bildet, die wiederum für die antiautoritäre Erziehung in Deutschland eine besondere Bedeutung gewannen.

Als Anfang der antiautoritären Aktionen können wir die Spaßdemonstrationen im Weihnachtsgeschäft 1966 ansehen. Vorbild für diese Aktionen waren ähnliche «Happenings» in Amsterdam gewesen. Am Samstag, den 10. Dezember 1966, wurde in Berlin eine Demonstration gegen den amerikanischen Krieg in Vietnam in ein «Happening» gegen den Polizeiaufmarsch in West-Berlin umfunktioniert. «Weihnachtswünsche werden wahr, Bomben made in USA» und «Am toten Vietnamesen soll die freie Welt genesen» skandierten die etwa 200 Demonstrierenden.

Die Berliner Presse begleitete diese Provokation mit gezielter Polemik gegen die «Studenten». Die Berliner Industrie- und Handelskammer legte Protest ein, da derartige Demonstrationen den friedlichen Handel und Verkauf im Zentrum der Stadt störten. Nach diesen politischen und publizistischen Erfolgen drängten die Subversiven im SDS darauf, das Spektakel zu wiederholen. Am 17. Dezember wurde eine neue Aktionsform «ausprobiert». Es waren wieder etwa 200 Leute, die Flugblätter verteilten und sich auf ein Spielzeugtrompetensignal zusammen fanden, um sich beim Auftauchen der Polizei wieder zu zerstreuen. «Um uns nicht zusammenschlagen zu lassen, um nicht die hilflosen Objekte der Aggressivität junger Leute in Polizeiuniform zu sein, demonstrieren wir nicht in der alten Form, sondern in Gruppen als Spaziergänger. Wir treffen uns an vorher bestimmten Punkten, um uns bei Nahen der Freunde von der Polizei zu zerstreuen und an einem anderen Ort wieder aufzutauchen», hieß es auf den verteilten Flugblättern. Wie vorausgesehen reagierte die Polizei hysterisch: 74 Festnahmen, darunter Rudi Dutschke, der in die Rolle eines Familienvaters geschlüpft war, welcher bepackt mit Einkaufstüten durch die Geschäfte hetzte. (Fichter u.a. 1975, S. 130 ff)

Ab September 1967 wurden in Berlin und einigen Universitätsstädten Westdeutschlands die ersten «Kinderläden» gegründet. Es waren vor allem Studentinnen, die leer stehende Ladenlokale in «Kinderläden» umfunktionierten. In den 60er Jahren besuchte nur ein Drittel der Kinder zwischen drei und sechs Jahren den Kindergarten. Das Problem, dass es keine Kindergartenplätze für ihre Kinder gab und ihre Kritik an der herrschenden Erziehung waren die auslösenden Momente. Aber auch die patriarchalische Struktur des SDS geriet in die Kritik der Studentinnen: Auf dem letzten Kongress des SDS vom 12. bis 16. September 1968 in Frankfurt am Main trat Helke Sander «als Delegierte des im Januar 1968 gegründeten ‹Aktionsrates zur Befreiung der Frauen› mit der Forderung an den SDS, endlich die Interessen der Frauen, besonders aber der Mütter und Kinder zur Kenntnis zu nehmen. Der SDS als demokratischer Verband gestehe den Frauen zwar Redefreiheit zu, nur zu schnell reagierten die Genossen jedoch pikiert über die ungeschickte Ausdrucksweise oder den Eklektizismus im Beitrag der Genossin Soundso, ohne darüber nachzudenken, warum Frauen im SDS schlicht Angst hätten, überhaupt das Wort zu ergreifen. ‹Wir werden versuchen, unsere Positionen zu klären, wir verlangen, daß unsere Problematik hier inhaltlich diskutiert wird. Wir werden uns nicht mehr damit begnügen, daß den Frauen gestattet wird, auch mal ein Wort zu sagen, daß man sie, weil man ein Antiautoritärer ist, anhört, um dann zur Tagesordnung überzugehen›.» (Fichter/Lönnendonker 1988)

Bernfelds Kinderheim Baumgarten und das ebenfalls anti-autoritär-psychoanalytisch ausgerichtete Moskauer Kinderheim-Laboratorium aus den 20er Jahren galten den Gründerinnen als Vorbild. Die Bezeichnung «antiautoritär» deutete auf die Verbindung zum undogmatischen Flügel der Jugendbewegung der sechziger Jahre hin, der in den oben beschriebenen Demonstrationen seinen praktischen ersten Ausdruck gefunden hatte. Aber auch die Wiederentdeckung vor allem der Schriften von Siegfried Bernfeld, in denen der Begriff der antiautoritären Erziehung geprägt worden war, stellte eine Grundlage der entstehenden praktischen Erziehungsarbeit dar. Mit dem Zerfall des SDS, der im Grunde 1968 schon begonnen hatte, in verschiedene Fraktionen wandte sich auch ein Teil der Kinderläden von antiautoritären Konzepten ab und verschrieb sich der so genannten «proletarischen Erziehung». Es bildeten sich jedoch in der ganzen Bundesrepublik Initiativen, die «Kinderläden» gründeten und als Alternativen zu den kommunalen und kirchlichen Einrichtungen betrieben. Einige existieren noch heute seit über 35 Jahren.

Die ersten Kinderläden waren Orte des Probierens, des Beobachtens, und in den Dokumenten ist auch das zitierte Bild des Gärtners von Siegfried Bernfeld zu lesen. Die Einrichtungen kamen nicht selten vom Sperrmüll und das ehrenamtliche Engagement war sehr hoch. Die Kinderläden hatten auf die Entwicklung der Kindergärten und Kindertagesstätten einen Einfluss, der diese von Verwahranstalten zu pädagogischen Einrichtungen machte. In den meisten Fällen blieben jedoch die Kinderläden im bildungsbürgerlichen Spektrum verhaftet, aus denen sie kamen. Die Konzepte der Kinderläden heute unterscheiden sich in vielem von den ersten Einrichtungen, genauso wie sich die bestehenden Konzepte untereinander unterscheiden.

Wenn wir uns die Liste der Rechte von Kindern in der Kindertagesstätte Komsu e.V. anschauen, die aus der Besetzung der Häuser Forster Str. l6 und 17 im November 1980 in Berlin Kreuzberg hervorging, finden wir kaum den «revolutionären Pathos» der Anfangsphase wieder, aber diese Liste beinhaltet wesentliche Elemente antiautoritärer Erziehung:

Welche Rechte hat das Kind in unserer Einrichtung?
Es hat grundsätzlich das Recht, so akzeptiert zu werden, wie es ist
das Recht, auf aktive, positive Zuwendung und Wärme
das Recht, in Ruhe gelassen zu werden, sich zurückzuziehen
das Recht, sich gegen Erwachsene oder andere Kinder abzugrenzen, aber man soll es nicht ausgegrenzt lassen, sondern auch Hilfe geben, wenn es sie braucht

das Recht, zu schlafen, wenn es müde ist, aber nicht schlafen
zu müssen
das Recht auf einen individuellen Entwicklungsprozeß und sein
eigenes Tempo dabei
das Recht auf Hilfe und Schutz bei der Verarbeitung von ge-
walttätigen und zerstörerischen Zusammenhängen
das Recht auf Auseinandersetzung mit Erwachsenen und Kin-
dern
das Recht darauf, aktiv soziale Kontakte zu gestalten und dabei
unterstützt zu werden
das Recht auf zuverlässige Absprachen und Beziehungen zu Er-
wachsenen
das Recht zu lernen mit Gefahren umzugehen, soweit es nicht
sich und andere dabei in Gefahr bringt
das Recht auf eine gesunde Ernährung
das Recht auf eine Einrichtung, in der sich möglichst alle wohl
fühlen können
Das Kind hat zwar das Recht, Bedürfnisse zu befriedigen und
sich selbst zu verwirklichen, aber nur in dem Maße, als die
Rechte von anderen Personen nicht eingeschränkt werden.
(Komsu 2006)

Der Komsu e.V. geht in einem Punkt noch wesentlich über die Anfangsphase der Kinderladenbewegung hinaus. Das Zusammenleben von deutschen und Kindern mit migrantischem Hintergrund war für die Gründerinnen der ersten Kinderläden noch
kein Thema. Für den Komsu e.V. war dieses Thema seit der Haus-
besetzung jedoch zentral. «Die Zusammensetzung der Gruppen
besteht sowohl bei den Mitarbeiter/innen, als auch den Kindern,
jeweils zur Hälfte aus Immigranten und Deutschen.» (Komsu
2006)

Die Versorgung mit Kindergärten, die 1962 einem Drittel
der Kinder zwischen drei und sechs Jahren einen Kindergarten-
platz zur Verfügung stellte, stieg bis 1971 auf 41%. In NRW
waren es 1978 76%. Die «Pädagogisierung» des Kindergar-
tens führt zur Einführung von kindgerechtem didaktischen Material. Vor allem der kognitive Bereich von Kindern wird gefördert, das soll der Verbesserung des Leistungs- und Entwick-
lungsstandes dienen. Es wird versucht, durch «frühzeitige Intel-
ligenzentwicklung» und andere leistungsorientierte Maßnahmen bereits im Kindergarten die Konkurrenzfähigkeit der Kinder zu fördern. Verschiedene sensible Phasen für bestimmte
Lernprozesse und die Entwicklung von diesen Phasen ange-

messenem pädagogischen Spielzeug lässt immer altershomogenere Gruppen entstehen. In vielen Einrichtungen führte dies zu einer Vernachlässigung kreativer kindlicher Potentiale und des freien Spiels. In den Kindergärten, die in der Tradition der Kinderläden standen, wurde und wird in der Regel das freie Spiel weniger vernachlässigt.

Dennoch stellt die Kinderladenbewegung einen der einflussreichsten Teile der antiautoritären Bewegung in Deutschland dar. Der Funktionsverlust der Familie gegenüber öffentlichen Einrichtungen konnte nur ausgeglichen werden, wenn die Bedürfnisse der Kinder in das Zentrum der Betreuung gerückt wurden. Horkheimer (1895–1973) hatte bereits Mitte der dreißiger Jahre darauf aufmerksam gemacht, dass die «menschlichen Beziehungen» die durch die Frau in die familiäre Erziehung eingebracht werden «ein Reservoir von Widerstandskräften gegen die völlige Entseelung der Welt» darstellen. In den gleichen Ausführungen wies er darauf hin, dass die Erziehungsaufgaben der Familie zunehmend durch den Staat «beschnitten» wurden. (Horkheimer 1936, hier 1973, S. 140f.)

Die Ablösungen der alten Pädagogik, die durch autoritäre Erzieherinnen und Erzieher gekennzeichnet war, durch eine Pädagogik, in der sich die autoritären Verhältnisse als Vorbereitung auf den Sachzwang und die Konkurrenz geschickt verbergen, sind wesentlich schwerer zu kritisieren. Jedoch befindet sich die antiautoritäre Kindergartenpädagogik immer noch in dem Dilemma, das Regine Dermitzel 1969 im *Kursbuch 17* beschrieb: Auch antiautoritäre Erziehungseinrichtungen müssen die Kinder auf eine hierarchisierte, oft brutale Leistungsgesellschaft vorbereiten und gleichzeitig ihrem Anspruch gerecht werden, Menschen zu erziehen, «die fähig sind, die Widersprüche dieser Gesellschaft ohne neurotische und Charakterdeformationen ‹auszuhalten› und kollektiv die Verhältnisse im aktiven Widerstand zu verändern.» (Dermitzel, 1969 S.180).

Die Vereinnahmung von Elementen der Kinderladenpädagogik und die gleichzeitige Verteufelung der Kinderläden als Produkt der antiautoritären «68er» lässt eine nüchterne Betrachtung der dort geleisteten Arbeit schwer zu. Sie haben häufig länger bestanden als Bernfelds Kinderheim Baumgarten, ihr Scheitern lag, wie bei vielen pädagogischen Experimenten seit Pestalozzi, an einer Art naiven Unfähigkeit, an fehlenden materiellen Ressourcen oder am politischen Druck. Hinzu kam bei einigen sicherlich die Ausrichtung an einer oft falsch verstandene Psychoanalyse und die Vereinnahmung durch Positionen, die sich durch autoritäre Rückgriffe auf die eine oder andere stalinistische/maoistische Revolutionsromantik hervortaten. Die Rechte, wie wir sie für die Komsu-Einrichtungen formuliert finden, sind allerdings unvorstellbar ohne die Geschichte der Kinderladenbewegung. «Die Auseinandersetzung mit sich und der Kindergruppe bietet den Kindern vielfältige neue Erfahrungs- und Lernmöglichkeiten. So will der Kinderladen Hilfestellung geben beim Erlernen von praktischem und theoretischem Grundwissen, um den Kindern die Erweiterung ihrer Bewegungs- und Aktionsspielräume zu ermöglichen. Hierdurch gewinnt das Kind eine größere Selbständigkeit und erhält damit die Chance, sein Selbstbewußtsein und Selbstwertgefühl aufzubauen und zu stärken.» (Komsu 2006)

Die Entwicklung dieses Selbstbewusstseins, dieses Selbstwertgefühls ist die Voraussetzung zur Selbstreflexion. Der geschützte Raum, der die Außenwelt nicht ignoriert, die Zufriedenheit des Kindes sind Voraussetzungen für eine solche Entwicklung. Dies kann nur geschehen, wenn die Erziehenden diesen Raum ermöglichen, die Kinder als Personen respektieren und sie weder vernachlässigen noch bevormunden. Adorno sagt in dem zitierten Radiobeitrag, dass «sich in beruflich vermittelten Verhältnissen, wie dem von Lehrer und Schüler [...] nicht fordern» lässt. «Sie [die Elternliebe, d.Verf.] ist ein Unmittelbares und widerspricht vermittelten Beziehungen.» (Adorno 1977, S. 688)

Abgesehen von der grundsätzlichen Einsicht, dass sich Liebe nicht verordnen lässt, ist es nicht einsichtig, warum ein professionelles Verhältnis des Erziehenden gegenüber dem Zögling weniger libidinös besetzt sein soll, als das zwischen Eltern und Kindern. Ob das Verhältnis von Eltern zu ihren Kindern bessere Voraussetzungen für eine liebevolle Zuwendung zu den Kindern bedeutet, oder die Zuwendung von Erziehenden, die sich bewusst für diesen Beruf entschieden gaben, ist sicher nur im konkreten Fall zu beurteilen. Das Verhältnis der Eltern zu ihren Kindern kann vielmehr durch die Übernahme der Betreuungsarbeit für eine bestimmte Zeit entlastet und positiv beeinflusst werden. Darauf weisen viele Aussagen von Müttern hin, die in der DDR gelebt haben und nach dem Anschluss an die BRD sich nach der Schließung der Kindereinrichtungen den ganzen Tag um ihre Sprösslinge kümmern «durften». Von Unmittelbarkeit der Beziehung zwischen Eltern und Kindern zu reden setzt im Übrigen voraus, dass die Kinder als Privatsache der Eltern angesehen werden und nicht als gesellschaftliche Wesen.

Wenn die Frage der öffentlichen Erziehung heute konkret in Bezug auf die Vorschulerziehung besprochen werden soll, ist es vielmehr notwendig, die materielle Ausstattung von Kindereinrichtungen einzufordern, so dass Raum, Material und Personal vorhanden sind, dass die Erziehenden überhaupt in die Lage versetzt werden können, eine liebevolle Betreuung und Unterstützung der Kinder zu gewährleisten. Die Entwicklung der Familien, die Tatsache, dass immer mehr Kinder ein Erst- und ein Zweit-Zuhause haben, der Einfluss der Medien auf den Alltag der Kinder, wie auch ökologische Veränderungen und die Leistungsanforderungen, lassen die Diskussion einer familiären Erziehung, wie sie von konservativen Kreisen geführt wird, zur reinen Ideologie verkommen, die auf dem Rücken der Kinder ausgetragen wird.

Summerhill

Alexander Sutherland Neill

Dass in einem Buch über antiautoritäre Erziehung ein Beitrag über Alexander S. Neill, zumindest in Deutschland, kaum fehlen darf, ist nicht zuletzt dem cleveren Marketing des Rowohlt Verlages geschuldet. Der Verlag erwarb 1969 die Rechte an *Erziehung in Summerhill*, das revolutionäre Beispiel einer freien Schule und gab dem Rowohlt Taschenbuch den Titel *theorie und praxis der antiautoritären erziehung*. Neill selbst gebrauchte eher den Begriff der Selbstregulierung um die Pädagogik in der Schule von Summerhill zu charakterisieren. «Dieses Buch ist keine Abhandlung über eine Theorie», schrieb Erich Fromm im Vorwort. (Fromm 1969, S. 13) Es geht in dem Buch allerdings auch um die Ausformung antiautoritärer Erziehung an der Internatsschule Summerhill und es sind theoretische Versatzstücke einer Erziehung zu finden, die «die Schule kindergerecht [...] nicht die Kinder schulgerecht» macht. (Neill 1969, S. 22) Die Geschichte der Schule ist mit der Entwicklung Neills vom «schottischen Schulmeister zum pädagogischen Ketzer» eng verbunden, daher hier einige Blicke auf die Biographie Neills:

Als Alexander Sutherland Neill 1883 in Schottland geboren wurde, befand sich Königin Viktoria (1819–1901) bereits über 45 Jahre im Amt. Der britische Imperialismus war auf der Höhe seiner Macht. Seit der Revolution von 1688/89 hatte das Bürgertum in der konstitutionellen Monarchie gute Rahmenbedingungen für die Industrialisierung geschaffen. Die Gewerbefreiheit war zum Beispiel zusammen mit dem englischen Adel eingeführt worden. Parallel dazu eroberte die größte Kriegsmarine Europas ein riesiges Kolonialreich. Das Bevölkerungswachstum, die Ausbeutung der Kolonien und die damit verbundene Ausweitung der Schafzucht auf Kosten bäuerlicher Pächter verursachte eine Landflucht, die dem Kapital die Einstellung von Arbeitskräften zu niedrigsten Löhnen ermöglichte. Die Monarchie (und mit ihr das Oberhaus) verlor im 19. Jahrhundert weitgehend die politische Macht und das Königshaus und der Adel wurden mehr und mehr zu repräsentativen Einrichtungen. Trotzdem verkörpert Viktoria sowohl den Wandel Großbritanniens zur modernen Großmacht wie auch eine rigide, prüde

Alltagskultur. Die Arbeiterbewegung war im Wachsen und Mary Wollstonecrafts Streit mit Willliam Godwin über Schule und Erziehung war schon fast 100 Jahre alt. Prügel waren an den Schulen noch obligatorisch und die anglikanische Kirche bestimmte nicht nur in Fofar in Schottland, wo Neill geboren wurde, die Kultur. Sein Vater war Schulleiter einer Dorfschule im zwei Kilometer entfernten Kingsmuir. Das viktorianische Zeitalter ereilte Neill schon in frühester Kindheit. Im Alter von sechs Jahren, als er mit seiner um ein Jahr jüngeren Schwester Doktor spielte, hinterließ eine typisch viktorianische Erziehungsmaßnahme eine bleibende Erinnerung: Bei ihren Untersuchungen im Rahmen des Doktorspiels wurden Alexander und seine Schwester von der Mutter erwischt. Schläge und Niederknien, um Gott um Vergebung zu bitten, waren die Folge. Als der Vater heimkam, schlug er die beiden noch einmal und sperrte Neill in ein dunkles Zimmer. «So lernte ich, daß Sex von allen Sünden die abscheulichste war.» Diese Begebenheit ist für Neill so herausragend, dass er sie zumindest in zwei zentralen Werken benennt. (Neill 1973, S. 65; 1969, S. 199)

Neills Schulleistungen waren alles andere als vorzeigbar und so war er das einzige der neun überlebenden Kinder seiner Eltern, das nicht auf eine weiterführende Schule geschickt wurde. Nachdem er im Einzelhandel und in der Industrie Jobs ohne großen Erfolg hinter sich gebracht hatte, lehrte er, quasi als Geselle seines Vaters, ebenfalls an der Schule in Kingsmuir. In dieser Zeit allerdings noch im autoritären Stil seines Vaters. Nebenbei bereitete er sich auf die Aufnahmeprüfung an der Universität von Edinburgh vor, die er 1908 als 25-jähriger bestand. In der Studienzeit, die bis 1912 dauerte, wurde er offen für revolutionäre Ideen. Frauenemanzipation, Ablehnung der kirchlichen Institutionen und soziale Revolution waren die Themen, deren er sich annahm. Als er 1912 die Universität verließ, hatte er keine Ambitionen mehr, in den Lehrerberuf zurückzukehren, sondern ging als Journalist nach London. Er arbeitete bei der Zeitschrift Picadelly Magazine, die allerdings bei Ausbruch des Ersten Weltkriegs ihr Erscheinen einstellen musste. Aus Gesundheitsgründen wurde er erst einmal nicht zum Militärdienst eingezogen, sondern ging als stellvertretender Leiter an eine Dorfschule im schottischen Gretna Green. Seine Zeit in Gretna Green bezeichnet Neill als die Zeit, in der er sich erstmals ausführlich mit Erziehungsfragen beschäftigte und auf Distanz zu der Erziehung ging, die er vorgefunden hatte. (Neill 1973, S.122) Im *Tagebuch eines Schulmeisters* (1915) fordert er zum ersten Mal eine Abschaffung der Prügelstrafe. Der Erfolg des Buches kann als Anfang seiner schriftstellerischen Karriere bezeichnet werden. Im Frühjahr 1917 wird Neill als tauglich gemustert, allerdings wird er bald schon wieder auf Grund einer schweren Grippeerkrankung ausgemustert.

Während der Zeit seiner Militärausbildung erfuhr Neill von dem amerikanischen Erzieher Homer Lane (1875–1925) und dessen Projekt für Waisen und straffällig gewordene Jugendliche. «Little Commonwealth» hatte Lane das Projekt im englischen Dorset genannt. In dieser «Besserungsanstalt», so die offizielle Bezeichnung für «Little Commonwealth», bestimmten die älteren Kinder das Geschick der Gemeinschaft in wöchentlichen Zusammenkünften. Lane gab dieser neuen Art der Mitbestimmung den Namen «self-government». Bei einem Besuch noch während seines Kriegsdienstes nahm Neill an einer solchen Versammlung teil und der Eindruck, den das «self-government» auf ihn machte, war überwältigend und nachhaltig. Als sich Neill 1918 an dieser Schule bewarb, war sie gerade – aufgrund des Vorwurfs der sexuellen Belästigung eines Mädchens durch Lane – geschlossen worden. Der Fall ist nie aufgeklärt worden und der Untersuchungsbericht wurde vernichtet. Die Beziehung Neills zu Lane blieb allerdings bis zu dessen Tode intensiv. Er brachte Neill Sigmund Freuds Psychoanalyse nahe, und die bis dahin vor allem durch Intuition gestützten Auffassungen von Erziehung bekamen bei Neill durch den Kontakt zu Lane ein «wissenschaftliches Rückrad». Die Einschätzung, dass die Kinder Motivation und nicht autoritär verordnete Beschränkung brauchen, wurde nun ergänzt durch Freuds Phasenlehre kindlicher Sexualität, dessen Erkenntnisse zur Unterdrückung der Triebe und der daraus resultierenden Neurosen, sowie Methoden der Traumdeutung und der freien Assoziation zur Offenlegung unbewusster Handlungsmotive. Die Entwicklungspsychologie und die Psychoanalyse wurden so zum wissenschaftlichen Ausgangspunkt der Erziehung in Summerhill.

Neill bekam 1918 eine Anstellung als Lehrer an der «King Alfred School» von John Russell. Diese Reformschule im Londoner Stadtteil Hampstead war gekennzeichnet durch Koedukation, Abschaffung von Noten und Prügelstrafe. Neill versuchte an dieser Schule das «self-government» nach Homer Lanes Vorbild einzuführen, was jedoch zu Protesten innerhalb des Lehrerkollegiums führte, und Neill verließ die Schule.

Die Zeitschrift der Reformpädagogin Béatrice Ensor (1885–1974) *New Era* stellte ihn ein. Die Herausgeberin wollte über die international ausgerichtete Zeitschrift eine weltweite Organisation der reformpädagogischen Bewegung initiieren. Dies gelang und im Juli 1921 sprach Neill auf der Gründungsversammlung dieser Organisation, der «New Education Fellowship» in Calais zum Thema: «Die Abschaffung der Autorität». Im Anschluss fährt Neill unter anderem nach Deutschland. Er soll dort Reformschulen besuchen, um in der Zeitschrift darüber zu berichten. Neill war in dieser Zeit schon bestrebt, eine eigene Schule zu gründen. Lilian Neustätter (1882–1944), die er während des Krieges in England kennen gelernt hatte und die schon dort von einer Schulgründung begeistert war, gründete zusammen mit Neill in der Gartenstadt Hellerau bei Dresden die «Neue deutsche Schule GmbH» und Neill übernimmt als Leiter die «Ausländer Abteilung». Das Jahr 1921 gilt als Geburtsdatum von Summerhill.

Die Anfänge der Schule waren vielversprechend, doch nach der Regierungsbildung aus SPD und KPD in Sachsen und der Rekrutierung von sogenannten «proletarischen Hundertschaften», die diese Regierung verteidigen sollten marschierten am 23. Oktober 1923 Truppen der Reichswehr in Sachsen ein. Sechs Tage später wurde die Landesregierung unter dem sozialdemokratischen Ministerpräsidenten Erich Zeigner (1886–1949) auf Grundlage von Notverordnungen durch Reichspräsident Ebert ihres Amts enthoben. Das sächsische Kabinett löste sich angesichts dieser Entwicklung freiwillig auf. Nationalismus und Antisemitismus nahmen rapide zu und zu guter Letzt hatte die hohe Inflationsrate Neills Ersparnisse wertlos gemacht. Die Neue Schule musste schließen, nachdem viele Eltern ihre Kinder wegen der politischen Spannungen nach Hause geholt hatten. Die nächste Station der Schulprojekte Neills war Österreich. Doch die Schule auf dem Sonntagberg wurde zum kurzen Zwischenaufenthalt. Am 22. Januar 1924 waren Neill und die Kinder auf dem Sonntagberg angekommen. Lilian Neustätter, die sich von ihrem Mann getrennt hatte, war bereits früher eingetroffen. Im März stellte Neill den offiziellen Antrag, eine Privatschule einrichten zu dürfen. Nachdem ihm die Auflagen bekannt gegeben wurden, wollte er mit den zuständigen Behörden diskutieren. Aber «eines Tages kam ein Gendarm mit aufgepflanztem Bajonett auf den Sonntagberg, der Neill mit dem Hinweis auf das Schulgesetz von 1869 einen umfassenden Fragekatalog vorlegte. Neill sollte beantworten, ob seine Schüler Religionsunterricht erhielten, ob alle Mädchen die vorgeschriebenen Stunden Hauswirtschaftsunterricht und alle Knaben die vorgeschriebenen Turnstunden absolvierten. Es wurde also von ihm verlangt, den in Österreich geltenden Lehrplan einzuhalten. Neill verweigerte jede Aussage. Er nahm den Fragekatalog auch nicht entgegen. Neill wurde schließlich nach Wien ins Unterrichtsministerium zitiert.» (Zellinger 1996) Dort wurden ihm die Auflagen als Voraussetzung für die Genehmigung der Schule wiederholt und bekräftigt, dass eine Ausnahmeerlaubnis nicht erteilt würde. Damit war auch die Entscheidung gefallen, mit der Schule nicht länger in Österreich zu bleiben.

Neill und Neustätter gingen zusammen mit fünf der Kinder vom Sontagberg nach England, wo sie in Lyme-Regis an der Südküste ein fürstliches Gebäude aus dem frühen neunzehnten Jahrhundert mieteten. Den Name «Summerhill» brachte Lilian Neustätter ein, deren Elternhaus in Australien so genannt wurde. Diesen Namen behielt die Schule auch nach ihrem Umzug in das flache Leiston an der britischen Ostküste, wo sie seit 1927 ihren Sitz hat. Im gleichen Jahr heirateten Neill und Lilian Neustätter «der Schule wegen» und damit sie die englische Staatsbürgerschaft annehmen konnte.

Der von seinen Kritikern als unpolitisch bezeichnete Neill, war schon 1913 der Labour Party beigetreten. Während des spanischen Bürgerkriegs engagierte er sich für die Republik in Spanien und in der Zeit des Nationalsozialismus half er Verfolgten des Nazi-Regimes. Auf Vortragsreisen durch Skandinavien lernte Neill den aus Deutschland emigrierten Psychoanalytiker Wilhem Reich (1897–1957) kennen. Die Ausrichtung an der Psychoanalyse Freuds war zu diesem Zeitpunkt für Summerhill schon beschlossene Sache. Reich war 1934 auf Bemühungen von Freud hin aus allen psychoanalytischen Organisationen ausgeschlossen worden. Der Grund war vor allem die abweichende Meinung über den «Todestrieb», den Reich für eine weitgehende Fiktion hielt.

Reich meinte bei seinen klinischen Untersuchungen Übereinstimmungen gefunden zu haben bei Patienten mit psychisch bedingten Orgasmusstörungen und solchen mit häufiger auftretenden destruktiven Neigungen. Als er Neill kennenlernte hatte er bereits seine körpertherapeutischen Methoden entwickelt und Neill beschreibt, dass ihm die Massagen Reichs mehr genutzt hätten, als alle psychotherapeutischen Sitzungen. «Er sagte, ich könnte nur etwas lernen, wenn ich mich seiner vegetativen Therapie unterzöge, was bedeutete, daß ich nackt auf einem Sofa lag, während er meine steifen Muskeln bearbeitete. Er lehnte es ab, sich mit Träumen zu befassen. Es war eine anstrengende und oft auch schmerzhafte Therapie, aber innerhalb weniger Wochen fand ich mehr emotionale Befreiung, als ich je bei Lane, Maurice Nicoll oder Stekel gefunden hatte.» (Neill, 1973 S.173)

Neill tolerierte bereits zu diesem Zeitpunkt die Sexualität unter jugendlichen Paaren, förderte sie aber nicht, wie Stammtischstrategen sich das bei antiautoritären Erziehern immer gerne vorstellen. Mädchen und Jungen hatten (und haben) in Summerhill getrennte Zimmer, es war und ist ihnen aber freigestellt, sich zu besuchen. Es darf den Schülern Sex auf Grund der Gesetzeslage bis heute nicht erlaubt werden, ebenso wenig dürften ihnen empfängnisverhütende Mittel zur Verfügung gestellt werden. Summerhill würde im Falle der Missachtung der Gesetze geschlossen werden. Dieses ist den Jugendlichen in Summerhill sehr bewusst. «Hazel, eine heute 64jährige ehemalige Schülerin, meint, daß sich im Bereich Sexualität in Summerhill seit ihrer Zeit einiges verändert hätte und begründet das folgendermaßen: ‹I don`t think there was free sex. I think nowadays it`s free sex. It`s everywere and it propably is here. Because, it is so stressed on the television and in everything you read, but it wasn`t in those days. […] You could lie in a bed with a boy without having sex. But nowadays the pressure on you both would perhaps be stronger than it was then.›» (Zellinger, 1996)

Am 30. April 1944 starb Neills Frau und 1945 heiratet Neill Ena Wood, die später Summerhill leitete. Nach dem Zweiten Weltkrieg und der Niederschlagung des Faschismus in Italien und des Nationalsozialismus in Deutschland hoffte Neill auf die Entwicklung eines freiheitlich sozialistischen Gemeinwesens. Er war entsetzt und angewidert von den restaurativen Tendenzen in Westeuropa sowie von der Stabilität und den Verbrechen des Stalinismus. Die Konfrontation zwischen NATO und Warschauer Pakt und ein drohender Atomkrieg veranlasste ihn, noch im Alter von 78 an einer Sitzblockade vor dem Polaris-Atomraketen-Lager an der Holy-Loch-Base in Schottland teilzunehmen. Er hielt es immer für das größte Defizit des Summerhill-Internats, dass nur Kinder aus der Mittelschicht und reichen Haushalten in Summerhill zur Schule gehen können. Die Schule erhält keine staatlichen Mittel, sie ist auf die Schulgelder (der Betrag variiert je nach Alter des Kindes zwischen 800 und 1.000 Euro im Monat) und Spenden angewiesen. Diese Tatsache bleibt bis heute allgemein ein Kritikpunkt an Schulen und Internaten, die versuchen antiautoritäre Pädagogik umzusetzen.

Eine solche Kritik setzt allerdings an der völlig falschen Seite an. Es gehört nach wie vor zur autoritären Struktur der Erziehung, dass die Mittel, die die öffentlichen Geldgeber zur Verfügung stellen, ein Bruchteil dessen sind, was für eine Erziehung, die sich an den Bedürfnissen der Kinder und Jugendlichen ausrichtet, notwendig wäre. Das fängt bei der Ausstattung der Kindereinrichtungen und Schulen an, geht über die Größe der Schulklassen bis hin zur Ausbildung und den Gehältern von Erzieherinnen und Erziehern.

Selbstverwaltung in Summmerhill

*D*ie in Lanes «Little Commonwealth» vorgefundene Selbstverwaltung wurde zum Vorbild für Summerhill. Während in bürgerlichen Kreisen eine besondere Mokierung über die Freiwilligkeit beim Besuch des Unterrichts herrscht, besteht seitens der «sozialistischen» Kritikerinnen und Kritiker häufig der Vorwurf, dass in Summerhill, aufgrund seines idyllischen Inselcharakters, nur verweichlichte Absolventen produziert würden. Dies steht in einer von Engels über Hoernle und Lutz von Werder reichenden Tradition bis heute. Beide ignorieren die Selbstbestimmung in Summerhill, die aber ein unverzichtbarer Baustein im Gesamtprojekt ist. Diese Tradition übersieht dabei die Fähigkeit, Konflikte auszutragen, die durch ein solches Selbstbestimmungsmodell gestärkt wird. Die Stärkung liegt vor allem darin, dass die Kinder und Jugendlichen lernen, ohne Angst den Erwachsenen ihre Position darzustellen. Die Fähigkeit, Konflikte auch in und vor einer größeren Gruppe auszutragen wird in Summerhill in den «general meetings» gelernt. Jeden Samstag während der 33 Schulwochen findet dieses sogenannte «general meeting» in der großen Halle der Schule statt. Die Schülerinnen und Schüler, das Lehr- und Hauspersonal sitzen in der großen Halle und diskutieren alles, was das gemeinsame Leben in der Schule betrifft. Die meisten Regeln der Schule werden hier aufgestellt. Auf einem zweiten Treffen, dem «Tribunal», werden Verstöße gegen diese Regeln geahndet und Streitereien geschlichtet.

Auf den Vorwurf, dass doch die «Autoritätspersonen» sicherlich einen größeren Einfluss auf die Stimmabgabe hätten als zum Beispiel eine junge Schülerin, gibt Neill als Antwort ein Beispiel: «Einmal habe ich mich in der Schulversammlung zu Wort gemeldet und vorgeschlagen, Schülern unter sechzehn sollte das Rauchen verboten werden. Meine Argumentation war: Nikotin ist Gift, und ein Kind hat eigentlich kein Bedürfnis danach; es raucht nur, um als erwachsen zu gelten. Von allen Seiten kamen Gegenargumente. Dann wurde abgestimmt, und mein Vorschlag wurde mit großer Mehrheit niedergestimmt.

Es ist erwähnenswert, wie es dann weiterging. Nach meiner Abstimmungsniederlage schlug ein sechzehnjähriger Junge vor, Schülern unter zwölf sollte das Rauchen verboten werden. Sein Antrag wurde angenommen. In der folgenden Woche forderte ein Zwölfjähriger die Schulversammlung auf, das Rauchverbot wieder aufzuheben. Er sagte: «Wir sitzen alle auf dem Klo und rauchen heimlich, genau wie in einer strengen Schule. Das Verbot verstößt gegen die Grundsätze von Summerhill.» Der Junge erhielt lauten Beifall, und die Schulversammlung hob das Rauchverbot wieder auf. Damit habe ich hoffentlich bewiesen, daß meine Stimme nicht mehr Gewicht hat als die der Kinder.» (Neill 1969, S. 60)

Durch dieses Verfahren gibt es über 200 Regeln in Summerhill. Einige erscheinen sicherlich unverständlich, andere sind so zum Schmunzeln, dass ich beispielhaft hier einmal zwei erwähnen möchte: «Nr. 124: Im Speisesaal keine Kekse werfen! Nr. 228: Du darfst außer Brot nichts in den Toaster tun.» Allerdings gibt es auch in Summerhill Regeln, die nicht der Selbstverwaltung unterliegen. Das sind die sogenannten «safety rules», die die Sicherheit und Gesundheit unmittelbar betreffen. Dazu gehört zum Beispiel, dass es verboten ist, auf das Dach zu klettern oder ohne Aufsicht zu schwimmen. Ebenso sind die staatlichen Gesetze verbindlich. Aber auch die Entscheidung darüber, wer in welchem Zimmer schläft, wird vom Personal getroffen. Dadurch soll vermieden werden, dass sich Peer Groups von dominanten Schülerinnen und Schülern bilden und unbeliebte Kinder isoliert werden. Das Personal entscheidet auch, wer in die Schule aufgenommen wird und wer die Schule verlassen muss. Dies wird damit begründet, dass die Hintergrundinformationen, die bei dieser Entscheidung eine Rolle spielen, nicht der gesamten Gemeinschaft zur Verfügung gestellt werden können.

Bei der Einstellung von Personal haben die Schülerinnen und Schüler ein beratendes Stimmrecht. Personal zu entlassen obliegt ganz alleine der Schuldirektorin.

Sexualität und antiautoritäre Erziehung

*D*ass in den Darstellungen von Neill wie auch in den Publikationen aus den Anfängen der Kinderladenbewegung die Sexualität eine zentrale Rolle gespielt hat, liegt sicherlich auch an der Veränderung der Sexualmoral, die sowohl in den zwanziger Jahren wie auch in den Sechzigern des vergangenen Jahrhunderts vollzogen wurde. Der Einfluss der Reichschen Psychoanalyse sowohl auf die Kinderladenbewegung wie auch auf Summerhill äußerte sich zwar verschieden, ist aber in diesem Zusammenhang von Wichtigkeit.

Die elterliche Erziehung, wie sie im kalvinistischen Schottland auf Neill einwirkte, und die Erziehung in den anderen christlichen Ländern waren sicherlich nicht sehr unterschiedlich. Die Moralvorstellungen der christlichen Kirche hatten sich über die Jahrhunderte weg nicht grundlegend geändert. Zwar wurde die Totalität, mit der die Kirche im Mittelalter diese Vorstellungen in der Erziehung durchgesetzt hatte, in der Neuzeit eingeschränkt, doch ist, besonders im Ländlichen, die Erziehung noch maßgeblich von diesen Vorstellungen beeinflusst gewesen. Die psychosomatische Sichtweise Reichs betont den Zusammenhang zwischen körperlicher Verspannung und schlechtem Gewissen auf Grund des Verstoßes gegen sexuelle Tabus. «Jedes Kind, das an sexueller Verdrängung leidet, hat einen Magen wie ein Brett. Man muß nur ein gehemmtes Kind beim Atmen beobachten und dann sehen, mit welcher Anmut ein kleines Kätzchen atmet. Kein Tier hat einen steifen Bauch, kein Tier fühlt sich unsicher wegen seiner Ausscheidung oder Sexualität. Wilhelm Reich weist in seinem bekannten Werk ‹Character Analysis› darauf hin, daß eine moralistische Erziehung nicht nur den Denkprozeß nachteilig beeinflußt, sondern auch die Struktur des Körpers durchdringt, wobei sich die Körperhaltung buchstäblich versteift und die Beckenmuskeln sich zusammenziehen. Ich stimme mit Reich überein. Während all der Jahre in Summerhill, in denen ich es mit einer Vielzahl von Kindern zu tun hatte, konnte ich beobachten, mit welcher Anmut die Kinder gehen, laufen, springen und spielen, wenn ihre Muskulatur nicht durch Angst steif geworden ist.» (Neill 1969 , S. 199)

Der Fokus auf eine glückliche Kindheit, der in Summerhill die Erziehungsleitlinie ist, muss eine Tabuisierung von Masturbation genauso ablehnen wie das Verbieten von Doktorspielchen oder Sexualität unter Jugendlichen. Reich ging in seiner

Position noch weiter: «Man muß die heute in kleinen Kreisen übliche duldende Einstellung der Erzieher als vollgültige Sexualverneinung ansprechen. Nicht nur empfindet das Kind die Duldung als das Nichtbestrafen von etwas im Grunde Verbotenem; das bloße Dulden oder ‹Gestatten› des sexuellen Spiels bietet kein Gegengewicht gegen den übermächtigen Druck der gesellschaftlichen Atmosphäre. Die ausdrückliche und unmißverständliche Bejahung des kindlichen Geschlechtslebens seitens der Erzieher dagegen vermag auch dann die Grundlage sexualbejahender Ichstruktur-Bestandteile zu werden, wenn sie die gesellschaftlichen Einflüsse nicht zu entkräften vermag.» (Reich, zit. n. Bookhagen u.a. 1973, S. 208) Dieser Position folgend wurde in der Kommune II 1968 gehandelt. Die Praxis, die dabei in Bezug auf die «Bejahung» umgesetzt wurde, bringt zum Ausdruck, wie problematisch es in der antiautoritären Erziehung werden kann, wenn vergessen wird, dass «sie mit der Erwachsenen-Übermacht, nicht mit dem Erwachsenden, aufräumt». (Wolff 1970, S. 207) Der Erwachsene darf eben nicht vergessen, dass seine Bedürfnisse nicht die eines Kindes oder eines Jugendlichen sind. Der Blick auf den eigenen Körper, die eigene Sexualität ist eine völlig andere. Sie ist bei Kindern vor der Pubertät oft eine viel sachlichere und Sexualität ist lange nicht die Hauptsache. Ein Ausschnitt aus den Protokollen der Kommune II belegt sehr anschaulich, wie die Vorstellungen der Erwachsenen völlig am kindlichen Interesse vorbei führen. Bernfeld hätte ein solches Verhalten auf die zweite Grenze der Erziehung zurückgeführt. Fraglich ist jedoch, ob die Erzieherin in diesem Fall ihr kindliches Es mit in die Erziehungssituation eingebracht hat, oder ob die Fokussierung auf Fragen der Aufklärung und Sexualität eher in den Diskussionen der beteiligten Erwachsenen in dieser Zeit eine herausragende Rolle spielte und diese Diskussion das Gespräch mit den Kindern geprägt hat: «25. Februar 1968, abends, die Kinder liegen im Bett, unterhalten sich mit Christel und Petra. Ausgangspunkt: Babies (interessierte Nessim schon häufiger).

Nessim: ‹Wie klein sind Babies?› (zeigt dabei mit den Händen, die er immer weiter zusammenführt)

Christel: ‹So groß sind sie ungefähr, wenn sie geboren sind.› (zeigt es mit den Händen)

Nessim: ‹Was ist das, geboren werden?›

Christel: ‹Die Babies sind erst ganz klein (zeigt) und wachsen dann im Bauch von der Frau – du hast doch sicher schon mal eine junge Frau auf der Straße gesehen, die einen sehr dicken

Bauch hatte. Die hatte ein Baby im Bauch, und wenn es groß ist, dann kommt es da raus.› (zeigt wie groß)

Nessim: ‹Wie denn?›

Christel: ‹Durch die Vagina.›

Nessim: ‹Und wie kommt es in die Vagina? – Ich war aber nicht in der Vagina.›

Christel: ‹Nein, die Babies wachsen im Bauch von der Frau.›

Nessim: ‹Ich hatte auch ein Baby.›

Petra: ‹Nein, aber du warst selbst ein Baby.›

Christel: ‹Nur Frauen können Babies bekommen. Du weißt doch, daß Grischa eine Vagina hat und du einen Penis. Wenn sich ein Junge und ein Mädchen lieb haben, dann tut der Junge seinen Penis in die Vagina vom Mädchen. Wenn ihr größer seid, könnt ihr das auch machen. Dann fließen lauter Samenkörner aus dem Penis in die Vagina rein und dann wird da ein Baby draus. Das dauert aber eine ganze Weile, bis das Baby so groß ist, daß es da raus kommt.›

Nessim: ‹Die Grischa hat eine Vagina (zu Petra:) du auch?›

Petra: ‹Ja.›

Nessim: ‹Ich habe einen Penis, ich kann auch Autofahren.›

Petra: ‹Kann man denn nur Autofahren, wenn man einen Penis hat?›

Nessim: ‹Nur Jungen können Autofahren.›

Petra: ‹Aber ich kann doch auch Autofahren und bin ein Mädchen.›

Nessim: ‹Die Christel aber nicht!›

Petra: ‹Das kann sie aber doch lernen, wie du, da gibt es Schulen.›

Nessim: ‹Die Grischa kann das auch lernen?›

Petra: ‹Ja.› (erklärt ihm, wie man es lernt, daß es Lehrer gibt usw.) Grischa war unterdessen sehr unbeteiligt, hörte zwar zu, aber offensichtlich nicht so interessiert wie Nessim.

Christel: ‹Grischa, hast du eben gehört, was ich erzählt habe?›

Grischa: ‹Ja, aber jetzt erzähle ich mal was, ja? Aber erst müssen die ruhig sein.› (sagt irgend etwas vollkommen Beziehungsloses)

Christel: ‹So, legt euch mal wieder hin, soll ich noch was erzählen?›

Nessim: ‹Ja, von Lehrern und Autofahren.›

Christel: ‹Soll ich nicht mehr von den Babies erzählen, hast du alles verstanden?›

Nessim: ‹Nein, nur von Lehrern und Autofahren.›» (Bookhagen u.a. 197,3 S. 208)

Das Thema wird direkt auf die Geburt gelenkt obwohl der Junge nur wissen will wie groß Babys sind. Dann wird die Phantasie des Nessim nicht ernst genommen «Ich hatte auch ein Baby» wird gleich abgewürgt mit einer Belehrung, anstatt ihn einmal erzählen zu lassen. Dann wird unterstellt, dass Grischa etwas «vollkommen Beziehungsloses» sagt, ohne das versucht wird eine Beziehung herzustellen, beziehungsweise erkannt wird, das der Lehrvortrag in Sachen Befruchtung auf überhaupt kein Interesse stößt. Dass dies Interesse hauptsächlich auf Seiten der Erzieherin liegt wird schon deutlich in der Protokollnotiz «interessierte Nessim schon häufiger», während sein Interesse an «Lehrern und Autofahren» nicht in dieser Form kommentiert wird.

Die Hierarchie zwischen dem, was für die Erzieherin wichtig ist und wie schnell die Kinder zu «interessanteren» Themen übergehen, macht aus diesem «Erziehungsvorgang» einen autoritären. Die Sexualisierung der Frage nach der Größe der Babys ist auch ein Ausdruck dafür, wie weit die antiautoritäre Bewegung der späten sechziger des 20. Jahrhunderts eine Sexualisierung der Gesellschaft antizipiert hat. Dass bei dieser Sexualisierung neben dem Aufbruch traditioneller Prüderie und Verklemmtheit die Sexualität zum konsumerablen Leistungssport wurde, hängt mit einer Fetischisierung der Sexualität, wie sie in den Protokollen der Kommune II bereits enthalten ist, und der gleichzeitigen Unterwerfung unter die Marktgesetze zusammen. Neill sah im Übrigen in der Einschätzung seines Freundes Reich bereits eine «Fetischisierung der Sexualität» die er als eine «Gefahr von der anderen Seite» bezeichnete. (Neill 1969, S. 211)

Die freie Entwicklung der Sexualität würde Neills Meinung nach auch rein heterosexuelle Menschen hervorbringen. Die Homosexualität als Produkt einer Triebunterdrückung beim Heranwachsenden zu bezeichnen, zeigt, wie auch Neill in herrschenden Diskursen verhaftet war. Die Abnahme des kirchlichen Einflusses in Fragen der Sexualmoral erkannte Neill 1969 bereits (Neill 1969 S. 212), aber die «Gefahren», die aus Richtung der Wissenschaft kamen, beurteilte er lediglich als Versachlichung. Heute hat sie in der Alltagsmoral allerdings die Stellung der Kirche übernommen: «Die Pathologisierung kommt über die Hintertür wieder in den Diskurs – über die Gesundheit. Manche reden so über Sexualität, als sei sie vor allem infektiös, Ansteckungsgefahr ihr wesentliches Kennzeichen. Die alte Moral verkleidet sich manchmal als Hygiene – aber ihre Chancen werden dadurch wohl nicht besser.» (Schmidt 2006)

Die Kritik Alfred Adlers und Otto Rühles, dass nicht der Se-xualtrieb das alles Bestimmende ist, sondern dass Machtfragen die Beweggründe des Verhaltens sind und Pubertätskonflikte zum Beispiel von einem Minderwertigkeitsgefühl herrühren, wird in der Diskussion der antiautoritären Erziehung seit Beginn der Diskussion Anfang der 60er Jahre kaum beachtet. Neill führt zum Beispiel die Vergewaltigungen auf sexuelle Tabus zurück. (Neill 1969, S. 201) Sexualisierte Gewalt hat aber in erster Linie mit Machtverhältnissen zwischen dem Täter und dem Opfer zu tun. Die Erniedrigung ist dabei wichtig und die sexuelle Befriedi-gung spielt manchmal überhaupt keine Rolle. Die Zurückdrän-gung der kirchlichen Sexualmoral und die Aufklärung an den Re-gelschulen wie sie heute in Deutschland stattfindet und wie sie Neill nicht für möglich hielt, hat vielleicht die ein oder andere un-gewollte Schwangerschaft verhütet, aber zu keinem Rückgang der Vergewaltigungen geführt. Die Verquickung von Sex und Gewalt ist sicherlich keine, die durch Erziehung gelöst werden kann. Die Stärkung des Selbstbewusstseins kann allerdings hilf-reich für die Durchsetzung eines «no means no» sein.

Summerhill heute

Wenn über Summerhill im Jahre 2007 etwas zu sagen wäre, dann vor allem, dass sich grundlegend nichts geändert hat.[1] Auch nach über 85 Jahren gibt es keinen Zwang, am Unterricht teilzunehmen, keine Noten und als höchste Instanz in den meis-ten Fragen die Schulversammlung, auf der alle Kinder und Er-wachsene gleiches Stimmrecht haben. Statt der 60 bis 65 Kinder, die zu Alexander S. Neills Zeiten in Summerhill lebten, sind es heute 90. Summerhill ist dabei nicht die älteste bestehende Schule, die aus der Kritik des autoritären Schulssystems Anfang des letzten Jahrhunderts entstanden und sich treu geblieben ist, so existiert zum Beispiel die Odenwaldschule in Deutschland be-reits seit 1910. Jedoch ist Summerhilll international die bekann-teste dieser Schulen und ihr Einfluss ist immer noch enorm.

In Thailand

Heute gibt es weltweit zwischen 90 und 100 Schulen, die den folgenden Prinzipien von Summerhill folgen: «1) Schulver-sammlungen, in denen alle Gemeinschaftsmitglieder das glei-

---

1 Auch in dem im März 2006 erschienenen Sammelband: Summerhill und A.S. Neill, gibt es keine Neuigkeiten

che Stimmrecht haben und in denen alle Entscheidungen im Zusammenhang mit dem alltäglichen Zusammenleben getroffen werden; von peripheren Angelegenheiten bis zu solchen von erheblicher Tragweite, 2) die Anerkennung des Rechts des einzelnen Schülers, selbst zu entscheiden, ob er und welchen Unterricht er besuchen möchte.» (Singer, 1997 S. 61)

Die meisten dieser Schulen befinden sich in Europa und in Nordamerika. Aber auch Schulen wie Moo Baan Dek in Thailand sind darunter. Moo Baan Dek, das heißt Dorfschule für Kinder, wurde 1979 im Norden Thailands vom Ehepaar Pibhop und Rajani Dhongchai gegründet. Beide kamen aus der thailändischen Studentenbewegung und waren auf Neill durch die Thai-Übersetzung von *Erziehung in Summerhill, das revolutionäre Beispiel einer freien Schule* gestoßen. Als Kritiker des thailändischen Schulsystems hatten sie nach einem Gelände für eine freie Schule gesucht, ehe sie 1979 das Gelände im Norden des Landes geschenkt bekamen. (Nagat, 1997 S. 71ff.) In der Nähe des Kwai Flusses (*Die Brücke am Kwai*) umfasst das Gelände 32 ha (32.000 m²). Zu 70% sind dies Wald und Garten. Den Garten betreuen die älteren Kinder. Die Kinder kommen aus armen Verhältnissen und die Schule finanziert sich ausschließlich von Spenden und Zuschüssen etwa der UNESCO. (Moo Baan Dek, Web-Site, 2007) Die Kinder, die in Moo Baan Dek aufgenommen werden, leiden vielfach an Unterernährung, nicht selten wurden sie misshandelt. Die meisten stammen aus den Slums von Bangkok.

Die Entwicklung, die Bernfeld für die Waisen in Baumgarten beschreibt, sind in Moo Baan Dek sehr ähnlich. Ähnlich wie in Summerhill haben die Kinder hier an die 200 Regeln formuliert. Auch die Strafen bestimmen sie selber. Grundsätzlich sind allerdings körperliche Strafen und der Entzug von Lebensmitteln nicht gestattet. Anders als in England gibt es in Thailand auch ausdrückliche «Erlaubnisse». «Du darfst auf alle Bäume klettern, die von der Gemeinschaft dafür freigegeben sind, und auf alle Obstbäume» oder «Du darfst die Schalen von Obst, wie Bananen, Orangen und Rambutan, auf den Boden außerhalb des Hauses werfen». (Nagat, 1997 S.77f.) Die Hälfte der 20 Mitarbeiterinnen und Mitarbeiter sind Lehrpersonal, die anderen Sozialarbeiterinnen und Sozialarbeiter sowie technische Angestellte. Sie betreuen ungefähr 140 Kinder im Alter von 4–18 Jahren.

Wie in Summerhill ist das höchste Gremium die Versammlung aller Kinder und Erwachsenen. Der Unterschied zu anderen freien Schulen besteht in der Einbeziehung buddhistischer Elemente in das Alltagsleben, dazu gehört vor allem die Förderung der Biophilie (der Liebe zu allen Lebewesen). Laut Nagat ist dies ein Schutz gegen den «exzessiven Individualismus», den er in Summerhill vereinzelt angetroffen hat. (S.81)

In Deutschland

Die Wurzeln der freien Alternativschulen liegen in Deutschland zum Teil in den zwanziger Jahren, genauso wie in den späten Sechzigern des vergangenen Jahrhunderts. Die ca. 80 Schulen und Initiativen, die im «Bundesverband der Freien Alternativschulen in der BRD e.V.» zusammengeschlossen sind, benutzen allerdings den Ausdruck antiautoritäre Erziehung nicht. Die Gründe mögen vielfältig sein, doch legten die Schulen auf ihrem 16. Treffen in Wuppertal einige Thesen für ihre Arbeit fest, die von den Merkmalen her viele antiautoritäre Bestandteile aufweisen. «Die gesellschaftlichen Probleme der Gegenwart und Zukunft (Ökologie, Kriege, Armut usw.) sind auf demokratische Weise nur von Menschen zu lösen, die Eigenverantwortung und Demokratie leben können. Alternativschulen versuchen, Kindern, Lehrern und Eltern die Möglichkeit zu bieten, Selbstregulierung und Demokratie im Alltag immer wieder zu erproben. Das ist die wichtigste politische Dimension der Alternativschulen.» (FAS, 1986) Die Anerkennung der Kindheit als eigener Lebensphase, das Recht auf Selbstbestimmung, Glück und Zufriedenheit, Raum für Bewegungsfreiheit, spontane Äußerungen und die Freiheit des Spielens über die Pausen hinaus, sowie der Verzicht auf Zwangsmittel sind wesentliche Inhalte der Thesen. Sie nehmen allerdings für sich in Anspruch, die aktuellen Diskussionen um Sozialisation und Erziehung in ihrer Praxis zu verarbeiten.

Konfliktlos geht dies bis heute nicht vor sich, obwohl Oskar Negt im November 2006 das Bundesverdienstkreuz erster Klasse für sein Engagement bekam. Dazu gehörte vor allem seine Beteiligung an der Gründung der Hannoveraner Glocksee-Schule Anfang der siebziger Jahre, mit der er seit dieser Zeit eng verbunden blieb. Ein Grund für die Gründung des Bundesverbandes der freien Alternativschulen war die Notwendigkeit in gerichtlichen Auseinandersetzungen, vor allen in Genehmigungsverfahren, stärker auftreten zu können. Zwar sind die etablierten Schulen weitgehend anerkannt und kämpfen, wie alle anderen Bildungseinrichtungen auch, gegen Mittelkürzungen, aber Initiativen für neue freie Alternativschulen haben es immer noch schwer. Jedoch sind die Hürden lange nicht mehr so hoch, wie in den siebziger Jahren. «Damals mußten viele FAS jahrelang um ihre Genehmigung prozessieren. Rekordhalter in Sachen Gerichtsverfahren sind die Kinderschule Bremen (14 Jahre), die Freie Schule Frankfurt (12 Jahre) und die Freie Schule Wuppertal (10 Jahre). Weit abgeschlagen liegen auf den hinteren Plätzen z. B. die Freie Schule Bochum (nur fünf Jahre) und die Freie Schule Kassel (läppische vier Jahre). Diese Schulen haben sich alle auf gerichtlichem Weg und in zähen Verhandlungen durchgesetzt.» (Borchert, 1998 S. 83)

Die freien Schulen, in denen oft ähnliche Anfangsfehler gemacht wurden, wie in den historischen Versuchen, die hier aufgeführt wurden, haben das «Chaos» der Anfangszeit lange überwunden. Nicht ohne Stolz können sie sagen, dass die Zurückdrängung des Fronatlunterrichts zugunsten anderer Sozialformen des Unterrichts heute auch im Primarschulbereich der Regelschulen Eingang gefunden hat, dass dort auch die Noten im ersten Jahr verschwunden sind.

Mathetik, das Prinzip vom Lernen, dass der Pädagoge Hartmut von Hentig dem Prinzip des Lehrens, der Didaktik, gegenüber gestellt hatte, wurde in den ersten Jahren als Widerspruch zur Didaktik formuliert. Heute versuchen die meisten freien Alternativschulen Mathethik und Didaktik miteinander zu verbinden. (Maas, 1998 S. 27f)

Die Schulen verstehen sich als eigener Lebenszusammenhang und sind in der Regel als Ganztagsschule oder Landschulheim realisiert. Dieser Lebenszusammenhang soll es möglich machen, in einer gewissen Geborgenheit erfahrungs- und handlungsorientiertes Lernen zu ermöglichen. Die revolutionäre Attitüde tragen die Schulen nicht mehr vor sich her. Jedoch stellen sie vor allem mit ihren demokratischen Ansätzen die Hierarchie der Regelschule in Frage. Die Einschätzung von Bernfeld, dass die Alternativschulen nicht durch ihre Summe das herkömmliche Schulsystem ablösen, wird auch bei den Freien Alternativ Schulen (FAS) geteilt. Allerdings begnügen sie sich mit der Nische, die sie besetzen und die Vorstellungen einer Gesellschaftsveränderung eines Bernfeld sind, wenn sie überhaupt noch eine Rolle spielen, nur in Zusammenhang mit Festtagsreden noch ein Thema.

Die Ruten des 21. Jahrhunderts

Der Pessimist wird nicht so unbescheiden sein und erwarten, dass gerade ihm gegönnt sein mag, das Ende einer so langen und so furchtbar verwirrten Geschichtsepoche noch mit ansehen, den Beginn einer vielleicht noch längeren und hoffentlich glücklicheren erleben zu dürfen; er wird sogar zweifeln, ob irgend ein Anzeichen verrät, dass dieses glückliche Ende nicht nur ersehnt und erhofft, sondern auch erwartet werden darf, und wenn er heiter von Gemüt ist, wie der Verfasser dieses Buches gelegentlich, so wird er gestehen, dass etwas von Missgunst und Schadenfreude mit den künftigen Geschlechtern seiner Skepsis beigemengt ist.
Siegfried Bernfeld

Wir leben in einem Teil der Welt, in dem Erziehung in der Schule nicht mehr von prügelnden Lehrern geprägt ist. Auch wenn in vielen privaten Erziehungssituationen der Ton rauer geworden ist als in der Schule, werden der brutale Umgang mit Kindern und deren Verwahrlosung gesellschaftlich weitgehend verurteilt. Die autoritären Strukturen kommen bisweilen postmodern verkleidet daher. Alle Möglichkeiten scheinen offen zu stehen, doch entpuppen sich diese Möglichkeiten vielfach als Überforderung oder Unterforderung der Kinder und Jugendlichen. Die Enkulturation wirkt autoritär durch die Anforderungen, denen Kinder und Jugendliche entsprechen müssen, um diese Lebensphase «erfolgreich» zu absolvieren. Elektronische Medien vermitteln Wissenswertes, Vorbilder und Verhaltenscodices und die Unterwerfung nimmt mitunter sklavische Züge an, und dies oft entgegen erzieherischer Interventionen. Antiautoritäre Erziehung muss sich heute gegen diese «Unterwerfungsmechanismen» wenden. Für das Bild des Gärtners hieße dies: Seine Hauptaufgabe bestünde immer noch in der Beobachtung, er müsste heute ein ökologischer Gärtner sein, die Gifte selbst nicht anwenden, die im konventionellen Garten verwandt werden. Er müsste dafür sorgen, dass sich die Pflanze zu einem starken Gewächs entwickeln kann, das in einer stürmischen Umwelt sich wiegt aber nicht zerbricht.

Ellen Key nannte ihr 1901 erschienenes Buch: *Das Jahrhundert des Kindes*. Wir können von Mitte des 19. Jahrhunderts bis weit ins 20. hinein eher von einem Jahrhundert der Erziehung reden. Durch Bernfelds *Sysiphios* wurde die Erkenntnis über die Beschränktheit der Erziehung in den zwanziger Jahren deutlich und doch hat sich die Hoffnung, durch eine «gute» Erziehung die Welt zu verbessern, bis heute gehalten. Die Bedeutung der Enkulturation ist demgegenüber allgegenwärtig.

Die Rute hängt nicht mehr drohend an der Wand des Schulraumes, aber sie wurde abgelöst durch eine Reihe von Ruten, die der jungen Generation oft genug eine schöne Kindheit genauso unmöglich machen, wie die Rute der vergangenen Tage. Die Strukturen der Enkulturation treffen genau wie die Ruten der Vergangenheit selektiv. Unterdrückungsmechanismen, wie die soziale Stellung der Herkunftsfamilie, ihr kultureller Hintergrund, das biologische Geschlecht und eine Reihe anderer Voraussetzungen mehr, bestimmen im Einzelfall den mehr oder weniger repressiven Charakter der Eingliederung in die Gesellschaft. Daher gelten die im Folgenden angeführten «Ruten» nie für alle Kinder und Jugendlichen und für die Betroffenen in unterschiedlichem Umfang. Während die Erzieher, die Erzieherinnen greifbar sind, ist die Macht des Marktes, die häufig die Rolle des Schulmeisters übernommen hat, nicht fassbar. Die «unsichtbare Hand» des Marktes hat in vielen Fällen die Rute übernommen, was nicht bedeutet, dass die greifbaren Rutenträger sich aufgelöst hätten.

Die Rute Entgrenzung

*D*ie Unterscheidung zwischen den verschiedenen Lebenswelten, die in Form von horizontalen Hierarchien von Jung und Alt eine Bereicherung sein könnten, wird häufig verdrängt, aber die repressiven Elemente werden aufrechterhalten. Unterschiede des Lebensgefühls, der Erfahrungswelten, der Neugierde sind auf die Ebene des Konsums reduziert, formale Zuweisungen wie Schule, Ausbildung und Militär werden weiterhin zur Disziplinierung eingesetzt.

Eine große Herausforderung, vor der viele Kinder und Jugendliche stehen, ist die Entgrenzung der Altersstufen und eine gleichzeitige vertikale Hierarchie, die dieser Entgrenzung widerspricht. Migrantische Kinder vertreten ihre Eltern vor Ämtern, übernehmen die Aussagen gegenüber Ärzten und Ärztinnen oder ähnliche Aufgaben, die traditionell von Eltern für ihre Kinder übernommen werden. Bei vielen allein erziehenden Müttern ist zu beobachten, dass sie ihre Tochter wie eine Freundin behandeln, die Beziehung auch gerne so definieren und dabei übersehen, dass ihre Tochter in einer ganz anderen Lebenswelt zu Hause ist. Der junge Start-up-Kapitalist kann sich mit 16 schon als Erwachsener fühlen, während andere noch im Alter von 30 Jahren im Hotel Mama wohnen. Jugend und Kindheit werden zur speziellen Konsumkategorie, die allenfalls ein besonderes Marketing erfordert. Aber die Migrantenkinder geraten in der Schule unter Druck, wenn sie fehlen, die Tochter-Freundin muss die Disco trotzdem um 0.00 Uhr verlassen und der «Start-up-Yuppie» wird in der «Schule der Nation» gedrillt. Der Druck, der so auf den Kindern und Jugendlichen lastet, ist enorm, weil er Unsicherheit zum Prinzip macht. Im globalen Maßstab heißt diese Entgrenzung wahlweise Kindersoldat, Kinderprostitution oder unmenschliche Kinderarbeit.

Die Initiation als deutliche Unterscheidung zwischen den Jungen und Alten wird zum Spektakel, das mit einer Grenzziehung zwischen verschiedenen Lebenswelten nichts mehr zu tun hat. Dennoch bleibt das patriarchalische, kriegerische Moment der Initiation weiter erhalten, dies gilt nicht nur für religiöse Fundamentalisten oder in postmodernen Zusammenhängen, sondern auch für die Armeen der so genannten zivilisierten Welt. «Die grundsätzliche Natur von Streitkräften und Militärorganisationen ändert sich nicht. Was sich allerdings wesentlich ändert, ist ihre politische Instrumentierung und ihr Einsatzspektrum.» So Generalleutnant a.D. Jürgen Schnell, in einem Vortrag «Zur zukünftigen Rolle von Militärorganisationen.» (Schnell 2000)[1]

Die patriarchalische Aneignung der Initiation und ihre Gestaltung zu einer Maßnahme zwischen Folter und Militär, wirkt nur noch zum Teil als Grenze zwischen den Altersgruppen und wird als solche kaum mehr wahrgenommen. Die psychischen Schäden, mit denen Soldaten seit Jahrhunderten aus den Kriegen kommen, zeigen, wie eine autoritäre Zurichtung der Jugendlichen erst einmal erfolgreich ist, indem sie etwas tun, das völlig gegen ihr eigenes Wollen ist. Die Ungeheuerlichkeit ihres Tuns wird allerdings nicht von allen, die durch das Militär zu den erwachsenen Tätern wurden, erfolgreich verdrängt. Die Verweigerung des Militärdienstes ist nicht nur die Verweigerung, sich zum potentiellen Mörder ausbilden zu lassen, sondern

---

1   In diesem Papier erklärt Schnell allerdings auch – ein paar tausend Jahre Menschheitsgeschichte ignorierend – den Krieg zur menschlichen Natur.

auch eine Weigerung, sich dem autoritären Militärregime zu unterwerfen.

Antiautoritäre Erziehung impliziert heute die Forderung, dass das Lebensgefühl, die Erfahrungswelten und die Neugierde von Kindern und Jugendlichen zum Ausgangspunkt einer Bildung gemacht wird, die Militär unmöglich werden lässt, Schule als Zwangseinrichtung abschafft und den Markt als Gesetzgeber in Frage stellt. Die verschiedenen Lebensabschnitte als unterschiedliche Qualitäten könnten so eine neue Bedeutung bekommen. Eine derartige Konsequenz würde den Austausch zwischen Jungen und Alten herrschaftsärmer werden lassen. Dieser Aspekt antiautoritärer Erziehung, der den qualitativen Unterschied zwischen den Altersgruppen nicht zu einem Herrschaftsanspruch werden lässt, steckt bereits im Satz von Reinhart Wolff von 1970, dass «antiautoritäre Erziehung nicht den Erwachsenen, sondern die Macht der Erwachsenen» abschafft. Dabei ist der Illusion vorzubeugen, die überschätzen lässt, was Erziehung tatsächlich bewirken kann, denn Erziehung kann immer nur «ein Weniges» beitragen.

Die Rute Leistungsprinzip

*D*as Militär als Initiationsinstanz des Übergangs zum Erwachsenen setzt in patriarchalisch-kriegerischer Art eine Grenze, dabei ist der Krieg eine extreme Form des Leistungsprinzips. Von der Antike über die Moderne ist dieses Prinzip zu einer Gottheit der autoritären Charaktere geworden. Was mit dem Krieg begann, in den Siegerkränzen der antiken olympischen Spiele sich fortsetzte, wurde mit den Kaufleuten der Renaissance zum Grundstein gesellschaftlicher Ökonomie. Dabei bekam es einen übermächtigen normativen Charakter auch in der Erziehung, dem selbst fortschrittliche Reformschulen verfallen. Ausdruck dieses Leistungsprinzips sind in der derzeitigen Schuldebatte zum Beispiel die PISA-Studien. «PISA untersucht regelmäßig die Kompetenzen von fünfzehnjährigen Schülerinnen und Schülern in den Bereichen Mathematik, Lesen und Naturwissenschaften. Das Testprogramm sieht vor, dass in jeder Erhebungsrunde jeweils eine Domäne als Schwerpunkt in umfassender Weise untersucht wird. In PISA 2000 stand die Lesekompetenz im Zentrum, in PISA 2003 ist nun die Mathematik Schwerpunkt.» (Baumert u.a. 2003, S. 1) Die Frage, ob die Kinder gerne in der Schule sind und wenn ja, warum, ist (wenn überhaupt) eine nachrangige Frage solcher Leistungsvergleiche. Die Reformschulen kritisieren PISA nicht dafür, sondern freuen sich, wie die Laborschule in Bielefeld, wenn sie besser als andere Schulen abschneiden. (Waterman u.a., 2005) Aus Hartmut von Hentigs[1] «Die Menschen stärken, die Sachen klären» wird ein utilitaristisches «Die Menschen stärken, um die Sachen besser zu klären». «Mit dem Konzept des Schulklimas ist unter anderem die Erwartung verbunden, dass sich eine als positiv erlebte schulische Umwelt günstig auf die Lernentwicklung der Schülerinnen und Schüler auswirkt. Diese Erwartung konnte in empirischen Studien nur bedingt bestätigt werden. Darüber hinaus wird ein günstiges Schulklima aber auch als ein Qualitätsmerkmal pädagogischer Arbeit betrachtet, das einen eigenständigen Wert besitzt.» (Stanat 2005, S. 271)

Das autoritäre Regime, das von diesem Leistungsprinzip ausgeht, zeigt sich auch daran, dass in Deutschland – neben technischen Besserwissereien – lediglich bemängelt wird, dass es bei der Leistung so ein starkes soziales Gefälle gibt. Dies ist sicher zu skandalisieren. Aber wie in diesem Zusammenhang von Bildungsungleichheit gesprochen und von Kapitalismus geschwiegen wird, ist bemerkenswert. Im Zusammenhang mit der Diskussion von antiautoritärer Erziehung ist die Frage vorrangig: Wie kann eine schulische Erziehung alle Kinder und Jugendlichen stärken, wie bereitet sie ihnen eine spannende, erfahrungsreiche, befriedigende Schule? Das Diktat der herrschenden Schulerziehung ist die leistungsabhängige Karriere. Dabei ist es gleichgültig, ob die Tochter eines Fabrikarbeiters oder der Sohn eines Aufsichtsratsvorsitzenden am Ende Chef ist. Für die antiautoritäre Erziehung bleibt vielmehr die Frage: Was kann sie beitragen, damit aus dem Mensch ein Mitmensch wird?

Die Rute Perspektive

*E*ng mit dem Leistungsprinzip hängt natürlich die Frage zusammen, was mit den jungen Menschen passiert, die an diesem Prinzip zerbrechen. Sei es, weil sie aus einem Milieu kommen, das ihnen den Underdog in den Kinderausweis geschrieben hat, weil sie sich an irgendeinem Punkt verweigern, weil sie psychisch nicht standhalten können, oder aus irgendeinem anderen Grund.

---

1   Hartmut von Hentig war Gründer der Laborschule

Die Schlagzeilen von durch Verwahrlosung zu Tode gekom-
menen Kindern und gewalttätigen Schülerinnen und Schülern
lösen sich in den Medien gegenseitig ab. Die Hintergründe solcher Horrormeldungen hängen überwiegend mit der Perspek-
tivlosigkeit zusammen, die auch ein besseres Jugendamt oder
eine kompetentere Schulaufsichtsbehörde nicht beheben
könnten. Sicher, im Einzelfall sind Schulen und Ämter schlecht
ausgestattet und das Engagement der Verantwortlichen ist erschreckend gering, aber an der Situation, vor der die Betroffenen stehen, hätten mehr Engagement und ein paar Euro hier
oder da nichts geändert. In einer Gesellschaft, in der von Kindern und insbesondere von Jugendlichen, die Lebensphase, die
sie gerade erleben vor allem als Transitionsphase empfunden
wird, ist die Perspektive für ihr Leben als Erwachsener von großer Bedeutung. «Adler hat nur zu Recht, wenn er meint, dass
das schlechteste Prinzip von allen schlechten Prinzipien in der
Erziehung das sei, einem Kinde vorauszusagen, dass aus ihm
nichts werden wird, oder dass es eine Verbrechernatur ist. Damit untergräbt man den letzten Halt, den ein Kind in sich findet;
man lässt es nicht nur schuldig werden, man macht es schuldig,
um es dann der Pein zu überliefern.» (Rühle 1925, S. 13) Dass
diese Verbreitung von Hoffnungslosigkeit heute im empirischen Gewande streng wissenschaftlich daherkommt und dass
die ökonomisch politischen Verhältnisse so sind, dass solche
Aussagen vielfach nicht von der Hand gewiesen werden können, ändert nichts an der Tatsache, dass eine so verordnete Per-
spektivlosigkeit auch heute noch zu den bedrückendsten Momenten einer Schulerziehung gehört. Der Drohung mit einer
Zukunftslosigkeit ist – bei der Erfahrung der eigenen Ohnmacht
gegenüber Erwachsenen «aus denen etwas geworden ist» –
nur mit Trotz, Ignoranz oder Depression zu begegnen.

Ein «Hilferuf» des Lehrerkollegiums der Berliner «Rütli-
Schule» vom 28. Februar 2006, in dem das Lehrekollegium die
aussichtslose Situation ihrer Schule schildert, schlug hohe Wel-
len. Der Ruf nach Ausweisung «krimineller» Schüler wurde
zum Beispiel vom CDU-Bürgermeisterkandidaten Friedberg
Pflüger in *Die Welt* vom 4. April 2006 erhoben. Dass die Per-
spektivlosigkeit der Schülerinnen und Schüler die Hauptursa-
che für deren Verhalten ist, war für ihn überhaupt kein Thema.
Das Lehrerkollegium hat allerdings mehrfach darauf hingewiesen: «Ein Fünftel der Rütli-Schüler sind Flüchtlinge oder Kinder
von Flüchtlingen. Sie haben kein sicheres Aufenthaltsrecht.
Wenn sie in der neunten Klasse Berufsorientierungsunterricht

haben, ist das für sie natürlich ein Witz: Mit ihrem Status durften sie bislang keinen Beruf erlernen. Mit ihrer Haltung ziehen sie die anderen einfach runter.» (Hochschild 2006, S. 54) Ob die Zukunftslosigkeit als persönlich verschuldetes Versagen erfahren wird oder als Schicksal, ist für die Hoffnungslosigkeit, die daraus entsteht, irrelevant. Die Möglichkeit kollektiven Widerstandes gegen die Verhältnisse, in denen die einen etwas werden und die anderen nicht, wird in beiden Fällen ausgeschlossen. Schulen, deren Unterricht auf Perspektiven ausgerichtet ist, die die Schülerinnen und Schüler aber kaum haben können, sind zynisch. Ein Unterricht hingegen, der z.B. auf Arbeitslosigkeit vorbereitet, der aufzeigt, wie Menschen in solchen Situationen nicht untergehen, sondern Stärke beweisen, sich organisieren, kreativ werden, wäre zumindest ein ehrlicherer Umgang mit den Jugendlichen.

In einem Pilotversuch sollen in Großbritannien ab dem kommenden Schuljahr ca. 2.000 elfjährige Kinder «Glücklich sein» als Schulfach bekommen. Im Unterricht sollen unter anderem Rollenspiele das Selbstvertrauen stärken und den Schülern helfen, Gedanken klar zu formulieren. Die Kinder sollen zum Beispiel lernen, sich nicht für Situationen verantwortlich zu fühlen, auf die sie keinen Einfluss haben. Der Grund für dieses Projekt ist allerdings nicht, die Kinder so besser auf die Zukunft vorzubereiten, sondern die Tatsache, dass immer mehr von ihnen an psychischen Schäden leiden.

Die Rute Schönheitsideal

Der Anstieg psychischer Erkrankungen bei Kindern und Jugendlichen ist auch in Deutschland nicht verborgen geblieben. Ein wesentlicher Grund hierfür ist die Unzufriedenheit mit dem eigenen Körper. Die soziale Lage der Kinder und Jugendlichen ist dabei ein entscheidender Faktor für die gesundheitlichen Schäden, unter denen die Kinder leiden. Es ist in den westlichen Industrieländern nicht mehr so, dass der Hunger das Leben der sozialen Milieus am unteren Ende der Gesellschaftshierarchie prägt. «In verschiedenen Studien konnte für Kinder aus sozial benachteiligten Familien ein höherer Fettkonsum und eine physiologisch weniger ausgewogene Ernährung, sowie eine Tendenz zu geringerer körperlicher Aktivität durch weniger Sportbeteiligung und ein höherer Fernsehkonsum nachgewiesen werden. Die soziale Lage stellt sich damit als entscheidende vermittelnde Variable bei der Vorhersage des Risikos zum Übergewicht dar, nachdem für die isolierten Faktoren nur ein geringer statistischer Zusammenhang gezeigt werden konnte.» (Zubrägel, Settertobulte 2003, S. 170)

Übergewicht hat gerade bei Kindern und Jugendlichen, vor allem bei Mädchen und jungen Frauen, häufig ein geringeres Selbstwertgefühl zur Folge. Die Schönheitsideale scheinen hier besonders zu wirken und übergewichtige Mädchen und Jungen fühlen sich subjektiv kränker als ihre Altersgenossen. In ihrer Altersgruppe sind sie diejenigen, die am häufigsten den Mobbing-Attacken ihrer Mitschülerinnen und Mitschüler ausgesetzt sind. Übergewichtige Mädchen etwa dreimal so häufig wie andere Mädchen. (Zubrägel, Settertobulte 2003, S. 172ff) Die Konsequenzen sind eindeutig. In der Studie von Zubrägel und Settertobulte gaben 36,4 % der übergewichtigen Mädchen und 31,9 % der übergewichtigen Jungen an, zur Zeit eine Diät durchzuführen. Ein Teil dieser Diäten wird mit Medikamenten durchgeführt, bis hin zu Missbrauch von Abführmitteln. Die Werbeunterbrechungen von TV-Serien wie *Gilmore Girls* sind gespickt mit Werbung für solche Medikamente und Mittel gegen Pickel. Bei Magersucht (Anorexie) hungern sich die Erkrankten buchstäblich zu Tode. Magersüchtige junge Frauen weisen oft eine hohe Leistungsbereitschaft und viel Ehrgeiz auf. (Buddeberg-Fischer 2001) Hier scheinen mindestens zwei Ruten Auslöser der Krankheit zu sein.

Der Druck der Schönheitsideale hat schichtenspezifische Auswirkungen. Das Übergewicht wird zu einer Stufe nach unten beim Selbstwertgefühl der Jugendlichen, die aufgrund ihrer Herkunft bereits zu den «Loosern» gehören. In der Mittelschicht sind es vor allem Nasenkorrekturen, die immer mehr Jugendliche zu Kunden der plastischen Chirurgie werden lassen. Ca. 100.000 Schönheitsoperationen werden in Deutschland im Jahr an Jugendlichen durchgeführt. In Australien soll durch ein neues Gesetz die Durchführung einer Schönheitsoperation bei Jugendlichen erschwert werden.

Der Körper ist in der strafenden autoritären Erziehung immer zugleich Oberfläche für die Bestrafung, für die körperliche Züchtigung gewesen, wie auch Objekt der Erziehung zum Wettbewerb und zur Höchstleistung. Die Kleidung war Ausdruck einer sozialen Zugehörigkeit und konnte, wie im antiken Rom, Ausdruck der Stellung in der Altershierarchie sein. In der entwickelten Warengesellschaft werden Körper und Kleidung auch zur Werbefläche der heranwachsenden Person. Das Tragen bestimmter Markenkleidung gibt Auskunft über die Zugehörigkeit zu einer bestimmten Subkultur und sagt nicht selten etwas über das Hekunftsmilieu aus. Neben den körperlichen Abweichungen vom «Schönheitsideal», wurde die Kleidung in den neunziger Jahren zu einem weiteren Anlass für Mobbing unter Schülerinnen und Schülern, besonders in der Pubertät und vor allem an Haupt- und Realschulen. Konservativen Lehrern und Lehrerinnen waren und sind die zur gleichen Zeit aufkommende «Bauchfrei-Mode» und die später auch noch über dem Hosenbund sichtbaren Slips ein Dorn im Auge. In der Leonhard-Wagner-Realschule in Schwabmünchen bei Augsburg bekamen Mädchen, die in der Schule bauchfreie Kleidung oder sichtbare Slips trugen, ein riesiges, hässliches, rosa T-Shirt übergezogen, das unförmig bis zu den Knien reichte, und das sie am nächsten Tag gewaschen wieder zur Schule zurückbringen mussten. Der Bundesjustizministerin Zypries sind demgegenüber Kopftücher ein Graus an deutschen Schulen.

Als Abhilfe sowohl gegen das Mobbing aufgrund fehlender Markenkleidung, den freizügigen (und sicher auch gesundheitsschädlichen) Auftritten Jugendlicher und dem Kleidungsstil als Hinweis auf die Zugehörigkeit zum islamischen Glauben, wird seit einigen Jahren eine einheitliche Schulkleidung propagiert. Diese soll unter anderem zu einer Identifikation mit der Schule, einer gesteigerten Konzentration, sowie einem besseren sozialen Klima an den Schulen führen. Das Forschungsteam um Oliver Dickhäuser konnte letzteres durch ihre Studie bestätigen, musste aber gleichzeitig einräumen: «Befürworten Lehrkräfte für ihre Klasse die Idee einheitlicher Schulkleidung, so ist zu vermuten, dass sich hinter dieser Einstellung eine breitere pädagogische Grundüberzeugung verbirgt. Diese Lehrkräfte sind dann möglicherweise generell stärker geneigt, in ihren Klassen beispielsweise Abgrenzungen von Schülern auf Grund von äußeren Merkmalen entgegenzuwirken.» (Dickhäuser u.a. 2004, S. 306)

Die Auseinandersetzung um die Frage von Schuluniformen und Schulkleidung macht deutlich, wie mit autoritären Strukturen umgegangen wird und wie dem häufig nicht eine Kompetenzförderung der Schülerinnen und Schüler entgegengesetzt wird, sondern auf der gleichen Ebene von Äußerlichkeiten reagiert wird. Dass dies in dem einen oder anderen Fall zu einer Verbesserung des sozialen Klimas an den Schulen führen kann, macht lediglich deutlich, wie wichtig die «Werbefläche» Kleidung ist. Eine Auseinandersetzung wie an der Haupt- und Realschule Friesenheim, die mit der Einführung des Projektes Lernen ohne oberflächlichen Konsum (LooK) am Anfang der Entwicklung einer eigenen Schulkleidung stand, kann sicherlich zu einem geschärfteren Bewusstsein beitragen. In diesem Projekt wurde versucht mit den Kindern zusammen die Bedeutung von Mode und Statussymbolen zu hinterfragen. Ausgangspunkt war im Übrigen, dass etwa ein Drittel der Schülerinnen und Schüler einer schulinternen Umfrage zufolge schon einmal wegen ihrer Kleidung gehänselt worden waren.

Medienkompetenz ist seit über zehn Jahren ein Schlagwort in bildungspolitischen Auseinandersetzungen, aber das medial vermittelte Schönheitsideal scheint in vielen Fällen Beweis zu sein, wie wenig diese Kompetenz in der Praxis wirklich vermittelt wurde. Kennzeichen einer antiautoritären Erziehung wäre die Vermittlung einer Medienkompetenz, die Kinder in der Weise stärkt, dass ihnen die Fähigkeiten vermittelt werden, mit denen sie dem Schönheitsdiktat entgegentreten können. Dabei spielt sicher auch der kompetente Umgang mit Modeerscheinungen eine Rolle, wie auch die Befähigung einen eigenen Stil zu entwickeln. Wie bei allen Aspekten antiautoritärer Erziehung wäre die Frage der Gleichheit (vertikale) in der Differenz (horizontale) in den Mittelpunkt einer solchen Kompetenzentwicklung zu stellen.

In Bezug auf den Körper und die Körpererfahrung der Kinder und Jugendlichen ist darüber hinaus auch die Konfrontation mit der Natur ein wesentlicher Aspekt der Vermittlung von Ich-Stärke. Nicht nur die Gründer und Gründerinnen der antiautoritären Erziehung, sondern die meisten Reformpädagogen und Pädagoginnen haben auf die Notwendigkeit hingewiesen, Kinder in der Auseinandersetzung mit der natürlichen Umwelt aufwachsen zu lassen und durch Spiel und Bewegung zur Entwicklung der Körpererfahrung positiv beizutragen. Eine solche Forderung richtet sich immer noch an die Erziehungsinstituionen, aber auch an Stadtplanungen, und an Architekten von Kindereinrichtungen. Ein Ausbau des Netzes von gut ausgestatteten Landschulheimen für junge Menschen, die besonders betroffen sind durch die für sie repressiven Schönheitsideale, würden nicht nur bei Essstörungen dienlich sein, sondern in vielen Situationen, in denen heute zu Medikamenten gegriffen wird, diesen Griff unnötig werden lassen.

Die Rute Medikamentierung

Bisher gibt es keine verbindliche Erfassung des Gesundheitszustandes der Kinder und Jugendlichen in Deutschland. Seit 2002 wird mit Förderung verschiedener Bundesministerien vom Robert-Koch-Institut daher eine Studie über die Gesundheitssituation von Schulkindern erstellt. Ein Teil der Gesamtstudie bildet die sogenannte «‹BELLA-Studie› zum seelischen Wohlbefinden und Verhalten von Kindern und Jugendlichen in Deutschland». (Robert Koch Institut, o. J.) Auf der Internetseite der Studie werden als Gründe für die Untersuchung die Feststellung der Erkrankungen und die steigenden Kosten im Gesundheitswesen, nicht aber das Wohl der Kinder angegeben: «Neuere Studien zeigen, dass psychische Auffälligkeiten und Störungen schon bei Kindern und Jugendlichen häufig sind, lang anhalten und erhebliche Kosten im Gesundheitswesen verursachen. Eine detaillierte Erfassung des psychischen Gesundheitszustands der Kinder und Jugendlichen in Deutschland ist daher notwendig, um gezielte Präventionsmaßnahmen ableiten zu können.» (Ravens-Sieberer 2006)

Eines der häufigsten Probleme der heutigen Schulsituation, das sicherlich mit der Rute Leistungsdruck zusammenhängt, ist das Aufmerksamkeitsdefizitsyndrom mit Hyperaktivität (ADHS). Manfred Gerspach meint: «Alle Welt steht unter Aufmerksamkeitsdefizit- und Hyperaktivitätsschock.» (Gerspach 2002). In Zeiten, in denen die Kinder nicht mehr fixiert, dafür aber mittels Medikamentierung zu Ruhe und Konzentration gebracht werden sollen, ist es naheliegend, die Frage nach der Bewegung der Kinder aufzuwerfen. Die Zusammenhänge zwischen fehlender ungezwungener Bewegung und medialer Berieselung und der Häufigkeit, mit der ADHS auftritt, sind auffällig. Zwar wird von Seiten der Befürworter eine medikamentöse Behandlung des «Syndroms» mit einer Hirnfunktionsstörung der Kinder begründet, doch nach einer Untersuchung des Mannheimer Zentralinstituts für seelische Gesundheit wird dieser Zusammenhang relativiert: Danach waren 75 % der Kinder mit nachweislicher cerebraler Dysfunktion psychiatrisch unauffällig, bei ca. 80 % der psychiatrisch auffälligen Kinder wiederum ließen sich keine Hirnfunktionsstörungen belegen. (Amft 2002, S. 49)

Mit Medikamenten sollen die «Hyperaktivität und Impulsivität» der Kinder reduziert werden. Als Gründe für «Hyperaktivität und Impulsivität» werden schulische Überforderung bzw. Unterforderung, Lernbehinderungen, Angststörungen, depressive

Verstimmungen und emotionale Belastungen genannt. Inwieweit diese Faktoren in der Erziehung und der gesamten Enkulturation ihren Grund haben, wird in der Regel nur unter vorgehaltener Hand angesprochen. Alternativen gibt es, und die Veränderung der Erziehung ist nur eine davon, eine Medikamentierung ist allerdings unkomplizierter und «betriebswirtschaftlich» günstiger. Dabei ist zum Beispiel die Medikamentierung mit Ritalin® höchst umstritten. Häufigkeit und Dosis des verordneten Ritalins® wurden in den letzten zehn Jahren vervielfacht, während die Wirkung oft nicht nachgewiesen werden kann. «Es besteht daher Grund zur Annahme, dass nur bei 1 von 28 mit Ritalin® behandelten Kindern eine medizinische Indikation dafür existiert. Mit anderen Worten: 95 % der Kinder werden ohne medizinische Notwendigkeit mit Ritalin®behandelt.» (Amft 2002, S. 110 f) Die von Daniel Schreber eingesetzte Fixierung der Kinder im Schlaf wird von chemischen Substanzen übernommen. Das Umfeld wird weiterhin nicht den Bedürfnissen der Kinder angepasst, sondern die Kinder dem Umfeld.

Eine wichtige Rolle spielt dabei das familiäre Umfeld des Kindes. Zwar wachsen immer noch die meisten Kinder in Deutschland in einer sogenannten «Normalfamilie» auf, doch auch diese verliert zunehmend ihre Schutzfunktion gegen die «harte Realität.» (Adorno 1977, S.688)

Fehlende Schutzräume

*I*m Laufe der Neuzeit hatte die Familie in immer weiteren Teilen der Bevölkerung ihre Funktion als Gemeinschaft aus Produktion und Reproduktion aufgegeben und wurde zu einer reinen Reproduktionsagentur. In der ursprünglichen Funktion stellte sie eine Gemeinschaft dar, in der die zunehmende Logik der Tauschgesellschaft weitgehend außer Kraft gesetzt war. Je weiter die kapitalistische Gesellschaft sich jedoch entwickelt, umso tiefer dringen ihre Gesetze in jeden Winkel vor. Die globale Beherrschung der Ökonomie, die Inwertsetzung auch der abgelegensten, dafür nutzbaren Flecken der Erde, entspricht einer Durchdringung auch der traditionellen Schutzräume, wie den der Familie. Dieser Schutzraum ist in verschiedenen sozialen Milieus sehr unterschiedlich entwickelt und ausgestaltet, generell ist aber zu beobachten, dass die Familie, wie sie heute als Norm gesehen wird, immer mehr zerbröckelt. Seit den siebziger Jahren wird der Trend zur Scheidung in Deutschland größer. Wurden in den siebziger Jahren rund 15 von 100 bestehenden

Ehen in der Bundesrepublik geschieden, so waren es zu Beginn der neunziger Jahre mit 30 Scheidungen von 100 Ehen bereits doppelt so viele. Im Jahr 2003 wurden rund 43 % der Ehen geschieden. «Die Zahl der armen Kinder hat sich seit 2004 mehr als verdoppelt. Für die betroffenen 2,5 Millionen Kinder bedeutet ihre Armut eine dramatische Minderung auf einen guten Schulabschluss, auf ein Leben in Gesundheit, auf Teilhabe an sozialen und kulturellen Aktivitäten und ein entwicklungsförderndes und ausgeglichenes Familienleben.» (Hilgers 2006) «Im Jahr 2005 wuchsen deutschlandweit in 8,9 Millionen Haushalten minderjährige Kinder auf. Das entsprach einem Anteil von 23% an allen 39,2 Millionen Haushalten in Deutschland ... Seit 1991 sank der Anteil der Haushalte mit minderjährigen Kindern an allen Haushalten deutschlandweit um vier Prozentpunkte (April 1991: 27 %).» (Mikrozensus 2005, S. 17)

Die empirischen Daten belegen die allmähliche Demontage des Schutzraums Familie. Hinzu kommt bei vielen Eltern ein indifferentes Verhalten gegenüber den Kindern. Das heißt, das Verhalten ist den Kindern gegenüber weder autoritär noch antiautoritär, sondern pendelt zwischen kalt, gleichgültig und unfähig. Dennoch stellt für die meisten Kinder und Jugendlichen die Familie noch den Ort dar, an dem sie die meiste emotionale Zuwendung bekommen. Die erste Beziehung wird hier aufgebaut, die ersten Personen, die als Vorbild fungieren, kommen aus der Familie. Die ersten Reibungen mit der älteren Generation finden hier statt. Daher sind auch Beziehungen, in denen Kinder nur von einer Person erzogen werden, auch viel weniger Schutzraum. Ob es Geschwister oder Nachbarskinder sind, die leiblichen Eltern oder andere Erwachsene: Wer genau die ersten Schritte begleitet, ist gleichgültig. Aber je weniger Personen den kontinuierlichen Kontakt zu den Kindern pflegen, umso schwieriger wird es für die Kinder später sein, soziale Bindungen einzugehen und Konflikte mit anderen Menschen produktiv auszutragen. Die Demontage der traditionellen Familie macht es so notwendig, über die Errichtung anderer Schutzräume nachzudenken, in denen Kinder ihre ersten Schritte machen können. Für eine antiautoritäre Erziehung, bei der das Glück der Kinder im Zentrum des Erziehungskonzeptes steht, ist die Errichtung solcher Schutzräume ein absolutes Gebot. Die liebevolle emotionale Zuwendung muss hier absoluten Vorrang vor dem Triebverzicht haben. Das spielerische Angebot sollte den Alltag prägen. Strukturen, die ein Kind nicht verstehen kann, das heißt, die es auch nicht kritisieren kann, sind lediglich zum Schutz der Kinder durchzusetzen. Doch gilt natürlich auch hier, was Max Stirner (1806–1856) schon für die Kindererziehung sagte: «Artet der Stolz in Trotz aus, so will das Kind mir Gewalt antun; das brauche ich mir, der ich ja selbst so gut als das Kind ein Freier bin, nicht gefallen zu lassen. Muß ich mich aber durch die bequeme Schutzwehr der Autorität dagegen verteidigen? Nein ... man ist sehr schwach, wenn man die Autorität zu Hilfe rufen muß, und sündigt, wenn man glaubt, den Frechen zu bessern, sobald man aus ihm einen Furchtsamen macht.» (zit. n. Laska 1991, S. 39)

Die Übernahme der Erziehung durch «Lohnarbeit» erscheint in der Öffentlichkeit häufig als das wesentliche Defizit der herrschenden Erziehung. In der Tat gilt für jegliche menschliche Tätigkeit, die zur Lohnarbeit wird, dass sie entfremdet ist. Doch die familiäre Erziehung unterliegt ebenso den gesellschaftlichen Bedingungen und der Mythos, dass die Natur der Mutter die Pflege des Kindes besser gestaltet, funktioniert nur unter der Annahme von zwei Momenten. Erstens der biologistischen Annahme der Verkettung von sogenannten weiblichen Charakterzügen mit den real existierenden Müttern und zweitens der Annahme, dass Kinder eine Art Besitz der Eltern darstellen. So lange kein Missbrauch elterlicher Gewalt vorliegt, gehen zum Beispiel die Jugendämter in Deutschland von diesen Annahmen aus. In den meisten Fällen wird über eine solche Konstruktion für die Kinder bis heute ein Schutzraum gegenüber der Gesellschaft bereitgestellt, der die Konkurrenz, das Denken in Tauschkategorien, abmildert und so eine Kindheit ermöglicht. Wenn dieser Schutzraum fortfällt, wie es früher bei Waisen der Fall war, heute aber zunehmend bei immer mehr Familien, sollen öffentliche Einrichtungen diese Funktion übernehmen. Bis in die siebziger Jahre des 20. Jahrhunderts waren in der Bundesrepublik Deutschland diese Einrichtungen nur in Ausnahmefällen ein wirklicher Schutzraum für die Kinder. Vor allem der Jugendbewegung der späten sechziger Jahre ist es zu verdanken, dass sich diese Situation etwas verändert hat. Wenn an dem Zustand und der Struktur dieser Einrichtungen Kritik geübt wird, dann richtet sich diese zu Recht gegen die schlechte Ausstattung der öffentlichen Einrichtungen für Kinder. Die notwendige Verbesserung von Heimen, Kindertagesstätten, Landschulheimen etc. kann allerdings die Suche nach alternativen Schutzräumen nicht ersetzen. Diese wird weiterhin durch das Leitbild der kleinbürgerlichen Familie und deren zwei Grundannahmen massiv eingeschränkt.

Wenn wir allerdings die Annahmen anzuweifeln, nach denen Mütter, bei genetischer Veranlagung bessere Erzieherinnen sind und die Kinder zum Besitz ihrer Eltern gehören, dann ist eine Kinderbetreuung denkbar, die von gut ausgebildeten, motivierten Erzieherinnen und Erziehern übernommen wird, die wesentlich besser diesen Schutzraum zur Verfügung stellen können, in dem die Kinder im Spiel, im Zank und Ähnlichem lernen können, gemeinsame Interessen zu erkennen und wahrzunehmen.

Die Bereitstellung von öffentlich geförderten Schutzräumen für Kinder im Vorschul- bis in das Primarschulalter, in denen sie sich ohne den Druck der «harten Realität» entwickeln können, würde ebenfalls den Raum öffnen, in denen alternative Familienmodelle entwickelt werden können. Doch sind es vor allem die durch die Kirchen gepflegten Traditionen und eine exklusive staatliche Förderung, die die Zwei-Generationen-Familie überleben lässt und die Entwicklung von Alternativen torpediert.

Bei älteren Kindern und Jugendlichen besteht die Notwendigkeit, das Verhältnis von Autonomie und Heteronomie zu bestimmen. Der Triebverzicht, der notwendig ist, um in dieser Gesellschaft leben zu können, muss dabei immer begründbar sein und begründet werden können. Dabei müssen die Jugendlichen die Chance haben, über Grenzen hinauszugehen, und ihr Tun zu reflektieren. Eine Erziehung, die ein Aufwachsen unter solchen Prämissen unterstützt, kann zur Stärkung der nachwachsenden Generation beitragen. Stärkung bedeutet in diesem Fall, dass sie sowohl den krankmachenden Mechanismen widersteht, wie auch die Kraft und den Gemeinschaftssinn entwickelt um diese überwinden zu können. Auch dafür sind Schutz- und Freiräume notwendig.

Die Schutzräume altershomogener Zusammenschlüsse, wie Peer Group und Freundschaft, die für die Jugendlichen ab der Pubertät eine besondere Bedeutung haben, sind älter als die Familie, wie wir sie heute kennen. Lösen sich in der Pubertät die Kinder von ihren ersten «Idolen», suchen sie auf dem Weg in die Gesellschaft nach neuen Vorbildern, so spielen die einzelne Freundschaft und die Peer Group eine zentrale Rolle.[1] Neue Formen der Beziehung treten an die Stelle der ersten Bindungen, neue Hierarchien und Moralvorstellungen lösen die alten zu ei-

---

1   Empirische Beobachtungen haben gezeigt, dass Mädchen häufiger zu einer Freundschaft mit einer Freundin neigen und Jungen eher in Peer Groups Zusammenhalt finden.

nem Teil ab. Gleichgültig ob Mainstream oder Subkultur, die Peer Groups bieten in dieser Zeit einen notwendigen Schutzraum. Durch den zunehmenden Verlust der Autonomie dieser Gruppen und den medial vermittelten Einfluss der Kulturindustrie sind die Peer Groups schon heute zu einem Teil des herrschenden Diskurses geworden, der ihre Möglichkeiten der antiautoritären Hinterfragung der gesellschaftlichen Machtverhältnisse einschränkt.

Der Weg vom privaten in den öffentlichen Raum wird in der Regel im Rahmen der Peer Group oder in Freundschaften gegangen. Das ist in der Auseinandersetzung um antiautoritäre Erziehung sehr wenig beachtet worden. Selbstverwaltete Räume sind zum Beispiel unter diesem Aspekt wenig diskutiert worden. Der Austausch mit anderen Menschen, die sich in der gleichen Lebensphase befinden, ist dabei ein wesentliches Element. Um eine autoritäre Struktur zu hinterfragen, brauche ich die Solidarität derjenigen, die sich in einer ähnlichen Lage befinden wie ich.

Das sozialpädagogische Bemühen um diese Gruppen stellt sich in der Regel als Konkurrenz zu den kommerziellen Angeboten und/oder als Kontrollmechanismus dar. Dennoch entziehen sich diese Schutzräume weiterhin einer formalen Einbindung in kirchliche und staatliche Strukturen erfolgreicher als es Ehe und Familie je vermocht haben. Der Versuch, über Jugendverbände Peer Groups an Erwachsenenorganisationen zu binden, hat in der Vergangenheit in unzähligen Fällen zu Konflikten und Brüchen geführt. Peer Groups sind ein Schutzraum von Jugendlichen geblieben, in denen sie sich von der Erwachsenenwelt abgrenzen und deren autoritäre Strukturen in Frage stellen. Dies heißt nicht, dass Peer Groups per Definition antiautoritär sind. Steile Hierarchien, rassistische, sexistische Ausrichtungen sind nur einige Kennzeichen, die einer solchen Charakterisierung widersprechen. Hier wird zum wiederholten Mal deutlich, dass antiautoritäre Erziehung nichts mit einer unpolitischen, «macht was ihr wollt» Bewegung zu tun hat. Sondern gerade hier gilt es, die Autonomie jugendlicher Organisierung zu respektieren, autoritäre Positionen aber zu bekämpfen. Dies ist in der Praxis mehr als schwierig, wenn in solchen Gruppen Autonomie, autoritäre innere Struktur und politische Einstellung unmittelbar miteinander verknüpft sind.

Die Möglichkeit der Wanderschaft, das Angebot an Lernhilfen und die Schaffung guter struktureller Bedingungen für eine gegenseitige Hilfe wären eine Voraussetzung, um diesen Schutzraum zu fördern. Ansätze solcher gegenseitigen Unterstützung gibt es bereits. Auf einem mehrtägigen Treffen von Software-Entwicklern, dem sogenannten Hack-a-thon, treffen sich (nicht nur) Jugendliche, um gemeinsam einige Zeit gemeinsam Open-source-Projekte weiterzuentwickeln. Eine nicht überschaubare Zahl von Amateurbands tingelt jedes Wochenende etliche Kilometer, um irgendwo für Fahrtkosten zu spielen, sammeln Eindrücke, Erfahrungen und bilden ein informelles Netz, in dem der kulturellen Freude, dem Tanz etc. eine ernsthafte Zeit des Probens vorausgeht, bei der die meisten Lehrer feuchte Augen bekämen, würde entsprechender Eifer in der Schule an den Tag gelegt. Es geht mir dabei nicht um eine Idealisierung der Jugend oder der Netzwerkbildung. Sich per Internet zum Selbstmord zu verabreden ist sicherlich genauso wenig emanzipatorisch wie die Kreativität, die Jungnazis darauf verwenden, ihre Konzerte zu organisieren. Die Wanderschaft von Jugendlichen (in der Vergangenheit vorwiegend von jungen Männern) habe ich zu Beginn der Ausführungen als einen ersten Schritt zur Bildung bezeichnet. Damit ist eine Bildung gemeint jenseits des im Unterricht akkumulierten Wissens, das bei Begriffen wie «Bildungsstandards» gemeint ist: Demnach sind Bildungsstandards «Grundlagen der fachspezifischen Anforderungen für den Unterricht». (Kultusministerkonferenz 2004, S. 3) Bildung als die verstehende Seite des Lernens, die eine relativ autonome Aktivität zum Auslöser hat, wird auf «Wanderungen», beim eigenen Erfahren einer unbekannten, neuen Umgebung seit der Einführung von Inzestschranke und Initiation praktiziert. Durch Auslandsaufenthalte wird diese Form des Lernens seit einigen Jahren massiv gefördert, allerdings auch wieder aus vor allem utilitaristischen, ökonomischen Gründen.

Die Auseinandersetzung mit dem Thema «Schutzräume» macht allerdings auch deutlich, dass die Beschäftigung mit antiautoritärer Erziehung das Thema Globalisierung in Zukunft notwendig macht. Die Ausgrenzung von Jugendlichen durch die Abschottungspolitik der EU, Australiens und den USA, die eine Einreise für die meisten unmöglich macht und viele der Eingereisten abschiebt, ist die Konsequenz eines autoritären rassistischen Grenzregimes. Die Inhaftierung von Jugendlichen im Alter von weniger als 16 Jahren, um ihre Abschiebung zu erleichtern, ist trotz entsprechender Gesetzeslage immer noch ein Merkmal deutscher Ausländerpolitik.

Lernen am Gegenüber

Die Wandlungen des Begriffs der Autorität seit dem römischen Reich führt zu zwei wesentlichen Unterscheidungen von Autorität. Die strukturelle oder formelle Autorität, also die in Ämtern oder informellen Hierarchien begründete Autorität, soll im antiautoritären Erziehungsprozess als grundsätzlich zu hinterfragende Autorität erscheinen. Epistemische Autorität, die aufgrund von Kenntnissen, Vertrauen und Weisheit besteht, ist Bestandteil eines Kommunikationsprozesses, wie ihn die Erziehung darstellt. Der antiautoritäre Erziehungsprozess soll dazu beitragen, diese Autorität emanzipatorisch zu überwinden. Die notwendige Autorität soll zu ihrer Negation beitragen. Die erzieherische Beziehung wird dabei durch die Persönlichkeiten von Erziehendem und Edukanten und der fachlichen Qualifikation der beiden geprägt. Auf der fachlichen Ebene erscheint die Überwindung einfach und logisch: Wenn der Schüler gelernt hat, was der Lehrer ihm beibringen kann, ist das Lehrer-Schüler-Verhältnis überwunden. In der Frage der persönlichen Beziehung ist die Entwicklung nicht so einfach.

Die Persönlichkeit des Erziehers bzw. der Erzieherin spielt eine wesentliche Rolle. Sie muss über Qualitäten verfügen, die einen Rückzug auf formale Hierarchien unnötig macht. Dazu ist sicherlich vor allem eine gute Ausbildung notwendig.

Da in der Auseinandersetzung mit den Erziehungspersonen immer auch die Identifikation mit diesen eine wesentliche Rolle bei der Herausbildung der Ich-Stärke des Kindes und des Jugendlichen spielt, weist der Rückzug des Erziehenden auf seine formale Autorität über die konkrete Beziehung hinaus. Je mehr sich der Erziehende auf formelle Positionen zurückzieht und die Begründung eines zu gehenden Schrittes in seiner Autorität begründet, umso eher entsteht auch bei dem Edukanten eine autoritäre Persönlichkeitsstruktur. Er lernt zu akzeptieren, dass Befehle auf Grund von gegebenen Entscheidungsstrukturen durchgeführt werden müssen. Die Entwicklung der eigenen Persönlichkeit wird sich eher an Konventionen ausrichten. Die Unterwürfigkeit, die so gefördert wird, verbindet sich leicht mit der Verurteilung «des Anderen».

Die Vermischung der Erziehung mit der Erziehung zur Gottesfürchtigkeit und die Priester als Erzieher stellen in diesem Zusammenhang noch eine besondere Bedeutung dar. Im Verweis auf Gottes Gesetze sind die Priester als «Beauftragte Gottes» als Person mit einer zusätzlichen Autorität ausgestattet, die jenseits jeder Grenze der Hinterfragung liegt. Die Sünde als Verstoß gegen Gottes Gesetz wurde auch aus diesem Grund in die Hände der Priester als der Personen gelegt, die eine hohe formale Autorität genossen. Bis weit über die Säkularisierung der Erziehung hinaus wirken diese Strukturen weiter. Vor allem Unsicherheiten lassen Menschen heute nach Gesetzen und autoritären Strukturen in den verschiedenen Religionen suchen. Dies hat nichts mit Religiosität im weltanschaulichen Sinne zu tun, sondern mit den autoritären Charakteren der Betroffenen. Der Einfluss, den intolerante, autoritäre Prediger so zunehmend gewinnen, ist kein Ausdruck der Suche nach «Werten», sondern der Wunsch nach einer Geborgenheit vor der «Härte Realität», gemischt mit dem Suchen nach Halt bei autoritären Personen und Strukturen.

Die Werte der Erziehung

*D*er Ruf nach Werten in der Erziehung übertönt noch den nach den Grenzen, in die das Kind gewiesen werden soll. Auf die Nachfrage nach der Art der Werte liegt der Ruf nach ordentlichem Benehmen mit Abstand auf Platz eins. Dabei ist eine Verbindung zur Kritik der antiautoritären Erziehung in den meisten Fällen gleich mitgedacht. Ähnlich wie Frau Gaschke in den heutigen Rechtschreibschwächen eine Folge der antiautoritären Bewegung der 60er Jahre sieht, ist hier das «schlechte Benehmen» eine solche Folge. Besucher von Summerhill wie auch zum Beispiel der Schule Moo Baan Dek berichten immer darüber, wie höflich die Kinder in diesen Schulen zu ihnen sind. Die Vorstellung, dass Kinder, die mehr Freiheiten haben und die ihre Regeln selbst in einer demokratischen Form entwickeln, vielleicht so auch einen höflicheren Umgang und mehr Mitmenschlichkeit entwickeln als Kinder, die autoritär oder indifferent behandelt werden, scheint außerhalb der Vorstellungen zu liegen. Vor allem verbirgt sich hinter der Forderung nach der Vermittlung von Werten ein Diskurs in dem tradierte moralische Vorstellungen zu «ewigen» Gesetzen des menschlichen Zusammenlebens gemacht werden. Viele dieser «Werte» sind durch die zunehmende Subsumtion aller gesellschaftlichen Beziehungen unter die Gesetze des Warentauschs ihres normativen Charakters entledigt. Die Entwicklung eines Verhaltens, das an Werten ausgerichtet ist, die menschlich solidarisches Verhalten beinhalten, können nur gegen die Tauschlogik des Marktes entwickelt werden. So weit Erziehung dazu beitragen kann, steht sie vor der Aufgabe, vorhandene Schutzräume zu erhalten und gleichzeitig deren autoritäre Strukturen in Frage zu stellen, neue emanzipative Schutzräume zu schaffen und die sozialen Kompetenzen der Jugendlichen und Kinder zu stärken. Der Beitrag der Erziehung liegt heute vielfach mehr in der Einwirkung auf die Enkulturationsbedingungen als auf der direkten Einwirkung auf die Edukanten; das heißt z.B.: welcher Zugang zu elektronischen Kommunikationsmedien (Handy, Internet) wird dem Kind bzw. dem Jungendlichen ermöglicht.

Der Traum, über eine «gute Erziehung» die Kinder und mit ihnen die Welt zu verbessern, ist die universale Umsetzung des Traums, dass der Sohn das väterliche Geschäft aufgrund der Erziehung gut, ja vielleicht besser weiterführt. Dem liegt die Erkenntnis zu Grunde, dass die Welt nicht gut ist, wie sie ist. Diese Feststellung ist banal, doch bedarf es einer ungeheuren Leistung des menschlichen Denkens, die ganzen Fakten, die in ihrer Gesamtheit nicht nur pessimistische Daueranwandlungen hervorrufen, sondern eine allgemeine Suizidgefährdung nach sich ziehen müssten, so zu verarbeiten, dass sie entweder verdrängt oder so verarbeitet werden, dass dieser Zustand nicht eintritt. Vielleicht ist es ja sogar besser zu sagen: nicht in dem zu erwartenden Umfang eintritt. Dies ist eine wesentliche Leistung der Enkulturation und vor allem auch der Schule, die uns lehrt, für Prüfungen eine Unmenge von Material zu erlernen, die am Tag danach nicht selten unter der Zuhilfenahme von Alkohol oder anderen *little helpers* möglichst dem Vergessen überstellt wird.

Die Rettung der Welt, die bessere Gesellschaft ist weder durch autoritäre noch durch antiautoritäre Erziehung zu erreichen. Es geht bei diesem Für und Wider mehr um die Frage, welche Machtbeziehungen kann ich durch das eigene Verhalten ankratzen. Dies gilt sowohl für die Mächtigen auf der einen Seite und auf der anderen Seite diejenigen, die dieser Macht unterworfen sind. Dass diejenigen, die die Macht besitzen, sie einigermaßen freiwillig niederlegen, ist und bleibt die Ausnahme. Daher sind es vor allem die Kinder und Jugendlichen, die in der Generationenhierarchie die Machtfrage stellen. Dass ökonomische, kulturelle und soziale Strukturen die Grenzen dieser Kratzspuren darstellen, darf uns nicht daran hindern, über diese Grenzen hinauszudenken. Die Befangenheit im herrschenden Diskurs ist die größere Gefahr für eine antiautoritäre Erziehung, die kleinere ist, den Heilserwartungen der verschiedensten teleologischen Versprechen aufzusitzen.

Literaturverzeichnis

Adler, Alfred (1924): Die Strafe in der Erziehung. In: Arbeiter-Zeitung 14. Juni, 1924, Wien, S. 12.

Adolphs, Lotte (1979): Kinderarbeit, Lehrerverhalten, Schulrevision im 19. Jahrhundert, Duisburg

Adorno, Theodor W. (1977): Gesammelte Schriften Band 10.2, Kulturkritik und Gesellschaft II, Frankfurt a. M.

Adorno, Theodor W. (1977): Erziehung nach Auschwitz. In: Adorno, Theodor W.: Gesammelte Schriften Band 10.2, Kulturkritik und Gesellschaft II, Frankfurt a.M., S. 674–690

Alphei, Hartmut (2002): Mitmachen oder widersetzen; Die Landerziehungsheime in der NS-Zeit. In: Hansen-Schaberg, Inge; Schonig, Bruno (Hrsg.): Landerziehungsheim-Pädagogik, Esslingen, S. 202–249

Amft, Hartmut (2002): Die ADS-Problematik aus der Perspektive einer kritischen Medizin. In: Amft, Hartmut; Gerspach, Manfred; Mattner, Dieter: Kinder mit gestörter Aufmerksamkeit. ADS als Herausforderung für Pädagogik und Therapie. Stuttgart/Berlin/Köln, S. 37–121

Amft, Hartmut., Gerspach, Manfred., Mattner, D. (2002): Kinder mit gestörter Aufmerksamkeit. ADS als Herausforderung für Pädagogik und Therapie, Stuttgart/Berlin/Köln

Ariès, Philippe (1978): Geschichte der Kindheit, 11. Auflage 1994, München

Augustinerregel (2006): http://www.augustiner.de/html/inhalt_set.htm?ordensregel (20.9.2006)

Baltrusch, Ernst (1998): Sparta, Geschichte Gesellschaft Kultur, 2. überarbeitete Auflage 2003, München

Basedow Johann Bernhard (1971a): Vorstellungen an Menschenfreunde. In: Reble, Albert: Geschichte der Pädagogik Dokumentationsband 1, Stuttgart

Basedow Johann Bernhard (1971b): Das in Dessau errichtete Philanthropin. In: Reble, Albert: Geschichte der Pädagogik Dokumentationsband 1, Stuttgart

Baumert, Jürgen; Blum, Werner; Lehmann, Rainer; Leutner, Detlev; Neubrand, Michael; Pekrun, Reinhard; Prenzel, Manfred; Rolff, Hans-Günter; Rost, Jürgen; Schiefele, Ulrich (Hrsg.) (2003): PISA Studie Kurzfassung, pisa.ipn.uni-kiel.de/Ergebnisse_PISA _2003.pdf (20.12.2006)

Baur, Gustav (1892): Die Erziehung im Mittelalter. In Schmid, Karl Adolf: Geschichte der Erziehung vom Anfang bis in unsere Zeit, zweiter Band Erste Abteilung, Stuttgart

Bernfeld, Siegfried (1916): Die Kriegswaisen In: Der Jude, Heft Juli, Berlin, Wien, S. 269–271

Bernfeld, Siegfried (1970a): Antiautoritäre Erziehung und Psychoanalyse Band 1, Frankfurt a.M.

Bernfeld, Siegfried (1970b): Antiautoritäre Erziehung und Psychoanalyse Band 2, Frankfurt a.M.

Bernfeld, Siegfried (1970c): Antiautoritäre Erziehung und Psychoanalyse Band 3, Frankfurt a.M.

Bernfeld, Siegfried (1970d): Kinderheim Baumgarten. In: Bernfeld Siegfried (1970a): Antiautoritäre Erziehung und Psychoanalyse Band 1, Frankfurt a.M., S. 94–215

Bernfeld, Siegfried (1991): Die neue Jugend und die Frauen. In: Bernfeld: Sämtliche Werke Band 1, Weinheim/Basel

Bernfeld, Siegfried (1991): Sämtliche Werke Band 1, Weinheim, Basel

Bookhagen, Christel; Hemmer, Eike; Raspe, Jan; Schultz Eberhard (1969): Weckung des Sexualbewußtseins und Aktivierung der sexuellen Lustbefriedigung bei Kindern. In: Engelmayer, Otto (Hrsg.) (1973): Die Antiautoritätsdiskussion in der Pädagogik, Karlsruhe, S. 207–211

Borchert, Manfred (1998): «Der schulische Vollzug ist nicht gewährt» Freie Alternativschulen und ihre staatliche Anerkennung. In: Borchert, Manfred; Maas, Manfred (Hrsg.): Freie Alternativschulen, Bad Heilbrunn

Borchert, Manfred; Maas, Manfred (Hrsg.) (1998): Freie Alternativschulen, Bad Heilbrunn

Bornemann, Ernest (1975): Das Patriarchat, Frankfurt a.M.

Bräunlein, Peter J; Lauser, Andrea (1996): Fließende Übergänge. Kindheit, Jugend, Erwachsen werden in einer ritualarmen Gesellschaft. In Dracklé, Dorte: Jung und wild, Berlin/Hamburg

Braunmühl, Ekkehard von (1975): Antipädagogik Studien zur Abschaffung der Erziehung. 3. korrigierte Auflage 1980, Weinheim/Basel

Brezinka, Wolfgang (1971): Über Erziehungsbegriffe. Eine kritische Analyse und ein Explikationsvorschlag. In: Zeitschrift für Pädagogik Nr. 17, S. 567–615

Brezinka, Wolfgang (1974): Grundbegriffe der Erziehungswissenschaft, 5. verb. Auflage 1990, München/Basel

Buddeberg-Fischer, Barbara (2001): Die Verweigerung des Essens als Signal. In: Neue Zürcher Zeitung Dienstag, 26. Juni 2001, http://nzz.gbi.de/webcgi?WID=46952-4140237-70066_2 (22.12.2006)

Burguière, André (1996): Geschichte der Familie Band I Altertum, Frankfurt a.M.; New York

Castle Edgar B. (1965): Die Erziehung in der Antike und ihre Wirkung in der Gegenwart, Stuttgart

Condocreet, Antoine de (1963): Entwurf einer historischen Darstellung der Fortschritte des menschlichen Geistes. Herausgegeben von Wilhelm Alff, Hamburg

Dannenberg, Sophie (2004): Das bleiche Herz der Revolution, Ein Gespräch. http://www.lyrikwelt.de/hintergrund/dannenbergsophie-gespraech-h.htm (20.10.2006)

Dermitzel, Regine (1969): Die Erziehung des «kritischen Kindes». In Kursbuch 17, Berlin S. 179–181

Deutsche Bibelgesellschaft (Hrsg.) (1985): Die Bibel, nach der Übersetzung Martin Luthers. Revidierter Text 1984, Stuttgart

Dickhäuser, Oliver; Lutz, Katrin; Wenzel, Melissa; Schöne, Claudia (2004): Kleider machen Schule? Korrelate des Tragens einheitlicher Schulkleidung. In: Psychologie in Erziehung und Unterricht 51. München/Basel S. 296–308

Dietze, Simone; Ehlert, Lissy (2007): Aborigines: Geschichte, Religion, Erziehung, http://www-e.uni-magdeburg.de/lwalther/aborigines/erziehung.html (26.2.2007)

Dolezal, Ulrike (1975): Erzieherverhalten in Kinderläden, Wiesbaden

Dracklé, Dorle (Hrsg.) (1996): Jung und wild, Berlin/Hamburg

Driesch, Johannes von den; Esterhues, Josef (1951): Geschichte der Erziehung und Bildung Band II, 6. Auflage 1961, Paderborn

Dudek, Peter (2002): Fetisch Jugend, Bad Heilbrunn

Eadmer (1956): De Vita et convensatione Anselmi. In Schoelen, Eugen (Hrsg.): Pädagogisches Gedankengut des christlichen Mittelalters, Paderborn 1965

Einführungseid der Jesuiten: URL: http://www.fossilizedcustoms.com/jesuitDeutsch.htm (15.10.2006)

Elias,Norbert (1997): Über den Prozeß der Zivilisation, Frankfurt a.M.

Engelmayer, Otto (Hrsg.) (1973): Die Antiautoritätsdiskussion in der Pädagogik, Karlsruhe

Engels, Friedrich (1959): Die Lage der arbeitenden Klasse in England. In: Marx/Engels: Werke Band 2, Berlin, S. 237–455

Engels, Friedrich (1962): Von der Autorität. In: Marx/Engels: Werke Band 19, Berlin, S. 305–308

FAS (1986): Das bildungspolitische Selbstverständnis Freier Alternativschulen, http://www.paritaet.org/bfas/daten.html (14.8.2006)

Feidel-Mertz, Hildegard; Paetz, Andreas 1994: Ein verlorenes Paradies; Das Jüdische Kinder- und Landschulheim Caputh (1931–1938), Frankfurt a.M.

Fend, Helmut (1969): Sozialisierung und Erziehung. Eine Einführung in die Sozialisationsforschung, 4. Auflage 1971, Weinheim

Fichter, Tilman; Lönnendonker, Siegward (1988): Macht und Ohnmacht der Studenten. Kleine Geschichte des SDS, Berlin http://web.fu-berlin.de/APO-archiv/Online/SDS-Gesch3.htm (20.12.2006)

Fichter, Tilman; Lönnendonker, Siegward; Rietzschel, Claus (1975): Freie Universität Berlin 1948–1973 – Hochschule im Umbruch, Teil IV: 1964-1967 Berlin, S. 130 ff.

Fontane, Theodor (1971): Meine Kinderjahre, München

Friedlaender, Sophie; Jarecki, Hilde (1996): Sophie & Hilde, Ein Zwillingsbuch, Berlin

Fromm (1969): Vorwort zu Neill, Alexander: Theorie und Praxis der antiautoritären Erziehung, Reinbek, S. 11–18

Fuhrmann, Peter (1963): Der höhere Befehl im Völkerrecht, München, Berlin

Gaschke, Susanne (2001): Die Erziehungskatastrophe, Stuttgart

Gerspach. Manfred (2002): Von Zappel-Philippen und anderen Derwischen, http://www.ads-kritik.de/Gerspach.htm (23.12.2006)

Gidal, Nachum T. (1997): Die Juden in Deutschland, Köln

Giebel, Marion (1976): Quintilian – Ein römischer Schulmeister im Licht der modernen Pädagogik, Manuskript einer Sendung in der Reihe „Diese unsere Welt» im 2. Programm des Bayrischen Rundfunks vom 10.10.1976

Gillis, John R. (1980): Geschichte der Jugend, Weinheim/Basel

Godwin, Willliam (1970): Von nationaler Erziehung. In: Klemm, Ulrich: Bildung ohne Herrschaft, Frankfurt a.M.

Großmann, Rudolf (alias Ramus, Pierre) (1921): Francisco Ferrer, ein Märtyrer der freien Jugenderziehung und modernen Kulturschule, Wien

Schmidt, Gunter (2006): Die Menschen brauchen keine Moral. In: taz Nr. 7866 vom 9.1.2006, Seite 13

Günther, Karl-Heinz; Hofmann, Franz; Hohendorf, Gerd; König, Helmut; Schuffenhauer, Heinz (1956): Geschichte der Erziehung, 11. verb. Auflage 1972, Berlin

Hansen-Schaberg, Inge; Schonig, Bruno (2002) (Hrsg.): Landerziehungsheim-Pädagogik, Esslingen

Heinlein, Markus (1991): Anmerkungen zur pädagogischen Diskussion zwischen William Godwin und Mary Wollstonecraft. In: Klemm Ulrich: Anarchismus und Pädagogik, Frankfurt a.M., S. 21–32

Herder, Johann Gottfried von: Schulreden. In: Reble, Albert: Geschichte der Pädagogik, Dokumentationsband 2, Stuttgart, S. 287–291

Herrmann, Ulrich (1978): Die Philantropen. In Scheurl, Hans: Klassiker der Pädagogik Band 1, 2. Auflage 1991, München, S. 135–155

Hilgers, Heinz (2006): Mehr als 2,5 Millionen Kinder leben auf Sozialhilfeniveau, www.dksb.de/front_content.php?bezug=21;50&idcatart=787&idcat=50 (15.11.2006)

Hochschild, Helmut (2006): Das System ist krank. In: Spiegel 49/2006, S. 54–58

Horn, Klaus-Peter; Ritzi, Christian (Hrsg.) (2001): Klassiker und Außenseiter. Pädagogische Veröffentlichungen des 20. Jahrhunderts. Hohengehren

Horowitz, Elliott (1996): Jüdische Jugend in Europa 1300–1800. In: Levi, Giovanni; Schmitt Jean-Claude (1996a): Geschichte der Jugend Band 1, Frankfurt a.M., S. 113–165

Huizinga, Johann (1928): Herbst des Mittelalters. Studien über Lebens- und Geistesformen des 14. und 15. Jahrhunderts in Frankreich und den Niederlanden, München

Humboldt, Wilhelm von (1920): Gesammelte Werke Band 13, Berlin

Humboldt, Wilhelm von (1791): Ideen zu einem Versuch, die Grenzen der Wirksamkeit des Staats zu bestimmen: http://gutenberg.spiegel.de/humboldw/wirksam/wirk06.htm (12.8.2006)

Hurrelmann, Klaus; Klocke, Andreas; Melzer, Wolfgang; Ravens-Sieberer (Hrsg) (2003): Jugendgesundheitssurvey, Weinheim/München

Hyams, Helge-Ulrike (1995): Jüdische Kindheit in Deutschland, München

Jühnke, Christoph (2006): Luciano Canforas Demokratieverständnis. In: Sozialistische Hefte Nr.12, Dezember 2006, S. 33–42

Keim, Wolfgang (1995a): Erziehung unter der Nazi-Diktatur Band 1, Darmstadt

Keim, Wolfgang (1995b): Erziehung unter der Nazi-Diktatur Band 2, Darmstadt

Kinderschutzbund (2004): Stellungnahme zur neuen RTL Reality-Serie die Super Nanny: http://www.kinderschutzbund-nrw.de/StellungnahmeSuperNanny.htm (8.8.2006)

Klemm, Ulrich (Hrsg.) (1970): Bildung ohne Herrschaft, Frankfurt a.M.

Klemm, Ulrich (Hrsg.) (1991): Anarchismus und Pädagogik, Frankfurt a.M.

Klocke, Andreas; Becker, Ulrich (2003): Die Lebenswelt Familie und ihre Auswikungen auf die Gesundheit von Jugendlichen. In: Hurrelmann, Klaus; Klocke, Andreas; Melzer, Wolfgang; Ravens-Sieberer (Hrsg): Jugendgesundheitssurvey, Wwinheim/München. S. 183–242

Klusemann, Hans-Werner (2006): Kindheit in Westdeutschland, http://www.kindheit-im-wandel.de (27.12.2006)

Kron, Friedrich W. (1988): Grundwissen Pädagogik, 5. verb. Auflage 1996, München/Basel

Kron, Friedrich W. (Hrsg.) (1973): Antiautoritäre Erziehung, Bad Heilbrunn

Kuczynski, Jürgen (1996): Geschichte des Alltags des deutschen Volkes Band 1. Köln

Kultusministerkonferenz (2004): Vereinbarung über Bildungsstandards für den Primarbereich, (Beschluss der Kultusministerkonferenz vom 15.10.2004), Berlin

Lajando, Fernando (1901): Offener Brief in: Las Dominiales 109, zit. n. Großmann, Rudolf (alias Ramus, Pierre) (1921):Francisco Ferrer, ein Märtyrer der freien Jugenderziehung und modernen Kulturschule, Wien

Laska Bernd (1991): Max Striner als «pädagogischer» «Anarchist». In: Klemm, Ulrich (Hrsg.): Anarchismus und Pädagogik, Frankfurt a.M., S. 33–44

Le Goff (Hrsg.) (1996): Der Mensch des Mittelalters, Frankfurt a.M.

Levi, Giovanni; Schmitt Jean-Claude (1996a): Geschichte der Jugend Band 1, Frankfurt a.M.

Levi, Giovanni; Schmitt Jean-Claude (1996b): Geschichte der Jugend Band 2, Frankfurt a.M.

Liebknecht, Wilhelm (1968): Wissen ist Macht – Macht ist Wissen und andere Bildungspolitische Äußerungen, Berlin

Limmer, Rudolf (1958): Pädagogik des Mittelalters, Mallersdorf

Lohmann, Ingrid (2001): Siegfried Bernfeld: Sisyphos oder die Grenzen der Erziehung. Der geheime Zweifel der Pädagogik. In: Klaus-Peter Horn, Christian Ritzi (Hrsg.): Klassiker und Außenseiter. Pädagogische Veröffentlichungen des 20. Jahrhunderts. Hohengehren. S. 51-63

Loriga, Sabina (1996): Die Militärerfahrung. In: Levi, Giovanni; Schmitt Jean-Claude: Geschichte der Jugend Band 2, Frankfurt a.M., S. 20–55

Maas, Manfred (1998): Geschichte, Mythen und Erfolge der Alternativschulbewegung – Versuch einer Zwischenbilanz. In: Borchert, Manfred; Maas, Manfred (Hrsg): Freie Alternativschulen, Bad Heilbrunn, S.15–35

Marx, Hilde (1934): Im Landschulheim Caputh bei Berlin. In: CV-Zeitung, Heft 26 (28.6.1934), S. 15

Marx, Karl (1958): Thesen über Feuerbach. In: Marx/Engels: Werke Band 3, S. 533–535, Berlin

Marx, Karl (1962): Randglossen zum Programm der deutschen Arbeiterpartei (Kritik des Gothaer Programms). In: Marx, Karl; Engels, Friedrich: Werke Band 19, Berlin

Marx, Karl; Engels, Friedrich (1950): Manifest der kommunistischen Partei, Leipzig 1950

Marx, Karl; Engels, Friedrich (1959): Werke Band 2, Berlin

Marx, Karl; Engels, Friedrich (1962): Werke Band 19, Berlin

Masset, Claude (1996): Vorgeschichte der Familie. In: Burguière, André: Geschichte der Familie Band I Altertum, Frankfurt a.M., New York, S. 91–115

McNeill, William (1984): Krieg und Macht, München

Meseberg-Haubold, Ilse (2001): Das jüdische Kinder- und Landschulheim Caputh: Wirkungen und Nachwirkungen. In: Hyams, Helge-Ulrike; Klattenhoff, Klaus; Ritter, Klaus; Wißmann, Friedrich (Hrsg.): Jüdisches Kinderleben im Spiegel jüdischer Kinderbücher, 2. korrigierte Aufl,Oldenburg, S. 109–114

Montaigne, Michel de (1998): Essais, Erste Moderne Gesamtübersetzung von Hans Stilet, Frankfurt a.M.

Moo Baan Dek (2007): How we came about, http://www.ffc.or.th/mbd/history.html (2.1.2007)

Morus, Thomas (1517): Utopia, Taschenbuchausgabe von 1981, Basel

Müller, Helmut-Gerhard (1995): Antoine de Condocreet (1734–1794), Mathematiker und Naturwissenschaftler, Erziehungsphilosoph und Frauenrechtler der Französischen Revolution. In: Bildung und Erziehung 48, Heft 2, S. 199–203

Neill, Alexander S. (1969): Theorie und Praxis der antiautoritären Erziehung, Reinbek

Neill, Alexander S. (1973): Neill, Neill, Birnenstiel, Reinbek

Pestalozzi, Johann Heinrich (1799): Stanser Brief: http://www.heinrich-pestalozzi.info (20.10.2006)

Rauschenbach, Brigitte (2000): Der Traum und sein Schatten; Marie de Gournay und ihre Zeit, Königstein Taunus

Ravens-Sieberer, Ulrike; Bettge, Susanne (2004): Aktuelles zum Kinder- und Jugendsurvey des RKI (KIGGS): Vorstellung des Moduls «Psychische Gesundheit», http://www.bella-studie.de/publikationen/artikel_01.html (26.12.2006)

Reble, Albert (1971a): Geschichte der Pädagogik Dokumentationsband 1, Stuttgart

Reble, Albert (1971b): Geschichte der Pädagogik Dokumentationsband 2, Stuttgart

Robert Koch Institut (o.J.): Studie zur Gesundheit von Kindern und Jugendlichen in Deutschland, http://www.kiggs.de/studie/index.html (26.12.2006)

Romano, Giovanni (1996): Jugendbilder in der Moderne. In: Levi, Giovanni; Schmitt Jean-Claude (1996): Geschichte der Jugend Band 2, Frankfurt a.M., S. 9–19

Rotterdam, Erasmus von (1963): Ausgewählte pädagogische Schriften. Besorgt von Anton J. Gail, Paderborn

Rousseau, Jean-Jacques (1755): Abhandlung über den Ursprung und die Grundlagen der Ungleichheit unter den Menschen. In: Rousseau, Jean-Jacques (1981): Schriften Band 1, Frankfurt a.M./Berlin/Wien, S. 167–302

Rousseau. Jean-Jacques (1762): Émile oder über die Erziehung, 13. unveränderte Auflage der 3. durchgesehenen Auflage (1993), Paderborn/München/Wien/Zürich

Rühle, Otto (1904): Arbeit und Erziehung, München

Rühle, Otto (1911): Die Volksschule, wie sie sein sollte. 2. umgearbeitete Auflage, Berlin

Rühle, Otto (1920): Neues Kinderland, Ein kommunistisches Schul- und Erziehungsprogramm, Basel

Rühle, Otto (1922): Das proletarische Kind. Völlig neu bearbeitete und erweiterte Auflage, München

Rühle, Otto (1925): Die Seele des proletarischen Kindes, Dresden

Rutschky, Katharina (1977): Schwarze Pädagogik, Frankfurt a.M./Berlin/Wien

Rutschky, Katharina (1983): Deutsche Kinder-Chronik, Köln

Saß, Hans-Werner (Hrsg.) (1972): Antiautoritäre Erziehung oder die Erziehung der Erzieher, Stuttgart

Scheurl, Hans (1978): Klassiker der Pädagogik I, 2. Auflage 1991, München

Schmid, Karl Adolf (Hrsg.) (1892): Geschichte der Erziehung vom Anfang bis in unsere Zeit, Zweiter Band, Erste Abteilung, Stuttgart

Schmidt Günter R. (1979): Michele de Montaigne. In: Scheurl, Hans: Klassiker der Pädagogik I, 2. Auflage 1991, München, S. 49–66

Schmidt, Klaus (2006): Sie bauten die ersten Tempel, München

Schnell, Juergen (2000): Zur zukünftigen Rolle von Militärorganisationen – wie verändern sich Einsatzspektrum und Management von Streitkräften?, München

Schoelen, Eugen (Hrsg.) (1956): Pädagogisches Gedankengut des christlichen Mittelalters, Paderborn

Schoeps, Julius (Hrsg.) (1992): Neues Jüdisches Lexikon, München

Schröder, Achim; Balzter, Nadine; Schroedter, Thomas (2004): Politische Jugendbildung auf dem Prüfstand, Weinheim/München

Schwenk, Bernhard (1996): Geschichte der Bildung und Erziehung von der Antike bis zum Mittelalter, Weinheim

Service, Elman R. (1977): Ursprünge des Staates und der Zivilisation, Frankfurt a.M.

Speitkamp, Winfried (1998): Jugend in der Neuzeit: Deutschland vom 16. bis zum 20. Jahrhundert, Göttingen

Stambolis, Barbara (2003): Mythos Jugend, Schwalbach/TS.

Stanat Petra (2005): Jungen und Mädchen in der Laborschule: Empirische Befunde zu Geschlechterunterschieden. In: Stanat, Petra; Thurn, Susanne; Tillmann, Klaus-Jürgen; Watermann, Rainer (Hrsg.): Die Laborschule im Spiegel ihrer PISA-Ergebnisse. Weinheim/München

Stanat, Petra; Thurn, Susanne; Tillmann, Klaus-Jürgen; Watermann, Rainer (Hrsg.) (2005): Die Laborschule im Spiegel ihrer PISA-Ergebnisse. Weinheim/München

Statistisches Bundesamt (2005): Leben in Deutschland. Haushalte, Familien und Gesundheit – Ergebnisse des Mikrozensus 2005, Berlin

Stiehl, Ferdinand (1854): Preußische Regulative. In: Reble, Albert (1971b): Geschichte der Pädagogik Dokumentationsband 2, Stuttgart

Stübig, Frauke (1974): Erziehung zur Gleichheit, Ravensburg

Tenorth, Heinz-Elmar (2006): Rousseaus «Emile» – oder der Beginn moderner Erziehungsreflexion. In: Themenportal Europäische Geschichte (2006), http://www.europa.clio-online.de/site/lang__de/ItemID__152/mid__11428/40208214/default.aspx (12.11.2006)

Tenorth, Heinz-Elmar (1988): Geschichte der Erziehung, 2. Auflage 1992, München

Tolstoi, Leo (1861): Über Volksbildung, Berlin (1985)

Traverso, Enzo (2006): Totalitarismus, vom Nutzen und Nachteil eines umkämpften Begriffs. In: Fantomas Nr.10, Dezember 2006 S. 10-13

Vaughan, Mark; Brighouse, Tim; Neill, Alexander S.; Readhead, Zoë; Stronach, Ian (2006): Summerhill and A. S. Neill, Buckingham Philadelphia

Werder, Lutz von (1974): Sozialistische Erziehung in Deutschland 1848–1973, Frankfurt a.M.

Werder, Lutz von (1975): Arbeiterkind und Klassenbewusstsein. Otto Rühle als sozialistischer Sozialisationsforscher. Vorwort in: Rühle, Otto: Zur Psychologie des proletarischen Kindes, Frankfurt, S. 7–43

Westphal, Regelindis (Hrsg.) (1992): Hier ist kein Bleiben länger; Jüdische Schulgründerinnen in Wilmersdorf. Anna Pelteson, Toni Lessler, Lotte Kaliski, Dr. Vera Lachmann, Dr. Leonore Goldschmidt. Katalog zur Ausstellung, 19.3. bis 18.9.1992 im Wilmersdorf-Museum, Berlin

Wikipedia Online Lexikon: Antiautoritäre Erziehung, http://de.wikipedia.org/wiki/Antiautoritäre_Erziehung (20.9.2006)

Winter, Matthias (1984): Kindheit und Jugend im Mittelalter, Freiburg

Wolff, Reinhart (1970): Erziehung ohne Zwang? Über einige Grundfragen antiautoritärer sozialistischer Erziehung, Rede auf dem 4. Deutschen Jugendhilfetag in Nürnberg. In: Saß, Hans-Werner (Hrsg.) (1972): Antiautoritäre Erziehung oder die Erziehung der Erzieher, Stuttgart, S. 202–210

Wollstonecraft, Mary (1793): Verteidigung der Rechte der Frauen, Zürich (1975)

Zellinger, Margit (1996): Summerhill heute, Diplomarbeit, http://summerhill.paed.com/summ/diplom/0.htm (22.12.2006)

Zelter, Karl Friedrich (1983): Schreiblehrer der Mutter. In: Rutschky, Katharina: Deutsche Kinder-Chronik, Köln, S. 181

Zubrägel, Sabine; Settertobulte, Wolfgang (2003): Körpemasse und Ernährungsverhalten von Jugendlichen. In: Hurrelmann, Klaus; Klocke, Andreas; Melzer, Wolfgang; Ravens-Sieberer (Hrsg): Jugendgesundheitssurvey, Weinheim/München, S. 159–182

Chronologie

Jungpaläolithikum

Ca. 30.000 v.u.Z.
Initiation als deutliche Trennung von Altersstufen

Bronzezeit

2.000 v.u.Z.
Einrichtung von Schule und Militär in Mesepotamien

Eisenzeit/Antike

8. bis 6. Jahrhundert v.u.Z.
Spartas totalitäre Erziehung

6. Jahrhundert bis ca. 30 v.u.Z
Athens private Erziehung

4. Jahrhundert v.u.Z bis 6. Jahrhundert
Römische Antike
Marcus Fabius Quintilianus * 35 in Calagurris in Spanien;
† um 96 in Rom

Mittelalter

6. Jahrhundert bis 11. Jahrhundert
frühes Mittelalter, das Monopol der christlichen Erziehung

12. Jahrhundert bis 16. Jahrhundert
Hoch- und Spätmittelalter. Aufkommen des Handelsbürgertums, erste städtische Schulen.
Erasmus von Rotterdam * 27. Oktober 1466 in Rotterdam;
† 12. Juli 1536 in Basel

Neuzeit

16./17. Jahrhundert
Im Schatten von Krieg und Seuchen werden die ersten neuzeitlichen Schulen entwickelt.
Michel Eyquem de Montaigne * 28. Februar 1533 auf Schloss Montaigne in der Dordogne; † 13. September 1592 am gleichen Ort
Marie Le Jars de Gournay * 6. Oktober 1565 in Paris;
† 13. Juli 1645 ebenda
Johann Amos Comenius, * 28. März 1592 in Südostmähren; † 15. November 1670 in Amsterdam

18. Jahrhundert
Im Vorfeld der Französischen Revolution und der indus-

triellen Revolution werden weniger repressive Erziehung
und allgemeine Schulbildung entworfen.
Jean-Jacques Rousseau * 28. Juni 1712 in Genf;
† 2. Juli 1778 in Ermenonville bei Paris
In Deutschland setzen die Philanthropen auf «die Macht der
Erziehung».
Johann Bernhard Basedow * 11. September 1724 in
Hamburg; † 25. Juli 1790 in Magdeburg
Aufgrund der sozialen Lage der Kinder und Jugendlichen
werden die ersten sozialpädagogischen Konzepte
entwickelt.
Johann Heinrich Pestalozzi * 12. Januar 1746 in Zürich;
† 17. Februar 1827 in Brugg

Moderne

19. Jahrhundert
In Folge der industriellen Revolution wird die Nachfrage
nach qualifizierten Lohnabhängigen größer. Die allgemeine
Schulpflicht wird stückweise durchgesetzt. Die Arbeiterbe-
wegung entsteht.
In Deutschland formulieren die Neuhumanisten Grundstei-
ne für eine «humanistische Bildung».
Wilhelm von Humboldt, * 22. Juni 1767 in Potsdam;
† 8. April 1835 in Tegel
Die Theoretiker der Arbeiterbewegung diskutieren pädago-
gische Konzepte.
William Godwin * 3. März 1756 in Wisbech, Cambridge-
shire; † 7. April 1836 in London
Friedrich Engels * 28. November 1820 in Wuppertal;
† 5. August 1895 in London
Karl Heinrich Marx * 5. Mai 1818 in Trier; † 14. März
1883 in London
Erste alternative Schulprojekte
Leo Tolstoi * 28. August/9. September 1828 in Jasnaja
Poljana bei Tula; † 7./20. November 1910 in Astapowo
Francesco Ferrer i Guàrdia * 10. Januar 1859 in Alella bei
Barcelona; † 13. Oktober 1909 in Barcelona

20. Jahrhundert
Die Kritik der autoritären Erziehung gewinnt im «Jahrhun-
dert des Kindes» an Gewicht
Karl Heinrich Otto Rühle * 23. Oktober 1874 in Großvoigts-
berg bei Freiberg/Sachsen; † 24. Juni 1943 in Mexico D.F.
Siegfried Bernfeld * 7. Mai 1892 in Lemberg, Österreich;

† 2. April 1953 in San Francisco
Gründung weiterer Alternativ-Schulen
Der Nationalsozialismus zerstört Alternativ-Schul-Ansätze in Europa weitgehend, zwingt Antiautoritäre ins Exil oder ermordet sie.
Gertrud Feiertag * 4.7.1890 in Berlin – † August 1943 in Auschwitz
Nur langsam wird die Theorie und Praxis der antiautoritären Erziehung nach dem II. Weltkrieg aufgenommen.
Alexander Sutherland Neill * 17. Oktober 1883 in Forfar; † 23. September 1973 in Aldeburgh

Schott, Peter:
Szenario 2095
Der lange Marsch der Bio- und Nanotechnologie
215 Seiten, broschiert, ISBN 3-89657-567-8

Wir schreiben das Jahr 2095. Dank der Fortschritte der Biotechnologie sind die Grenzen zwischen Mensch, Tier und Maschine längst verwischt. «Tiere mit Bewusstsein» sind in der Entwicklung. Der Cyborg, eine gentechnisch kreierte Schnittstelle zwischen Mensch und Maschine, ist schon Realität geworden. Der so genannte Biochip im menschlichen Organismus ist weitgehend obligatorisch.

Autor Peter Schott lässt seinen Erzähler zurückblicken auf die Geschehnisse unserer Tage, in denen ohne großes öffentliches Aufsehen weit reichende und unumkehrbare politische Entscheidungen getroffen werden, und plädiert deshalb für eine vorbehaltlose und breite Auseinandersetzung mit den zu erwartenden Auswirkungen der Biotechnologie jetzt und heute.

Dr. rer. nat. Peter Schott, lebt in Berlin, seit vielen Jahren in der Umweltbewegung aktiv, Vorstandsmitglied beim Bundesverband Bürgerinitiativen Umweltschutz (BBU), beruflich tätig im Projektmanagement im Bereich Zivilgesellschaft, Mitarbeiter im Normenausschuss Materialprüfung und Arbeitsausschuss «Nanotechnologien» des Deutschen Instituts für Normung (DIN). Zahlreiche Veröffentlichungen zum Themenkreis Umwelt und Gesellschaft.

schmetterling verlag

Janis Schmelzer:
IG Farben.
Vom Rat der Götter – Aufstieg und Fall

200 Seiten, 14.80 EUR,
broschiert,
ISBN 3-89657-469-8

Die Verbrechen der Manager der IG Farben in zwei verheerenden Weltkriegen sind belegt und weltweit bekannt, weniger jedoch die Methoden, Kunstgriffe und Maßnahmen, die zu ihrer Machtfülle und zu deren Missbrauch führten. Genau davon ist in Janis Schmelzers neuem Buch vorrangig die Rede.

Seine Darstellung möchte einen wesentlichen Beitrag zum Verständnis des Phänomens IG FARBEN leisten, vor allem dazu, wie ein gut bürgerliches, international anerkanntes Unternehmen sich zum NS-Musterbetrieb entwickeln konnte. Die Geschichte des größten Chemiekonzerns Europas umfasst das Werden der Vorläufer des Konzerns von der Jahrhundertwende über die Gründung des «Gemeinschaftsrates» («Rat der Götter») mitten im 1. Weltkrieg, dessen Wirken bis zum endgültigen Zusammenschluß und seinen Verfall 1937/38. Das Jahr 1932 wird als Weichenstellung für den weiteren Werdegang des Konzerns gekennzeichnet. Dabei war die Orientierung des Heereswaffenamtes auf die Kriegswürdigkeit des synthetischen Benzins von ausschlaggebender Bedeutung.

Anliegen des Autors ist es, nicht nur Personen mit Vor- und Sachkenntnis zu erreichen, sondern vor allem auch LeserInnen zu gewinnen, die noch nie von der IG Farben gehört haben, oder andere, die wissen möchten, was die IG Farben waren, welche Rolle sie spielten und weshalb es wichtig ist, sich auch heute noch mit diesem außergewöhnlichen Monopol zu beschäftigen.

schmetterling verlag

Brigitte Kiechle
Das Kriegsunternehmen Irak –
Eine Zwischenbilanz

304 Seiten, 16.80 EUR,
broschiert
ISBN 3-89657-569-4

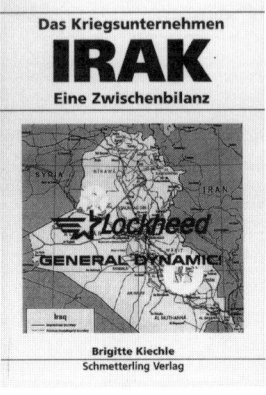

Alle von den USA genannten
Kriegsgründe haben sich als
Lügen erwiesen. Der iraki-
schen Bevölkerung hatte die
US-Regierung Demokratie,
Freiheit und Menschenrechte
versprochen. Was ist davon
fast drei Jahre nach der Invasi-
on in Sicht? Befindet sich das
Land nicht eher in einer nicht
enden wollenden Gewaltspi-
rale? Sind Falludscha und
Abu Ghraib nicht zu einem
Synonym für den Terror der Besatzer geworden?

Die militärischen Auseinandersetzungen verdecken den
von der Besatzerseite zielgerichtet betriebenen Nation-Buil-
ding-Prozeß, mit dem v.a. für die künftige Wirtschaftsordnung schwer widerrufliche Fakten geschaffen werden sollen. Das große Plündern hat bereits begonnen.

Im Irak überlagern sich heute viele Konflikte, die eine dif-
ferenzierte Analyse erfordern. Der breiten Unterstützung
des Widerstandes gegen die Besatzung steht eine ebenso
weite Ablehnung des willkürlichen Terrors gegen die Zivilbe-
völkerung entgegen. Wenige soziale Kräfte, wie die Gewerkschaften und Frauenbewegung, stehen gegen eine gewollte religiöse Spaltung der Gesellschaft und versuchen die
Auseinandersetzungen entlang sozialer Fragen zu führen.

In ihrem neuen Buch zum Irak geht Brigitte Kiechle daher
ausführlich auf den hier wenig beachteten Widerstand von
Gewerkschaften, Arbeitslosen- und Frauenorganisationen
sowie Selbstorganisationsstrukturen ein.

schmetterling verlag